Kohlhammer
Urban-
Taschenbücher

Band 438

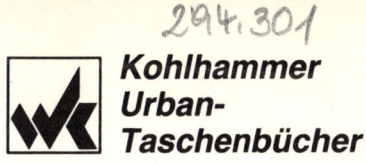

Die vier Hauptereignisse im Leben des Buddha, aus einer Darstellung in der Māyā-Höhle, Kizil bei Kucha (Zentralasien). Der Minister Varshākāra hält dem König Ajātashatru ein Tuch mit den Hauptszenen im Leben des Erhabenen vor Augen (vgl. S. 150). Dargestellt sind 1. Geburt (u. l.), 2. Erleuchtung (o. l.), 3. erste Predigt (u. r.) und 4. Tod (o. r.).

Hans-Joachim Klimkeit

Der Buddha

Leben und Lehre

Verlag W. Kohlhammer
Stuttgart Berlin Köln

CIP-Titelaufnahme der Deutschen Bibliothek

Klimkeit, Hans-Joachim:
Der Buddha : Leben und Lehre /
Hans-Joachim Klimkeit. -
Stuttgart ; Berlin ; Köln : Kohlhammer, 1990
(Urban-Taschenbücher ; Bd. 438)
ISBN 3-17-009948-5
NE: GT

Umschlagbild:
Sitzender Buddha aus Holz,
Tumshuq (Zentralasien), 5. Jh. n. Chr.

Stuttgart Berlin Köln
Verlagsort: Stuttgart
Gesamtherstellung: W. Kohlhammer
Druckerei GmbH + Co. Stuttgart
Printed in Germany

Gerd-Wolfgang und Renate Essen gewidmet

Inhalt

Vorwort

Der vorliegende Band verfolgt das Anliegen, die historische Buddha-Forschung der letzten fünf Jahrzehnte für ein breiteres Publikum zusammenzufassen. Von der Fülle der Materialien, die einzubeziehen waren, mag die Bibliographie einen Eindruck vermitteln. Für den interessierten Leser, der tiefer in die Materie eindringen will, ist eine gesonderte Liste von einführenden Werken zusammengestellt, bei der eher technische Studien ausgeklammert sind.
Die Tatsache, daß bis in neuere Zeit viele Buddha-Bücher in der Orientierung allein am Pāli-Kanon verfaßt worden sind, hat den Autor ermutigt, eine Studie zu Leben und Lehre des Buddha vorzulegen, die auch den nordbuddhistischen Sanskrittraditionen verschiedener frühbuddhistischer Schulen gerecht werden will. Sind die Sanskrittexte der nördlichen Hīnayāna-Richtungen (wie der Dharmaguptas, der Sarvāstivādins und der Mūlasarvāstivādins) doch die Grundlagen von Übersetzungen ins Tibetische und Chinesische gewesen, nicht die Pāli-Texte, die ihnen gegenüber keineswegs immer zeitliche Vorrangigkeit beanspruchen können, auch wenn sie vollständiger erhalten sind. Bedeutende Reste der Sanskrit-Kanones verschiedener Schulen des Kleinen Fahrzeugs sind schon zu Anfang des Jahrhunderts an der zentralasiatischen Seidenstraße aufgefunden worden, und ihre philologische Erschließung und vergleichende Einordnung hat nun schon eine 80jährige Forschungsgeschichte. Dennoch sind diese Texte bisher nicht in gebührender Weise in eine allgemeine Gesamtdarstellung des Buddha-Lebens einbezogen worden. Zwar gestatten auch diese frühen Sanskrit-Dokumente, deren Manuskripte bis in die ersten Jahrhunderte n. Chr. zurückgehen (während die ältesten Pāli-Handschriften höchstens 400-500 Jahre alt sind), keinen direkten Zugang zum historischen Buddha, ihre Berücksichtigung führt aber doch zu einem differenzierteren Bild, als es das Schrifttum der südlichen Theravāda-Schule alleine gestattet. Freilich ist auch bei Hinzuziehung der nördlichen Traditionen des Hīnayāna kein eindeutiger Kern in bezug auf das Leben des geschichtlichen Buddha zu gewinnen. Es wird aber bei dieser Ausweitung unserer Quellenlage deutlich, wie sich legendarische Traditionen gebildet haben, so daß sich verschiedene Stufen der Legendenbildung erkennen lassen. Diese finden natürlich einen Höhepunkt in den mahāyānistisch inspirierten Sanskrit-Werken wie dem Mahāvastu, dem Lalitavistara und dem Buddhacarita des Ashvagho-

sha. Bei alledem ist die Legende aber keineswegs nur als ein den festen Boden historischer Tatsachen überwucherndes Gestrüpp zu betrachten, das beiseite zu räumen wäre. Sie muß auch als Bildung eigenen Rechtes anerkannt werden, und folglich ist nach ihrer jeweiligen religiösen und sozialen Intention zu fragen.

In der Darstellung der Lehre hat sich der Verfasser vor allem von den Darlegungen des klassischen Buddha-Buches von H. Beckh leiten lassen, wobei es allerdings auch hier galt, die fast ausschließliche Ausrichtung auf die Pāli-Tradition durch Einbeziehung der frühen Sanskrit-Überlieferungen zu ergänzen. Der besondere Vorzug der Darstellung von Beckh liegt darin, daß er den hochwichtigen buddhistischen Begriffsreihen gebührende Bedeutung beimißt. Die langjährige Beschäftigung des Verfassers mit dem buddhistischen Schrifttum Zentralasiens, sowohl dem indischen wie dem darauf und auf der chinesischen Tradition beruhenden türkischen, hat ihm die große Tragweite dieser Begriffsreihen in der konkreten Arbeit an den Texten immer wieder vor Augen geführt. Diesem Umstand trägt ein Anhang mit einer Auswahl der wichtigsten Begriffsreihen Rechnung.

Der Dank des Verfassers gilt zunächst seinem Pekinger Kollegen Geng Shimin, der ihm bisher unveröffentlichte buddhistische Texte von der Seidenstraße zugänglich machte, die hier auch ausgewertet werden konnten. Wir haben diese Texte über Jahre hinweg gemeinsam bearbeitet, wobei uns der fachkundige Rat der Herren Dr. Helmut Eimer, Bonn, und Dr. Jens P. Laut, Marburg, in vielen Fragen philologischer und buddhismuskundlicher Art stets willkommen war. Der letztere hatte die Freundlichkeit, auch dieses Manuskript durchzusehen und diverse Hinweise zu geben.

Mein besonderer Dank gilt meinen Mitarbeitern, Herrn Gregor Ahn, M. A., und Herrn Wassilios Klein, M. A., die durch Hintanstellung ihrer eigenen Arbeiten halfen, diese Studie fristgerecht fertigzustellen, und zwar durch Literaturbeschaffung, kritische Durchsicht, mannigfaltige Anregungen und Korrekturlesung. Sie haben sich nicht nur editorischer, sondern auch computertechnischer Fragen angenommen und geholfen, eine druckfähige - leider vielfach zu kürzende - Vorlage zu erstellen. Die Deutsche Forschungsgemeinschaft hat Herrn Klein für ein mehrgliedriges Zentralasien-Projekt längerfristig unterstützt, wofür auch ihr mein herzlicher Dank gebührt. In den Dank an die Mitarbeiter schließe ich auch Frau Liesel Werner ein, die den mehrfach bearbeiteten Text in gewohnter Zuverlässigkeit in den Computer eingab.

Zur Beschaffung der verstreuten Literatur für diese Arbeit hat die Klopstock-Stiftung, Hamburg, einen finanziellen Beitrag geleistet, wofür ich auch ihr herzlich danke. Herr Gerd-Wolfgang Essen von dieser Stiftung und seine Frau Renate haben sich in besonderer Weise durch ihre Sammlung tibetischer Kunstwerke um ein öffentliches Verständnis buddhistischer Kunst verdient gemacht. Ihnen, denen ich viele Jahre nicht zuletzt im Interesse an buddhistischen Dingen verbunden bin, ist dieses Bändchen gewidmet.
Zur Schreibung indischer Namen und Begriffe ist zu sagen, daß indische Orts- und Personennamen in vereinfachter Form angegeben werden, wobei diakritische Zeichen auf ein Mindestmaß reduziert sind (z. B. Shākyamuni statt Śākyamuni, Sonadanda statt Soṇadaṇḍa). Indische Begriffe und Werktitel dagegen (z. B. prajñā, Soṇadaṇḍa-Sūtra) erscheinen in der indologisch üblichen Form.

Bonn, im Dezember 1989

Hans-Joachim Klimkeit

Einleitung

Buddha hat für Asien dieselbe Bedeutung wie Jesus für das Abendland. Die von ihm gestiftete Religion hat sich von ihrem Ursprungsgebiet, dem mittleren Gangesbecken, über ganz Indien bis zu den Nachbarländern hin ausgebreitet und von dort ihren Weg über die Seidenstraßen wie auch über See nach Ostasien gefunden, wo sie die Kulturen Zentralasiens, Chinas, Koreas, Japans und Indonesiens nachhaltig beeinflußt hat. Zwar hat sich der Buddhismus nicht wie das Christentum in Europa als einzige Religion durchgesetzt, wiewohl er es in seiner lamaistischen Form verstand, sich in Tibet und der Mongolei in den Rang einer Staatsreligion zu erheben, dennoch war sein Einfluß auf Gesellschaft, Kultur und Geistesleben ein ebenso weitreichender wie nachhaltiger. Dies, obwohl der Buddhismus - wie auch das Christentum - sein ursprüngliches Heimatgebiet verlor.

Der Buddha hat mit seiner Botschaft den Einzelnen in seiner Individualität, auch unabhängig von seinen sozialen und völkischen Bezügen und Bindungen angesprochen, und gerade so konnte seine Lehre zu einer Weltreligion werden.[1] Trotz aller heiligen Stätten und Kultorte, die er in Indien besaß, blieb der Buddhismus also nicht wie seine Schwesterreligion, der Jainismus, auf diesen Raum beschränkt, sondern verstand es, sein Anliegen so allgemein vorzutragen, daß er auch Menschen ganz anderer Zunge und anderer Volkszugehörigkeit für seine Sache gewinnen konnte. Die Übersetzung der zahlreichen buddhistischen Schriften aus indischen Dialekten in Sprachen grundverschiedenen Aufbaus, so in die Sprachen Zentralasiens und Chinas, wo umfangreiche Korpora von kanonischen Texten und Kommentarwerken entstanden, zeugt von diesem volksübergreifenden Charakter der Botschaft Buddhas.

Die Möglichkeit der Übertragung der buddhistischen Heilsbotschaft in jene Sprachen ist zutiefst verwurzelt in dem universalen Charakter der Predigt des Buddha. Indem er sich in der Formulierung seiner Heilslehre und seiner Ethik und konsequenterweise auch im Aufbau seiner Gemeinde über alle sozialen Unterschiede hinwegsetzte und Vornehme und Könige ebenso ansprach wie Bettler und Räuber, Witwen und Waisen, indem er Anhänger aus allen sozialen Schichten in seine neue religiöse Gemeinschaft aufnahm, rekurrierte er auf ein Gleichheitsprinzip, das dem brahmanischen Kastenwesen seiner Zeit widersprach. Zwar wollte er dieses nicht insgesamt abschaffen, seine

Gültigkeit aber für den Bereich seiner Gemeinde außer Kraft setzen. Auch formulierte er nicht wie der Hinduismus unterschiedliche ethische Prinzipien für Leute verschiedenen Standes, die sich als Laienanhänger seiner Gemeinde verstanden, sondern nur eine universalgültige Laienethik, die für Höhere ebenso Geltung hat wie für Niedere.
Nun war dies kein völliges Novum gegenüber der hinduistischen Kastenethik, die die konkreten Inhalte der religiösen Lehre (dharma) je nach sozialem Stand und Altersgruppe unterschiedlich explizierte und somit von der "religiösen Lehre der Kasten und Altersklassen" (varṇāśramadharma) sprach. Denn auch andere Asketengruppen kannten z. Zt. Buddhas das Prinzip der durch Ancienität qualifizierten Brüderlichkeit innerhalb ihrer Reihen. Zu den bekanntesten dieser Gruppen zählten die schon genannten, auf Mahāvīra, einen Zeitgenossen Buddhas, zurückgehenden Jainas, die sich zwar auch in ganz Indien ausbreiteten, deren Glaube aber niemals zu einer Weltreligion werden sollte. Auch andere Gruppen kannten also das Prinzip der Gleichheit der Jünger unter einem Meister, aber mit keiner anderen universalreligiösen, auf dem Gleichheitsgrundsatz beruhenden Ethik hat sich der Hinduismus so nachhaltig auseinandersetzen müssen wie mit den vom Buddha eingebrachten Gedanken, wenn auch der Jainismus zweifellos seinen Beitrag zur ethischen Diskussion leistete.
Ein weiteres Kennzeichen der Lehre des Buddha neben ihrer universalreligiösen Ausrichtung ist ihre Vergeistigung bzw. Spiritualisierung hinduistischer Vorstellungen. Dies gilt sowohl für die rituellen Vorstellungen wie für die anthropologischen Konzeptionen, die vielfach von einem ausgesprochenen "Substanzialismus" geprägt sind, wie P. Hacker feststellt.[2] Geistiges und Feinstoffliches sind hier vielfach noch nicht grundsätzlich unterschieden. So heißt es z. B. in Kumārila's Tantravārttika in bezug auf den dharma, im hinduistischen Sinne die religiöse Grundordnung, die fast substanzhaft aufgefaßt werden kann: "Wie wenn ein heiliger Mensch einen Ort bewohnt, dieser durch die Berührung mit ihm heilig wird und dann ... (selber) heiligend wirkt, ebenso wird das Tun und das inwendige Befinden derjenigen, die vom Dharma erfüllt sind, (selber) dharmahaft, dharmahaltig"[3]. Der dharma ist hier geradezu stofflich gedacht, er durchdringt den dharmahaft Handelnden und färbt gleichsam auf seine Umgebung ab.
Dies gilt erst recht für adharma, Untugendhaftigkeit oder Sünde; auch sie ist geradezu stofflich gedacht, und sie kann und muß deshalb durch rituelle Verfahren, sonderlich durch äußere Reinigung, entfernt, abgewaschen werden. Wenn der Buddha nicht nur dem hinduistischen Kastenwesen, sondern auch dem brahmanischen Ritualismus eine Ab-

sage erteilt, so nicht zuletzt deshalb, weil er den zugrundeliegenden Substantialismus ablehnt und den Bereich des Geistigen als eigenständigen scharf vom Bereich des Körperlichen und Substanzhaften, der seinerseits nur aus Daseinselementen (dharmas im buddhistischen Sinn) besteht, abgrenzt. Wenn folglich der Buddha von "Sünden" spricht - in seiner Sprache bezieht sich das auf die "Befleckungen" (kleśas) oder "unheilvollen Einströmungen" (āśravas) des Geistes -, so sind diese gerade nicht substantiell gedacht und können folglich nicht rituell abgewaschen, sondern nur durch geistige Vorgänge neutralisiert oder eliminiert werden. Das also ist der tiefste Grund für die Ablehnung des hinduistischen Ritualismus. Man fühlt sich hier durchaus an Jesu Ablehnung des jüdischen Ritualismus und an seinen Aufruf zur Anbetung im Geiste und in der Wahrheit erinnert.

Eng verbunden mit der Ablehnung eines geistigen Substantialismus ist drittens die Betonung der radikalen Vorrangigkeit des Geistigen gegenüber dem Körperlichen. In geradezu überraschender Bildhaftigkeit wird dieser Sachverhalt in einer der Abschiedsreden des Buddha veranschaulicht. In dem auf Sanskrit erhaltenen "Großen Sūtra vom Verscheiden" (Mahāparinirvāṇa-Sūtra) macht der Erhabene seine Jünger auf sein bevorstehendes Ende aufmerksam. Sonderlich verweist er auf seinen hinfälligen Leib, der der alles überragenden Vergänglichkeit (anityatā) anheimfallen müsse. In diesem Zusammenhang vergleicht er Geist und Körper mit einem Baugrund und einem darauf errichteten, baufälligen Haus. Nur sein Leib sei vergänglich, nicht sein Geist. Dieser gleiche eher dem festen Baugrund. Das Tertium comparationis überrascht jenen, der vom griechisch-römischen Weltbild herkommt, wonach ein gesunder Geist in einem gesunden Körper wohnt.

Diese Vorrangigkeit des Geistigen gegenüber dem Körperlichen zieht sich wie ein roter Faden durch die ganze Lehre des Buddha hindurch. Hier ist allerdings zu betonen, daß Buddha die Notwendigkeiten körperlicher Existenz nicht außer acht läßt. So gibt er bei seiner Heilssuche jene übertriebene Askese auf, die von der Voraussetzung ausgeht, daß die Bezähmung des Geistes durch komplette Funktionsbeherrschung des Körpers erreicht werden könne; er ißt wieder mit Maßen und wählt einen "mittleren Weg" zwischen Leben in Luxus und übertriebener Askese, einen Weg, der auch dem Körper sein Recht gibt.

Dieser Sachverhalt ist paradigmatisch für seine Einstellung zur konkreten Welt. Einerseits gilt es, dieser zu entfliehen und, wie es in einer buddhistischen Standardformel heißt, "vom Haus in die Hauslosigkeit" zu ziehen. Dies beinhaltet Aufgeben von Hab und Gut, ja von Weib und Kind, und die Annahme eines mönchischen Lebens, in dem allein ein Versiegen allen irdischen Begehrens, die Wurzel allen Übels, möglich ist. Andererseits ist der Mönch aber auch nicht in eine völlig ungesicherte Situation entlassen. Er wird auf die Mönchsgemeinde verwiesen, die ihn sozial und psychologisch trägt und die ihrerseits von einer Laienschaft wirtschaftlich getragen wird. Die zahlreichen Worte über den großen Segen des Spendens für die Gemeinde machen deutlich, daß der Buddha durchaus um wirtschaftliche und weltliche Notwendigkeiten wußte und ihnen durch Gewinnung einer großen und wohlhabenden Laienschaft Rechnung trug. Vor allem aber verstand es der Buddha, der selbst Sohn eines Kleinkönigs war, die Reichen und Mächtigen, die Könige und Fürsten des mittleren Gangesbeckens, in dem er umherwanderte, für seine Sache zu gewinnen. Die zweifellos historisch begründete Legende, daß sich zahlreiche Fürsten nach seinem Tode um seine Reliquien stritten, veranschaulicht diesen politischen Einfluß, den er auf die Königshöfe im Laufe seiner mehr als vierzigjährigen Verkündigungszeit gewann. Dieser Einfluß wird auch in einzelnen Erzählungen sichtbar, die von seinen Begegnungen mit Mächtigen und Königen berichten. Viele bisherigen Buddha-Bilder sind viel zu blauäugig, als daß sie diesem realpolitischen Aspekt in der Persönlichkeit Buddhas, der nur als erhabener geistiger Lehrer erscheint, Rechnung tragen würden. Es ist ein Verdienst des Buddha-Buches von H. W. Schumann[4], erstmals Licht auf diese Seite der Persönlichkeit des historischen Buddha geworfen zu haben.

Buddha ist also keineswegs nur als spiritueller Meister zu würdigen. Auch im Hinblick auf das Verhältnis zu weltlichen und politischen Notwendigkeiten des Lebens wählte er einen "mittleren Weg". Nicht zuletzt von daher erklärt sich der große Erfolg, der seinem Orden gegenüber allen anderen Orden seiner Zeit schon zu seinen Lebzeiten beschieden war. Das Sich-Arrangieren, um nicht zu sagen Paktieren, mit politischen Mächten sollte aber auch das Schicksal des Buddhismus in Indien besiegeln. Dort, wo der Gemeinde des Buddha die politische Unterstützung entzogen wurde, war ihr die Lebensgrundlage genommen. Und schon zu Lebzeiten Buddhas sehen wir, daß die Fürsten, die ihm zugetan waren, ihn ihrerseits zu instrumentalisieren trachteten, indem sie seinen Einfluß für ihre Sache in Anspruch nahmen. Buddha hat sich vermutlich auf seiner letzten Wanderung, die ihn in den Norden des Gangestales führte, politischen Machenschaften entziehen wollen. Daß auch führende Mönche seines Ordens keineswegs nur ein rein geistiges Leben führten, sondern an politischen Ereignissen der Zeit beteiligt waren, ergibt sich nicht nur aus der engen Verbindung von Hof und Orden, sondern läßt sich nicht selten deutlich zwischen den Zeilen einzelner Berichte heraushören. In Stifterinschriften der frühen Gemeinde können Stifter-Mönche sich geradezu als "Freund der Könige" bezeichnen.[5] Das aber ist eine Tradition, die sachlich auf den Buddha selbst zurückgeht.

Das Weltliche wird vom Buddha zwar als "vergänglich" durchschaut, dennoch ist es Ausgangspunkt für den Verweis auf geistige und das Mönchsleben betreffende Sachverhalte. So gibt er im "Großen Sūtra vom Hinscheiden" eine Reihe von Bedingungen an, unter denen ein Staat Bestand hat. Aber dies ist nur der Ausgangspunkt für die Aufzählung der Bedingungen, unter denen die Mönchsgemeinde bestehen werde. Der Sachverhalt ist kennzeichnend für Aufbau und Ausrichtung zahlreicher buddhistischer Erzählungen, die den Blick von einem äußeren Ereignis auf einen geistigen Sachverhalt lenken. In diesem Zusammenhang ist auch die reiche Bildersprache der frühen buddhistischen Schriften zu nennen, die zweifellos auf den Buddha selbst zurückgeht und im Laufe der Zeit immer weiter ausgestaltet wird.

Was die Erzählungen anbelangt, so steht vielfach ein spektakuläres Schauwunder am Anfang. In der Ausdeutung des Geschehens aber wird die sich darin zeigende Macht zum Sinnbild geistiger Kraft, die aus der Meditation erwächst. Wenn z. B. der Buddha zu Anfang seiner Wirksamkeit den mit großen magischen Kräften begabten Flechthaar-Asketen Kāshyapa durch immer neue Schauwunder übertrumpft, so wird damit veranschaulicht, wie er als Herr der Elemente, vor allem des Feuers, über übernatürliche Kraft (ṛddhiprātihārya) verfügt. In der anschließend gehaltenen "Feuerpredigt" von Gayā (CPS 26) wird deutlich, daß seine Kraft bzw. Fähigkeit, den Geist anderer einschließlich des Kāshyapa zu durchschauen (ādeśanāprātihārya), als größere Fähigkeit erscheint. Die dritte, noch größere Fähigkeit aber ist die, die Lehre in angemessener und überzeugender Weise darzulegen (anuśāsanīprātihārya). In der "Feuerpredigt" legt der Buddha dar, daß alle Sinne "brennen", und zwar "mit dem Feuer der Gier, mit dem Feuer des Hasses und mit dem Feuer des Nichtwissens"[6]. Dies bedeutet, daß es darauf ankommt, dieses Feuer zu löschen, um zur Ruhe zu gelangen. Die vorausgehende Erzählung erweist sich nun als Folie für und Hinführung zu dieser entscheidenden Aussage.

Ähnlich sind Aufbau und Intention zahlreicher anderer Berichte der Buddha-Vita. Wenn z. B. in der Devadatta-Episode breit ausgeführt wird, welche Anschläge Devadatta, der Judas der buddhistischen Gemeinde, auf den Meister ausübt, und wenn wir erfahren, wie er auf dem Höhepunkt seiner geistigen Verirrung einen trunkenen, wilden Elefanten auf den Meister losläßt, wie ihn dieser aber mit der Kraft der Güte (maitrī) bezwingt, so soll damit die alles überwindende Kraft der Güte veranschaulicht werden.

Wenn wiederholt von den Segnungen gesprochen wird, die aus der Verwirklichung der Güte erwachsen, und wenn zu diesen vor allem die Unverletzbarkeit gezählt wird, so wird das durch diese äußere Geschichte veranschaulicht.[7]

Eine ausgesprochene Bildhaftigkeit kennzeichnet also die buddhistischen Texte. Dies aber hat seinen Grund darin, daß alles Äußere, Weltliche nicht in seiner Faktizität gesehen wird, sondern als Verweis auf ein Dahinter, auf eine geistige Wirklichkeit. Es wird zum Symbol für einen religiösen Sachverhalt, und diesem religiösen Inhalt kommt eigentliche Wirklichkeit zu. Das Äußere ist nicht ein schattenhaftes Abbild einer geistigen Welt wie in Platons Höhlengleichnis, sondern ein Bereich, der vergänglich und somit leidvoll ist. Er muß deshalb überwunden werden zugunsten einer überirdischen Wirklichkeit, die alle weltlichen "Gestaltungen" (saṃskāra), die "Name und Form" (nāma-rūpa) besitzen, transzendiert. Daher das meditative Bemühen, stufenweise zu einem Bereich vorzudringen, der alles "Formhafte" und Individuelle hinter sich läßt.

Die Wegweiser zu diesem Ziel sind zunächst Begriffe, wie sie in den Begriffsreihen scholastisch schematisiert werden, sodann die Bilder und Sinnbilder, die diesen entsprechen und jeweils über sich hinausweisen. So können den Begriffsreihen ganze Symbolketten entsprechen, wobei die Austauschbarkeit dieser Symbole ein Kennzeichen dieses Denkens ist. Gerade weil diverse Symbole, aus der Erfahrungswelt genommen, auf dieselben geistigen Sachverhalte verweisen, können sie einander ersetzen, denn die zum Symbol gewordenen Dinge haben nicht faktischen, sondern hinweisenden Charakter. Dies ist nicht nur der Grund für die reiche Bildersprache, sondern auch für die Gleichnisreden des Buddha. Vor allem dort, wo die Lehre nicht mehr in einsamer Meditation durchdacht, sondern im Volk verkündet wird, wird sie "zum Objekt einer umfassenden Verbildlichung"[8], die zweifellos in der Volkspredigt des Buddha ihren Ursprung hat.

Aber auch schon in der frühen Lehre für die Mönche tritt die Bildersprache prominent in Erscheinung. Hierbei haben wir es zunächst mit einfachen und prägnanten Vergleichen zu tun, die im Laufe der Zeit zu ausgebildeten Gleichnissen werden.[9] Beispielsweise wird die Verkündigung des Buddha mit dem Meer verglichen. So wie dieses nur

den einen Geschmack des Salzes hat, so hat auch sie nur den einen Geschmack der Erlösung. Wie einer, der von einem Pfeil getroffen ist, nicht nach der Herkunft des Pfeiles, sondern nach dem Arzt fragt, so fragt auch der verständige Jünger nicht nach der Herkunft von Seele und Welt, sondern nach der Erlösung. Diese aber wird mit dem Verlöschen des Feuers verglichen, dessen Brennstoff aufgezehrt ist.
Im Laufe der Zeit führen die bekanntesten Bilder geradezu "ein literarisches Eigenleben. Dabei werden sie zu Bildern, die an die Stelle der Begriffe selbst treten: Aus Vergleichen werden Metaphern, aus Gleichnissen, Allegorien. Der Buddha ist nicht nur erlöst wie ein Kücken, das die Eierschale zerbrochen hat, er selbst hat die Eierschale des Nichtwissens zerbrochen... Die Welt ist ein Meer, das der Buddha mit den Armen der Erkenntnis durchquert; sie brennt im Feuer der Leidenschaften, das der Buddha mit dem Wasser der Erkenntnis löscht, so wie er den Felsen der Irrlehren mit dem Diamanten der Erkenntnis zerschlägt. Der Lohn der Taten ist ihre Frucht, die Begierden sind Schlangen; der Erlöste ist in die Stadt des Nirvāṇa eingetreten oder hat das jenseitige Ufer erreicht."[10] In diesem Sinne kann dann auch der ganze Bericht von Buddhas wunderhafter Überquerung des Ganges (MPS 7) zum Sinnbild für seine Überquerung des Leidensstromes werden. Überhaupt wird das Bild der Stromüberquerung wiederholt aufgegriffen und durch dichterische Augenblicksbilder ausgestaltet, die den feststehenden Symbolen zur Seite treten. So preist ein Dichter den Buddha mit den Worten:

> "Du hast mit dem Schiff 'Rede' den Strom 'Lebenslust' überquert, der in dem Gebirge 'Nichtwissen' entspringt, auf dem die Vögel 'falsche Überlegungen' (schwimmen), der mit dem Wasser 'Verblendung' gefüllt ist und dessen Krümmungen 'Furcht' und 'Tücke' sind".[11]

Die Verbildlichung der Sprache ist zur Grundlage der großartigen buddhistischen Kunstentwicklung geworden, die schon in früher Zeit eingesetzt haben muß. So legen die Texte dem Buddha selbst Anweisungen zur künstlerischen Ausgestaltung der Klöster in den Mund.[12] Auch wenn diese nicht tatsächlich auf ihn zurückgehen, rekurrieren sie doch auf die frühe Bildersprache, die von sich aus zur Veranschaulichung in legendarischer und künstlerischer Hinsicht drängte.
Wenn wir nun unseren Blick von der Eigenart der Texte auf das Leben des Buddha lenken, so ist hervorzuheben, daß die uns zur Verfügung stehenden Quellen keinen unmittelbaren Zugang zum histori-

schen Buddha gewähren. Uns stehen im wesentlichen zwei Quellengruppen zur Verfügung: der auf Pāli verfaßte Kanon der südlichen Buddhisten (ceylonesische Tradition) und der nur teilweise erhaltene, in Zentralasien gefundene Sanskrit-Kanon der nordindischen Buddhisten sowie seine vollständigen tibetischen und chinesischen Übersetzungen. Tatsächlich haben wir es hier mit den Kanones verschiedener früher Schulen zu tun. Beide Korpora sind nach einer langen mündlichen Überlieferung erst Jahrhunderte nach dem Tode des Buddha verfaßt worden, nämlich kurz vor der Zeitenwende. Hinzu kommt, daß die Texte, sofern es sich um Lehrschriften (Sūtras) handelt, ein ausgesprochen "kerygmatisches" Interesse haben. Sie wollen die Lehre, das Kerygma, des Buddha darstellen. Legendarisch ausgestaltete Ereignisse in seinem Leben veranschaulichen diese, wobei die schon oben erwähnte Tendenz zur Konkretisierung eines geistigen Lehrinhaltes ein wesentliches literarisches Gestaltungsprinzip ist.

Der kerygmatische Inhalt der Texte greift zurück auf das religiöse Erlebnis des Buddha, das prototypische Bedeutung für seine Mönche auch der späteren Generationen hatte. So ist die Lebensbeschreibung des Buddha, wie D. Schlingloff hervorhebt, "ihrem Aussagegehalt nach nichts anderes ... als die klassische Form der Verkündigung eben dieses religiösen Erlebnisses: der Lebensweg des Buddha, wie ihn seine Gemeinde verkündet, ist Urbild und Vorbild des Heilsweges, den der Mönch zu seiner Erlösung beschreitet".[13]

Es sind also die Texte über das Leben des Buddha vornehmlich vom Interesse an seinem religiösen Erlebnis bestimmt; sie handeln von dem Weg, der zur Erleuchtung führt, und vom Weg zur endgültigen Erlösung im Tode. Eine vollständige Biographie des Meisters hat die frühe Mönchsgemeinde nicht überliefert. Sie berichtet von einzelnen Ereignissen, die den Rahmen für bestimmte Lehrverkündigungen abgeben, und sie hat teilweise eine Kette von Ereignissen, die zu besonderen Höhepunkten führen, aneinandergereiht; "aber eine chronologische Anordnung, etwa in Form eines Itinerariums, fehlt"[14]. Allerdings haben wir - etwa in der Mittellangen Sammlung (Majjh.-Nik.) des Pāli-Kanons - Ich-Berichte des Buddha, in denen er selbst von früheren Ereignissen in seinem Leben erzählt.

Die zur Erleuchtung, zur Gewinnung der Hauptschüler und zum Tod führenden Ereignisse sind allerdings schon früh zu geschlossenen Erzählzyklen zusammengestellt worden, die natürlich eher von einem religiösen als einem historischen Interesse geleitet sind. Von Erleuchtung und Gemeindeaufbau berichtet der "Lehrtext von der vierfachen

Gemeinde" (Catuṣpariṣat-Sūtra = CPS und seine Parallelen), von den letzten Lebenswochen des Buddha der "Große Lehrtext vom Hinscheiden" (Mahāparinirvāṇa-Sūtra, P.: Mahaparinibbāna-Sutta = MPS/MPP). Hinzu kommt als eine Art Idealbiographie der "Große Lehrtext der Epochen" (Mahāvadāna-Sūtra, P.: Mahāpadāna-Sutta = MAV/MAP), der das Leben und Wirken eines Buddha in typischer Weise darstellt, und zwar als Ereigniskette, die sich in jeder Weltperiode im Leben eines jeden Buddha wiederholt. Hier wird also jedem Äon ein Buddha zugeordnet, und in diesem Zusammenhang ist von sechs Vorgängern des historischen Buddha die Rede. Veranschaulicht wird das Lebensschema vor allem anhand der Vita des vorzeitigen Buddha Vipashyin.

Es waren vor allem diese drei Texte, die das Grundgerüst für die immer weiter ausgebildete Vita des Buddha lieferten. Später erst kamen größere biographische Zyklen und dichterische Bearbeitungen des Buddhalebens hinzu.

Der Religionshistoriker sieht sich angesichts dieser literarischen Situation vor eine doppelte Aufgabe gestellt. Er hat aufgrund einer historisch-kritischen Untersuchung der an sich unhistorischen Texte das historisch Wahrscheinliche im Leben des Buddha zu rekonstruieren. Dabei kann er aber über die früheste Textschicht nicht hinausgehen, und diese liefert gerade keine vollständige Biographie, sondern nur Einblicke in entscheidende Abschnitte des Buddhalebens. Eine Rekonstruktion der gesamten Vita wäre ein historischer Roman. Aber mit der Herausarbeitung dieser frühesten Erzählungen und dem Aufweis der sukzessiven Legendenbildung ist schon viel gewonnen. Sodann aber hat der Religionshistoriker die Texte auf ihre Intention hin zu befragen und die mythologischen (auf frühere Buddhas bezogenen) und legendarischen (auf den historischen Buddha bezogenen) Ausgestaltungen auf ihre religiösen Aussagen hin zu analysieren. Diese Ausgestaltungen sind also nicht nur als Beiwerk auszuscheiden, sondern von ihrem eigenen Anliegen her zu verstehen. Beide Perspektiven, die historisch-kritische und die hermeneutisch-verstehende, ergänzen sich, denn erst die Erkenntnis der Grundintention der Texte verhilft auch zur Identifizierung ihres historischen Kerns.

Die Frage nach der Historizität hat freilich die Verfasser wenig bewegt. Hier gilt, was Schlingloff sagt, wenn er hervorhebt: "Die Lebensbeschreibungen wollten nicht historische Reminiszenzen an tatsächliche Ereignisse aus dem Leben des Meisters sammeln und überliefern; sie wollten auch nicht etwa durch erfundene Berichte Authentizität vortäuschen. Wenn wir derartige Absichten voraussetzen, unterstellen lichkeit Jesu verweist).[12] Die Lokottaravādins haben ihre Spuren deutlich im Mahāvastu (= MV) hinterlassen, das eine ausgesprochene Scheinleiblichkeit des Buddha vertritt. Dies gilt auch für den Lalitavistara (= LV), der das irdische Auftreten des Buddha als ein göttliches "Spiel" (lalita) eines überirdischen Buddha-Wesens erscheinen läßt.

Von den Sthaviras spalteten sich vermutlich zu Anfang des 3. Jh. v. Chr. die nach ihrem Stifter benannten Vātsiputrīyas ("die Anhänger des Vātsiputra") ab, die auch die Pudgalavādins ("die Anhänger des 'Person-Weges'") genannt werden, weil sie an der Konzeption einer quasi-autonomen "Person" (pudgala) festhielten, die sich im Rahmen der Wiedergeburten je neu inkarniere. Dies gelte auch für den Buddha. Diese Lehre stand freilich im Gegensatz zu der zweifellos auf den Buddha zurückgehenden anatta-Lehre ("Nicht-Ich-Lehre"), die einen festen Personenkern entschieden leugnete und die angebliche Person nur als Konglomerat von fünf Gruppen von Daseinsfaktoren (skandhas) betrachtete. In diesem Sinne erklärte der Mönch Nāgasena dem gräko-baktrischen König Menandros nach dem Pāli-Werk Milinda-pañha (II, 1) das nur scheinbare Wesen der Individualität.[13] Die Pudgalavādins knüpften zwar an die Lehre von den skandhas an und erklärten, die Person sei weder identisch mit den fünf skandhas noch verschieden von ihnen, so daß sie etwas Eigenständiges darstelle, dennoch brachte ihre Dialektik sie in den Verdacht, die alte brahmanische Lehre von der "Seele" (ātman) wieder aufleben zu lassen. Dies leugneten zwar die Pudgalavādins, dennoch sichert die von ihnen konzipierte "Person" die Kontinuität von einer Existenz zur nächsten. Sie beriefen sich dabei auf das Wort "Person", das tatsächlich im Pāli-Kanon - vielleicht aus Nachlässigkeit - verwendet wird. Der bekannteste Pāli-Text dieser Art ist das "Sutta von der Last" (im Khanda-vagga, Saṃy.-Nik. Nr. 3), in dem die fünf Gruppen von Daseinsfaktoren (skandhas, P.: khandas) als die "Bürde" und die Person als deren Träger erscheint.

Zur Zeit des Ashoka, also nach 273 v. Chr., spalteten sich die Sarvāstivādins (oder Vaibhāshikas) von den Sthaviras bzw. Sthaviravādins ab, die noch als Gruppe bestehen blieben, nachdem sich die Vātsīputrīyas/Pudgalavādins von ihnen getrennt hatten. Es ging diesmal um die Frage nach der Existenz der Dinge. Im Gegensatz zur Lehre der "Älteren", daß alles, auch jeder Daseinsfaktor, "leer" sei, betonte die neue Gruppe, daß die dharmas im Sinne von Daseinsfaktoren existent seien und daß folglich "alles besteht" (sarvam asti), auch Vergangenes und sogar schon Zukünftiges. Dies hatte Konsequenzen für ihre Sicht des Bewußtseins, das die Vergangenheit in Erinnerung behielt und

wir den Erzählern ein historisches Bewußtsein, daß [sic!] jener Zeit völlig fremd war. Indem die Mönche in ihren Predigten Episoden aus dem Leben ihres Meisters erzählten, wollten sie ihre Religion, eine jenseits aller historischen Ereignisse liegende Wahrheit, verkünden. Erinnerungen an historische Begebenheiten mochten in die Schilderungen mit eingebaut werden, entscheidend waren sie nicht"[15].
Was waren denn die religiösen Motive der Mönchsverfasser, in denen ihr religiöses Anliegen zum Ausdruck kommt? Diese lassen sich nach Schlingloff in zwei Punkten zusammenfassen:

1. Der Buddha ist den von ihm gepredigten Weg selbst gegangen,
2. Leben und Lehre des Buddha folgen einer kosmischen, übergeschichtlichen Gesetzmäßigkeit, die sich in jeder Weltperiode aktualisiert und am Leben eines jeden Buddha ablesbar wird.[16]

Das zweite Motiv kommt in paradigmatischer Weise im "Großen Lehrtext der Epochen" zum Ausdruck; es klingt aber auch immer wieder in den Einzelerzählungen an, die zum Ausdruck bringen, daß der Buddha eine vorherbestimmte Rolle spielt, ohne daß dadurch seine Entscheidungsfreiheit aufgehoben wäre. Dies aber beinhaltet vielfach, daß er um den bevorstehenden Weg weiß. Das verleiht seinen Aktionen und Worten eine ausgesprochene Selbstsicherheit. Er ist als angehender Buddha, also als Bodhisattva, zur Buddhaschaft bestimmt; er ist als Erleuchteter zur Verkündigung seiner Lehre bestimmt; und er ist schließlich nach Erfüllung seines Auftrages dazu bestimmt, ins höchste Nirvāṇa einzugehen. So kann er allen äußeren und inneren Bedrohungen gelassen gegenübertreten. Damit aber wird alles historisch Zufällige und Kontingente relativiert. Der Buddha spielt eine Rolle, die letztlich übergeschichtliche Relevanz hat.
Das erste Motiv verweist uns auf die Predigt des Buddha. Sie wird veranschaulicht in seinem Leben, ja in allen Ereignissen seines Lebens. Somit gilt er nicht nur als Lehrer, sondern auch als exemplarisches Vorbild. Den Buddha als Wegweiser und Vorbild darzustellen, so hebt Schlingloff hervor, "war daher die eigentliche Triebkraft der Mönchsgemeinde, eine Lebensbeschreibung ihres Lehrers und Meisters zu überliefern"[17]. Hier werden wir also wieder auf die Lehre des Buddha verwiesen, die in seinem Leben Veranschaulichung findet. Das gilt nicht nur für das Leben insgesamt, sondern für jedes Ereignis in seinem Leben. Schon bei der Darstellung des Lebens werden wir also bereits auf wesentliche Inhalte seiner Lehre verwiesen. Teil III

wird uns Gelegenheit geben, diese Lehre systematisch zusammenzufassen.[18]
Ehe wir nun zur Erörterung der Quellen übergehen, ist noch ein Blick auf die historische Frage nach der Lebenszeit des Buddha notwendig. Diese Frage wird heute neu diskutiert, nachdem die in den meisten Handbüchern und Nachschlagewerken angegebenen Daten (ca. 560-480 v. Chr.) dadurch fragwürdig geworden sind, daß die ceylonesische Pāli-Tradition, auf die sich diese Datierung stützt, Anlaß zur Hinterfragung gegeben hat. Das entspricht der heutigen Gesamtbeurteilung der Texte der Pāli-Überlieferung. Galten diese lange als die ältesten und traditionstreuesten Texte, so hat die Arbeit an den in Zentralasien gefundenen Sanskrittexten gezeigt, daß ihnen keineswegs überall Vorrangigkeit einzuräumen ist und daß die Sanskrittexte vielfach ältere Formen und Inhalte bewahren. Das verwundert nicht, wenn man bedenkt, daß die ältesten erhaltenen Pāli-Manuskripte keine 500 Jahre alt sind, während die zentralasiatischen Texte teilweise bis in die ersten Jahrhunderte n. Chr. zurückgehen.
Im Hinblick auf die Lebenszeit des Buddha ist die in den Sanskrittexten sich spiegelnde nordindische Tradition, die auch in tibetischen und chinesischen Übersetzungen fortlebt, zuverlässiger als die ceylonesische.
Die bisherige Datierung beruht auf einer falschen Annahme, wie H. Bechert im Anschluß an É. Lamotte u. a. gezeigt hat.[19] Die erste indische Dynastie, die sich durch griechische Quellen sicher datieren läßt, ist die von Candragupta (reg. 317-293 v. Chr.) begründete Maurya-Dynastie, deren Beginn also nach Alexanders Indienfeldzug (327-325 v. Chr.) anzusetzen ist. Die Herrschaft des großen buddhistischen Maurya-Kaisers Ashoka kann heute nach den Forschungen von P. H. L. Eggermont auf 268-239 v. Chr. datiert werden. Nun wird die Regierungszeit Ashokas in der buddhistischen Überlieferung mit dem Todesjahr des Buddha in chronologische Verbindung gebracht. So heißt es in den ceylonesischen Inselchroniken Dīpavaṃsa (6.1) und Mahāvaṃsa (5.21), daß Ashoka 218 Jahre nach dem Tod des Buddha zum König gekrönt wurde. Diese beiden Chroniken gehen ebenso wie andere historische Werke Ceylons davon aus, daß Buddha im Jahre 544/543 v. Chr. gestorben sei und Ashoka 326/325 v. Chr. gekrönt wurde. In der Datierung Ashokas irrt sich die ceylonesische Tradition um 60 Jahre. Eine entsprechend "korrigierte" ceylonesische Chronologie würde Buddhas Todesjahr mit 484/483 v. Chr. angeben.
Nun gibt es nordindische Traditionen, wonach Ashoka 100 bzw. 118 Jahre nach dem Tode Buddhas gekrönt wurde (Eine einzige Quelle

spricht von 160 Jahren). Die Zahl 100 ist am häufigsten belegt. Als runde Zahl scheint sie idealtypischen Charakter zu haben, andererseits ist es aber auch nicht ausgeschlossen, wie Bechert hervorhebt,[20] daß der zum Buddhismus bekehrte Ashoka sich bewußt 100 Jahre nach dem Tode Buddhas zum Herrscher krönen ließ. Jedenfalls wird man aufgrund dieser und anderer Indizien Buddhas Tod 85-105 Jahre vor Ashokas Krönung und 30-50 Jahre vor Alexanders Indienfeldzug ansetzen müssen.[21] Da er 80 Jahre gelebt hat, wie die Quellen glaubhaft versichern, wird er etwa 450-370 v. Chr. (mit einem Spielraum von jeweils 10 Jahren) gelebt haben. Zu einer genauen Datierung wird man vermutlich niemals gelangen können.

I. Die Quellen zu Buddhas Leben und Lehre

A. Biographische Abschnitte im Kanon und die Buddha-Biographien

1. Frühe buddhistische Schulen als Träger verschiedener Buddha-Konzeptionen

Ehe wir auf die unterschiedlichen Quellen der Buddha-Legende eingehen, ist es nötig, Licht auf die Schulen zu werfen, aus denen die einschlägigen Texte und Textabschnitte zur Buddha-Vita hervorgingen.[1] Vor allem auf die frühen Schulen und ihre Bedeutung für die unterschiedliche Ausprägung des Kanons - streng genommen der diversen Kanones - und ihrer biographischen und lehrmäßigen Abschnitte ist man in neuerer Zeit in besonderer Weise aufmerksam geworden.[2] Dahinter steht sicherlich die Überzeugung, daß es im frühen Buddhismus, der die Buddha-Vita bereits voll ausbildete, nicht nur um eine Geschichte von Ideen geht, sondern auch von Menschen und Gruppen, die als Träger dieser Ideen zu gelten haben. Wenn wir von herausragenden Dichtergestalten absehen, waren diese gewöhnlich eingebunden in bestimmte schulische Traditionen, die ihr Denken maßgeblich bestimmten. Welche Schulen sind es also, die die ersten Buddha-Biographien verfaßten, und welche Intentionen verfolgten sie dabei?
Wie in der Jesus-Forschung ist es auch in der Buddha-Forschung klar, daß die ipsissima vox des Meisters heute kaum noch greifbar ist. Zu Recht stellt F.-R. Hamm fest, "daß wir den Buddha natürlich nur so kennen, wie unsere Texte ihn darstellen; es wäre ganz vergeblich, wollte man versuchen, zwischen der Lehre des Buddha an sich und der Lehre unserer Texte zu unterscheiden, denn jene kennen wir nur aus diesen."[3] Dies gilt mutatis mutandis auch für das Leben des Buddha, wiewohl die historisch-kritische Buddha-Forschung, die wir hier zusammenfassen wollen, von diesen ausgeht und nach dem Dahinter fragt. Greifbar sind nur die Traditionen über ihn, die in den frühen Schulen überliefert werden. Aber eine vergleichende Gegenüberstellung dieser frühen Traditionen erlaubt doch Rückschlüsse auf eine ge-

meinsame Urtradition, wenn auch nicht auf einen gemeinsamen Urkanon. Wir haben aber mit einer gemeinsamen mündlichen Urtradition zu rechnen, die in die Zeit des Meisters zurückführt.[4]

Aus dem Gesagten geht schon hervor, daß es heute nicht mehr angängig ist, sich in der Darstellung von Leben und Lehre des Buddha auf den Pāli-Kanon der südlichen Theravāda-Schule allein zu berufen. Die hochwichtigen Funde von Resten eines frühen Sanskrit-Kanons in Zentralasien, der nicht nur einer Schule zuzuordnen ist, auch die dortige Entdeckung von alten, in die ersten Jahrhunderte n. Chr. zurückgehenden Texten in indischen Prākrit-Sprachen, vor allem der Sprache der nordwestindischen Landschaft Gandhara, die zeitlich teilweise noch vor den Sanskrit-Texten einzuordnen sind, zwingt zur Revision eines Buddha-Bildes, das am Pāli-Kanon allein orientiert war. Vor allem die nun schon über 80jährige Forschung an den Texten aus Zentralasien, das uns die ältesten indisch-buddhistischen Manuskripte beschert hat, die teilweise mehr als 1 000 Jahre älter als die ältesten Pāli-Handschriften sind, kann heute nicht außer acht gelassen werden. Dies gilt um so mehr, als diese Forschung - vornehmlich im Gefolge E. Waldschmidts - ihre Texte nicht nur unter Einbeziehung der Pāli-Tradition bearbeitet hat, sondern auch der tibetischen und chinesischen Parallelen, die ihrerseits auf frühe indische, vornehmlich Sanskrit-Vorlagen zurückgehen. Wenn es gerade diese Erforschung der zentralasiatischen Texte und ihrer Entsprechungen ist, die uns auf die Diversität der frühen buddhistischen Schulen aufmerksam macht, so kann die frühe und die sich daraus entwickelnde Buddha-Legende nicht mehr unabhängig von diesen Schulen betrachtet werden.

Angesichts des Gewichtes der buddhistischen Sanskrit-Texte werden wir Namen und Begriffe möglichst in ihren Sanskrit-Formen angeben und diese durch entsprechende Pāli(= P.)-Formen ergänzen. Die vergleichenden Forschungen von Waldschmidt an den zentralasiatischen Manuskripten haben nämlich ergeben, daß die wesentlich älteren Sanskrit-Texte mindestens gleichrangig neben den Pāli-Texten stehen. In vielen Fällen ist ihnen sogar der Vorzug zu geben. Unklarheiten im Pāli-Text werden vielfach erst durch Heranziehung der Sanskrit-Parallelen verständlich. So hebt Waldschmidt im Hinblick auf seine vergleichende Untersuchung der Mahāparinirvāṇa-Texte (MPS: Skr.-Version; MPP: Pāli-Version) hervor: "Stellt man MPS und MPP ... einander bei Vorgängen, welche auf gemeinsamer älterer Grundlage beruhen, aber Unterschiede zeigen, gegenüber und betrachtet die Abweichungen, so spricht die Wahrscheinlichkeit der treueren Überlieferung nicht selten für das MPS, das dem Pāli-Text mindestens gleichwertig ist".[5] Waldschmidt warnt dabei allerdings vor Allgemeinurteilen über die Treue ganzer Überlieferungszweige oder auch nur einzelner Versionen. "Selbst wenn man bei der einen oder anderen Version von mehr oder weniger großer Überlieferungstreue reden will, muß den 'nördlichen' und 'südlichen Quellen' für die Ermittlung der ältesten Überlieferung grundsätzlich gleiche Bedeutung eingeräumt werden; denn es kommt sogar vor, daß älteres Überlieferungsgut ... sich in einem Material jüngerer Schicht erhalten hat ... Allein durch unbeeinflußte, vorsichtige Abwägung der Begebenheiten für einzelne, kleinere, in sich zu betrachtende Episoden kann es gelingen, den ältesten Stand der Überlieferung zu ermitteln."[6]

Was die tibetischen und chinesischen Übersetzungen anbelangt, so erweist sich das Tibetische meistens als sehr getreue, vielfach geradezu sklavisch genaue Übertragung des Sanskrit-Textes. Erhalten sind uns vornehmlich die hīnayānistischen Texte der Schule der Mūlasarvāstivādins, darüber hinaus die große Menge der mahāyānistischen Werke. Der chinesische Kanon umfaßt neben Mahāyāna-Werken Texte verschiedenster hīnayānistischer Schulen. Diese Übertragungen sind allerdings freier als die tibetischen. In Frage kommen vor allem die Vinaya-Texte der diversen frühen Schulen, also die Texte zur Ordenszucht, und die Āgamas aus der Sammlung der Lehrreden (Sūtras), die ihre Entsprechung in den Pāli-Nikāyas haben.[7] Im Hinblick auf die Mahāparinirvāṇa-Texte stellt Waldschmidt fest, daß selbst chinesische Texte, die verhältnismäßig überlieferungstreu erscheinen, bei genauerer Prüfung Tendenzen erbaulicher Steigerung erkennen lassen und damit an Ursprünglichkeit verlieren.[8]

Andererseits kann sich aber auch in den chinesischen Texten eine nüchterne Skepsis gegenüber der allzu überschäumenden indischen Phantasie geltend machen, so wenn es in einem Kommentar des Wong Puh (7. Jh.) zur Buddha-Vita im Hinblick auf die Wunder bei der Geburt heißt: "Die Erzählung des Textes ist nicht im wörtlichen Sinne [also nur im übertragenen Sinne] wahr" oder wenn Wong Puh gar lapidar feststellt: "aber all das ist bloße Fiktion."[9]

Es soll uns hier vor allem um die frühen Schulen des Buddhismus des "Kleinen Fahrzeugs" gehen, auch wenn wichtige spätere, aber nicht außer acht zu lassende Texte wie das Mahāvastu (= MV) oder der Lalitavistara (= LV) in mahāyānistischer Überarbeitung vorliegen. Die wichtigsten buddhologischen Konzeptionen der Mahāyāna-Schriften können hier allerdings nur in ihren ersten Ansätzen aufgezeigt werden. Das ausführlich darzustellen, wäre ein Thema für ein weiteres Buddha-Buch, das die Entwicklung buddhologischer Vorstellun-

gen und damit das Bild des Buddha in seiner späteren Gemeinde zum Inhalt hätte.
Freilich müssen wir hier aber die wesentlichen Grundunterschiede zwischen den beiden Fahrzeugen ins Auge fassen. Das Ideal des älteren Buddhismus, der in abschätziger Form von den Mahāyānisten als "Kleines Fahrzeug" bezeichnet wurde, war der Arhat (P.: Arahant), der aufgrund eigenen Strebens die Vollkommenheit erreicht und die Erfahrung des Nirvāṇa gemacht hatte. Demgegenüber verkündete das Mahāyāna das Ideal des Bodhisattva, der auf einem vorgeschriebenen, sechs bzw. zehn Stufen der moralischen Vollkommenheit umfassenden Weg zur Buddhaschaft gelangt (vgl. Anhang 6.6 und 10.7). Das entscheidende Kennzeichen des Bodhisattva ist es, daß er zunächst auf das eigene Heil verzichtet, um anderen leidenden Wesen - nicht nur Menschen - zur Erlösung zu verhelfen, und daß er das Gelübde ablegt, nicht eher ins Nirvāṇa einzugehen, bis alle, die ihn anrufen, kraft seiner Bemühung des Heiles teilhaftig werden. Über zahlreiche Weltzeitalter häuft er in immer neuen Existenzen gutes Verdienst (Skr.: puṇya) an, um schließlich in der letzten Wiedergeburt zur Buddhaschaft heranzureifen. Auch wenn sich das Bodhisattva-Ideal erst mit dem werdenden Mahāyāna voll ausbildete, sprach man doch auch schon im "Kleinen Fahrzeug" von dem Buddha in seinen früheren Existenzen als von "dem" Bodhisattva, und man erzählte in Jātakas, "Vorgeburtsgeschichten", und Avadānas, "Berichten von den Großtaten (des vorzeitlichen Buddha)" von seinen früheren Handlungen, die dem Heil und Wohl anderer galten. Dabei sind derartige Erzählungen in den Augen der Buddhisten für die Buddha-Vita selbst konstitutiv; sie gehören zu seiner "Biographie", was nicht zuletzt darin zum Ausdruck kommt, daß Gestalten der Vorzeit-Erzählung mit Personen aus der Zeit des Buddha Shākyamuni identifiziert werden. Eine solche Identität betrifft natürlich vor allem den Buddha selbst.
Zweifellos geht die Überzeugung, daß der Buddha auch in früheren Existenzen zum Segen anderer gewirkt und gepredigt habe, schon auf den frühen Buddhismus zurück. Wir können teilweise verfolgen, wie das schon früh konzipierte idealtypische Lebensschema "eines Buddha" nachträglich historisiert und auf den historischen Buddha übertragen wird. Ein solches Idealschema ist, wie gesagt, im Sanskrit-Text Mahāvadāna-Sūtra gegeben, das seine Entsprechung im Pāli-Werk Mahāpadāna-Sutta (Dīgh.-Nik. Nr. 14) hat. Es handelt sich um einen kanonischen Text über die sieben letzten Buddhas, von denen das Leben des Buddha Vipashyin als Muster aller Buddha-Viten ausführlich dargelegt wird.

Wie wir schon hervorgehoben haben, ist es heute kaum möglich, die "ureigenste Stimme" des Meisters selbst zu fassen. Die Lehre des Buddha ist uns nur zugänglich durch die kanonischen Texte der hīnayānistischen Schulen, die erst kurz vor der Zeitenwende nach einer langen und sicherlich getreuen mündlichen Überlieferung niedergeschrieben wurden. Aber diese Texte spiegeln bereits deutlich die Lehrunterschiede zwischen den verschiedenen Schulen. Hinzu kommt, daß nur ein Teil dieser umfangreichen kanonischen Literatur, die unterschiedliche Kanones umfaßte, erhalten ist. An erster Stelle ist der Pāli-Kanon der Theravādins zu nennen, der als einziger komplett überliefert ist. Bedeutsame, wenn auch weniger umfangreiche Teile des Sanskrit-Kanons der Sarvāstivādins und Mūlasarvāstivādins gehören zu den Textfunden aus Zentralasien. Zu diesen zählen auch die Prākrit-Texte, die den Dharmaguptas und den anderen frühen Schulen zuzuordnen sind. Hinzu kommt die schon erwähnte umfangreiche Übersetzungsliteratur verschiedener Schulen, die auf Chinesisch und Tibetisch erhalten ist. Allerdings kann man auch mit Hilfe dieses Materials bestenfalls zum Stadium der Lehrbildung unmittelbar vor Trennung der Schulen vorstoßen.[10]

Im Indischen, sowohl im Sanskrit wie im Pāli, ist die Rede von Nikāyas, wenn jene Schulen gemeint sind, um die es hier geht. Es handelt sich um Mönchsgruppen, nicht um Laien; sie benutzten einen je eigenen Korpus von heiligen Schriften, die sich in religiösen wie auch in Disziplinfragen voneinander unterschieden. Denn der Grund der Trennung der diversen Schulen voneinander waren nicht nur doktrinäre Ansichten, sondern auch Fragen der monastischen Disziplin. Die schulischen Gruppen des frühen Buddhismus wiesen jeweils in sich eine große innere Geschlossenheit auf, auch wenn sie ihrerseits wiederum Spaltungstendenzen unterliegen konnten. Zur Zeit des Kaisers Ashoka soll es bereits 18 Schulen oder "Sekten" gegeben haben. Im großen und ganzen war aber das Verhältnis der Schulen zueinander trotz aller Unterschiede gut. Hier macht sich die Einheit der auf einen Stifter zurückgehenden Lehre, die mit der Heterogenität hinduistischer Lehren kaum zu vergleichen ist, durchaus geltend. Ernste Konflikte traten nur auf, wenn es um politische oder wirtschaftliche Fragen ging.[11]

Daß es überhaupt zur Bildung unterschiedlicher Schulen kommen konnte, hängt sicherlich damit zusammen, daß es im Buddhismus keine oberste Lehrautorität gab, der man sich zu fügen hätte. Der Buddha hat bei seinem Verscheiden auf seine Lehre, den Dharma, als Richtschnur verwiesen. Hinzu kamen als Wegweisung die von ihm

hinterlassenen Mönchsregeln, die allerdings später unter Berufung auf ihn erweitert wurden. Aber auch die Lehre war verschiedener Interpretationen fähig, und diese Verschiedenheit zeigt sich gerade auch in den Meinungen der diversen Schulen. Diese waren geradezu gezwungen, die Lehre des Buddha zu interpretieren und weiter auszugestalten, zumal sie keineswegs ein geschlossenes religiöses System darstellte, das auf alle Lebensfragen eine Antwort bereithielt.
Die erste große Spaltung der buddhistischen Gemeinde ereignete sich etwas über 100 Jahre nach dem Tode des Buddha, nämlich nach dem Konzil von Vaishālī. Grund der Spaltung waren sowohl lehrmäßige wie auch die Mönchsdisziplin betreffende Differenzen. Eine "fortschrittlichere" Gruppe, die die Ordensregeln nicht so streng auslegte wie die Orthodoxeren, spaltete sich als Majorität, als die Mahāsaṃghikas ("Jene vom Großorden"), von den Rechtgläubigen ab, die sich als Sthaviravādins ("Jene, die die Lehre der Alten vertreten") bezeichneten. Als religiöse Differenz kam hinzu, daß eine unterschiedliche Bewertung des Arhat, des Heiligen, vorlag. Nach den Mahāsaṃghikas behielt der Arhat auch nach der Erleuchtung Unvollkommenheiten, nämlich "Geistesbefleckungen" (kleśas) bei, was eine Relativierung des höchsten Ideals implizierte, während die "Älteren" in Abrede stellten, daß der Arhat, der das Nirvāṇa erfahren habe, unvollkommen sei.
Aus den genannten beiden großen Gruppen gingen im Laufe der Zeit unterschiedliche Schulen hervor, deren Entstehung und deren Verhältnis zu den großen Gruppen weitgehend im Dunkeln liegen. Dies gilt vor allem für die aus den Mahāsaṃghikas hervorgegangenen Schulen. Von den aus dem "Großorden" erwachsenen Gruppen (s. Anhang S. 218) brauchen uns hier allerdings nur die Lokottaravādins zu interessieren, die entweder aus den Ekavyāvahārikas hervorgingen oder eine Form derselben darstellen. Es sind die "Transzendentalisten", die betonen, daß die Buddhas überweltliche (lokottara) Wesen seien. Sie bleiben mit ihrem wahren Wesen eigentlich außerhalb und über der Welt, wenn sie zum Schein einen Körper annehmen. Ihr irdischer Leib ist ein "(magischer) Verwandlungskörper" (nirmāṇakāya), durch den sie sich anscheinend den Normen der Welt anpassen. Ihre wahre Natur aber ist die Lehre (der Dharma), weshalb von einem transzendenten "Leib der Lehre" (dharmakāya) gesprochen wird. Hier werden die Weichen für die spätere Drei-Körper-Lehre des Mahāyāna gestellt. Die Lokottaravādins vertraten also eine ausgesprochen "doketische" Buddhologie (um jenen Begriff aus der christlichen Dogmatik aufzugreifen, der auf die von Gnostikern vertretene Scheinleib-

auch die Zukunft vorausschauend bereits beinhaltete. Das bedeutendste Sarvāstivāda-Buch ist der auf Sanskrit abgefaßte Abhidharmakośa des Vasubandhu (5. Jh.). Andere Werke dieser Schule sind nur in chinesischen und tibetischen Übersetzungen erhalten. Ein weiteres Kennzeichen der Sarvāstivādins war, daß sie die Existenz einer Seele unumwunden verneinten (Abhk. 3, 18) und in den dharmas als Daseinsfaktoren die letzten Realitäten sahen. Die Wiedergeburt ohne Seele erklärten sie aus dem in Teil III zu erörternden Konditionalnexus. Diese Schule sollte maßgeblich zur Ausbildung des Mahāyāna beitragen.

Aus den Reihen der Sarvāstivādins gingen unter unklaren Umständen die "radikalen Sarvāstivādins", die Mūlasarvāstivādins, hervor. Die Art ihrer Verbindung zur Muttergruppe ist bis heute ungeklärt. Jedenfalls schufen sich die Mūlasarvastivādins ebenso wie die Sarvāstivādins einen Kanon auf Sanskrit. Die dogmatischen und formalen Differenzen zeigen sich in Nuancen der Sprache,[14] aber auch in Unterschieden bezüglich der Mönchsverordnungen und der Konzepte vom Menschen. Der umfangreiche, viele Erzählstoffe enthaltende " Korb der Disziplin" (Vinaya-Piṭaka) der Mūlasarvāstivādins (= Vin. Mūl.), der sich in manchem von dem der Muttergruppe unterscheidet, ist in Gänze in tibetischer Übersetzung erhalten.

Die zweite wichtige Gruppe, die aus den Reihen der Sarvāstivādins hervorging, war die der Sautrāntikas, die ein subtiles Bewußtsein als Grundlage der Wiedergeburt annahmen. Dies war offenbar auch die Basis für die Erinnerung des Buddha an seine früheren Existenzen. Die Sautrāntikas lehnten den Abdhidharma-Teil des Sanskrit-Kanons ab und beriefen sich ausschließlich auf seinen Sūtra-Teil (Sūtrānta). Sie nahmen an, daß es hinter dem Strom der dharmas eine Grundlage (āsraya) gibt, nämlich ein zugrundeliegendes, zeitloses, statisches Bewußtsein, das als Kontinuum fungiert und dem feinstofflicher Charakter zukommt. Mit dieser Annahme schufen sie die Voraussetzungen für die Entfaltung des späteren Yogācāra-Systems mit seinem monistischen Idealismus.[15] Es war offenbar die Lehre der Sautrāntikas, daß die gröberen Gruppen von Daseinselementen (skandhas) beim Tod ins Bewußtsein absorbiert würden, um nach der Wiedergeburt wieder daraus hervorzugehen.

Zu Anfang des 2. Jh. haben die restlichen Sthaviras oder Sthaviravādins nach Abspaltung der Sarvāstivādins offenbar den Namen Vibhajyavādins, "jene, die Unterscheidung lehren", angenommen und sich damit durch ihre differenzierte Sicht der Dinge von dem "Realismus" der Sarvāstivādins unterschieden. Sie ihrerseits haben sich

wiederum in verschiedene Gruppen aufgespalten (s. Anhang S. 218), wobei für uns die sich gegenüberstehenden Mahīśāsakas und Dharmaguptas (oder Dharmaguptakas) von Interesse sind. Sie unterschieden sich in der Frage, ob der Buddha zur Gemeinde gehöre oder unabhängig von dieser darüberstehe. Dahinter stand eine handfeste wirtschaftliche Frage, nämlich die, ob man dem Buddha direkt - unter Umgehung der Gemeinde - Opfer und Zuwendungen zukommen lassen könne, um "große Frucht" (mahāphalam), also das höchste Verdienst, zu erlangen, oder ob das Opfer an die Gemeinde auch ein Opfer an den Buddha darstelle. Während die Mahīśāsakas diese Meinung vertraten, betonten die Dharmaguptas die Unabhängigkeit des Buddha von seiner Gefolgschaft und damit die Rechtmäßigkeit eines direkten Opfers an ihn.
Die Vibhajyavādins, die auch aus den Sthaviras hervorgegangen waren, behielten enge Kontakte zu den Mahīsāsākas bei, die sich von ihnen abspalteten; beide ließen sich im Süden Indiens nieder. Die ersteren nahmen das Pāli als kanonische Sprache an und behaupteten, daß ihre Lehre die rechtgläubige sei. Folglich nannten sie sich die Theravādins, eine Pāli-Form des Begriffs Sthaviravādin. Bis auf die Geschichte der Theravādins, die in den ceylonesischen Inselchroniken enthalten ist, ist von der historischen Entwicklung der verschiedenen anderen Gruppen wenig bekannt. Als die chinesischen Indienpilger Hsüen-tsang und I-tsing das Land des Buddha im 7. Jh. besuchten, waren die meisten dieser Schulen verschwunden. Allerdings waren die doketischen Lokottaravādins noch zahlreich im nordwestlichen Indien vertreten.
Wie die obige Skizze gezeigt hat, unterschieden sich die verschiedenen hīnayānistischen Gruppen vor allem im Hinblick auf ihr Menschenbild. Ein Angelpunkt der Diskussion zwischen den Schulen war die Art der Verbindung zwischen einer früheren und einer nachfolgenden Existenz. Im Hinblick auf die Buddhologie bedeutet dies, daß die Beziehung des Buddha zu seinen Vorgängern unterschiedlich gesehen wurde. Wir stehen heute allerdings noch immer am Anfang der Forschung in dieser Frage. Die charakteristischste Position hatten sicherlich die Lokottaravādins, die mit ihrem Doketismus sogar auch Schriften anderer Schulen beeinflußten. Recht markant war in dieser Hinsicht auch die Position der Dharmaguptas, die dem Buddha eine von weltlichen Bezügen durchaus unabhängige Position einräumten. Daß sie eine Sonderstellung einnahmen, geht nicht zuletzt daraus hervor, daß ihr Mahāparinirvāṇa-Sūtra (MPS) den Erzählstoff um die letzten Wochen des Buddha in eigenständiger Weise anordnet. Sie be-

dienten sich noch lange der frühen Sprache von Gandhara, in welchem Dialekt auch ihr in Zentralasien gefundener Dharmapada abgefaßt ist.[16]
Die Literatur der frühen buddhistischen Schulen muß umfangreich gewesen sein, ist doch schon das auf Pāli erhaltene Schrifttum der Theravādins umfasssend. Jede Schule hatte ihre eigene Literatur, und diese ist im Falle anderer Gruppen bis auf chinesische und tibetische Übersetzungen sowie die in Zentralasien gefundenen Prākrit (Gāndhārī)- und Sanskrit-Texte verschwunden. Die meisten Schulen haben uns folglich relativ wenig in der Originalsprache hinterlassen. Allerdings kommt daher den chinesischen Übertragungen besondere Bedeutung zu. Die Hīnayāna-Schriften auf Tibetisch beschränken sich auf Werke der Sarvāstivādins und Mulasarvāstivādins. Mahāyāna-Schriften in dieser Sprache dagegen können umfangmäßig durchaus mit den chinesischen Übertragungen konkurrieren.
Auf die mahāyānistischen Schulen, die natürlich in eigener Weise an der weiteren Ausgestaltung der Buddha-Legende beteiligt waren, und die sich vielfach an bestimmten mahāyānistischen Schriften orientierten, ist hier nur begrenzt einzugehen. Die mahāyānistischen Vorstellungen vom Buddha bilden ein umfangreiches Thema für sich, das über die alten Buddha-Biographien mit ihrem jeweiligen Buddha-Bild hinausgeht.

2. Die Haupttexte der Buddha-Legende

In den meisten Quellen zur Buddha-Vita tritt uns bereits der Buddha der Legende entgegen, und dies gilt schon von den frühesten Texten, die wir besitzen. Zu diesen zählen zunächst die lange mündlich tradierten Zeugnisse seiner Schüler und späteren Anhänger, wie sie ihren Niederschlag im Pāli-Kanon, aber auch in den auf Sanskrit, Chinesisch und Tibetisch erhaltenen Kanones, gefunden haben. Diese bewahren freilich auch historische Erinnerungen an den Meister.
Zeitgenössische Zeugnisse, die von der buddhistischen Tradition unabhängig wären, gibt es nicht. Wir haben davon auszugehen, daß die objektiven Fakten um Buddhas Leben, die als Gerüst hinter den Aus-

schmückungen seiner Vita greifbar werden, sehr bald nach seinem Tode mit dem Strahlenkranz eines mahāpuruṣa, eines "großen Mannes", verklärt wurden. Dennoch ist es nicht so, daß der Buddha der Gemeindefrömmigkeit - jedenfalls in der Hīnayāna-Tradition - ein völlig anderer wäre als der historische Shākyamuni. Eine Kontinuität zwischen den Lehren des Buddha und den Erzählungen um den Meister ist durchaus zu konstatieren, auch wenn freilich unter Lokottaravādin-Einfluß der Buddha vielfach als transzendente Gestalt erscheint, die nur zum Schein einen menschlichen Körper angenommen habe. Selbstverständlich gilt dies vor allem für die Geburts- und Jugendlegenden, die allerdings keineswegs zu den frühesten biographischen Abschnitten gehören. Aber auch die Erzählungen um den zweiten entscheidenden Brennpunkt, den Tod, weisen - ebenso wie andere Passagen - doketische Tendenzen auf.
Die Ausschmückungen und Verklärungen, die zum historischen Kern hinzukommen und die das Bild des Stifters der buddhistischen Gemeinde nicht nur ergänzen, sondern auch verändern, sind aber nicht nur als legendarisches Beiwerk anzusehen, das als solches abzustreifen wäre, um zum festen Boden konkreter historischer Tatsachen vorzustoßen. Bei aller notwendigen kritischen Quellenscheidung haben auch sie ihren Wert, der erst durch diese Quellenscheidung sichtbar wird. Er liegt darin, daß diese Ausgestaltungen in eigener Weise glaubensbestimmte Vorstellungen um den Buddha veranschaulichen und legendarisch zum Ausdruck bringen. Diese Ausschmückungen müssen also von ihren Intentionen her gewürdigt und nicht nur als Verdekkung des historischen Sachverhaltes beiseite geschoben werden. Allerdings veranschaulichen die Legenden nicht immer nur bestimmte religiöse Glaubensgehalte. Sie können auch von kultpolitischen Interessen geleitet sein, sonderlich dann, wenn sie ihr Wachstum einem Kultort verdanken. Auch die bloße Lust am Fabulieren ist bei manchen Ausgestaltungen nicht zu übersehen. Die Tendenzen, die sich hier geltend machen, werden wir an späterer Stelle systematisch betrachten.
Was die literarischen Quellen zum Leben des Buddha anbelangt, so können diese nach É. Lamotte[17] in fünf Schichten eingeteilt werden:

a) die biographischen Abschnitte in den Lehrtexten (Sūtras) des alten Buddhismus, die die älteste Schicht bilden und auf Pāli erhalten sind. Sie werden ergänzt durch Sanskrit-Texte aus Zentralasien, chinesisch erhaltene Āgamas und tibetische Sūtra-Übersetzungen,

b) die biographischen Abschnitte im "Korb der Ordensregeln" (Vinaya Piṭaka) der verschiedenen Schulen,
c) die eigenständigen, aber unvollkommenen Erzählungen vom Buddha-Leben, die verschiedene Schulen seit der Zeitenwende hervorbrachten,
d) vollständige Buddha-Biographien,
e) primär außerindische nationale Kompilationen, die einen zusammenhängenden Zyklus von Erzählungen von der Geburt bis zum Tode beinhalten.

Betrachten wir nun die verschiedenen Quellengruppen nacheinander:

a) Bemerkenswerterweise findet sich in der ältesten literarischen Schicht, in den Lehrtexten, keine vollständige Biographie des Meisters. Es sind hier nur einzelne Erzählungen, biographische Fragmente, erhalten. Sie thematisieren vor allem jene Begebenheiten, die den Mönchsjüngern als wichtig erschienen, nämlich die Ereignisse, die zur Erleuchtung führten, die Erleuchtung selbst, die Zeit der ersten Missionierung, der Gründung und des Wachstums der Mönchsgemeinde und schließlich das Verscheiden des Meisters. Relativ spärlich sind dagegen umfassende Berichte über die Jugend des Buddha, zumal der Lehrer Buddha, nicht das Kind Siddhārta, das Interesse der Mönchsgemeinde fand. So finden wir neben einigen Hinweisen auf seine Geburt (z. B. im Nalaka-Sutta des Sutta-Nipāta (3.11)) nur zwei Texte im Pāli-Kanon, die über die Geburt berichten, nämlich das Mahāpadāna-Sutta (= MAP; Digh.-Nik. Nr. 34), das dem Skr.-Text Mahāvadāna-Sūtra (MAV) entspricht, und das Acchariyabhutadhamma-Sutta (= AbdS; Majjh.-Nik. Nr. 123). (Zu diesen frühen Texten gehören auch die entsprechenden tibetischen und chinesischen Parallelen.) Hier geht es aber bezeichnenderweise nicht um die Geburt des historischen Buddha Shākyamuni, sondern um die Geburt und Jugend des Buddha Vipashyin, einer der Vorgänger des Shākyamuni (MAV/MAP), bzw. um die Geburt eines namentlich nicht genannten Buddha (AbdS). Diese beiden fast wortgleichen Texte wollen nicht historisch fixierbares Geschehen schildern, sondern den typischen, sich stets wiederholenden Hergang bei der Menschwerdung eines Buddha darlegen und damit gleichsam ein übergeschichtliches Muster eines solchen Ereignisses bekannt machen. Folglich wird der Bericht im MAP eingeleitet mit der die Stereotypik kennzeichnenden Formel: "es ist die

Regel" oder "es ist ein festes Gesetz".[18] Es spiegeln diese frühesten Texte also bereits eine Buddhologie, die den historischen Buddha durch Voranstellung anderer Buddhagestalten relativiert. Allerdings stimmten die Lebensläufe und Lehren dieser verschiedenen Buddhas - wenn man von eher symbolischen Unterschieden absieht - überein.

b) Die zweite Textschicht, die Berichte im "Korb der Ordenszucht" (Vinaya), die jeweils verschiedenen Schulen zuzuordnen sind, behandelt auch nur bestimmte Abschnitte aus der Vita des Buddha und ergänzt sie durch Erzählungen über seine früheren Existenzen. Hier ist z. B. die Geburtsgeschichte - wenn wir vom Vinaya der Mūlasarvāstivādins (= Vin. Mūl.) absehen - gänzlich ausgespart, während Erzählungen um die Jugend des Buddha und um seine Taten vor und nach der Erleuchtung in unterschiedlicher Weise eingeflochten sind.[19] Der Vinaya der Schule der Dharmaguptas (= Vin. Dharm.), der neben dem fünf anderer Schulen auf Chinesisch erhalten ist, gibt nur eine kurze Angabe zur Geburt des Buddha, interessiert sich aber für die Genealogie des Religionsstifters.[20] Er geht freilich wie die anderen Vinaya-Sammlungen auf diverse Begebenheiten im Leben des Buddha ein, um den konkreten Anlaß für bestimmte Predigten oder Verordnungen verständlich zu machen. Besonders reich an Erzählstoffen ist der Vinaya der Mūlasarvāstivādins, der auf Tibetisch erhalten ist.[21] Er enthält die Erzählung von der Geburt des Bodhisattva, wie der Buddha vor seiner Erleuchtung genannt wird.

c) Die dritte Textschicht, die zeitlich erst um die Zeitenwende anzusetzen ist, beschert uns zwar eigenständige Biographien des Buddha, aber sie umspannen noch nicht das ganze Leben, sondern beschränken sich zumeist auf Abschnitte in der Zeit zwischen der Geburt und den ersten Missionserfolgen. Diese Texte sind stark legendarischen Charakters. Die zwei wichtigsten Werke aus dieser Gruppe sind das Mahāvastu (= MV: "[Das Buch] der großen Begebenheiten") und der Lalitavistara (= LV: "Die ausführliche Erzählung vom Spiel [des Buddha]"), die auf Sanskrit, genauer in einem hybriden buddhistischen Sanskrit, abgefaßt sind, wobei die Sprache in verschiedenen Abschnitten unterschiedliche Abfassungszeiten erkennen läßt. Beide Werke sind im Laufe von Jahrhunderten gewachsene Kompilationen, die unterschiedliche Materialien enthalten, nämlich legendarische Erzählungen um das Leben des Meisters, Jātakas ("Vorgeburtsgeschichten"), Avadānas

("Taten" des Buddha, gewöhnlich in einem früheren Leben), ferner Lehrtexte, Kultlegenden, alte Balladen und Hymnen.
Das Mahāvastu gehört eigentlich noch dem Hīnayāna-Buddhismus an, ist aber im mahāyānistischen Sinne überarbeitet worden. Es bezeichnet sich selbst als ein Werk der Ordenszucht nach dem Vinaya der Lokottaravādins. Ihr Doketismus kommt nämlich klar im Werk zum Ausdruck, wenn es I, 159 heißt: "Nichts an den Buddhas kann mit den Maßstäben der Welt gemessen werden, sondern alles, was dem großen Seher zukommt, ist überweltlich." Dieser doketischen Intention der Lokottaravādins entsprechend wird das Leben des Meisters in einer Weise erzählt, die einem (Mahā)-Avadāna, einem Bericht über eine wunderhafte "Großtat" des Buddha in einer früheren Existenz, entspricht. Das Werk bezeichnet sich folglich auch als "Mahāvastu-Avadāna".
Das MV hat allerdings zahlreiche Stoffe aufgenommen, die nicht unbedingt auf das Konto der Lokottaravādins gehen und die auch andere Tendenzen erkennen lassen. Wir haben hier keine fortlaufende Erzählung der Buddha-Vita vor uns, sondern eine relativ ungeordnete Stoffmasse. Das Ganze gleicht, wie Winternitz sagt, eher einem Labyrinth, "in dem man nur mit Mühe den Faden einer zusammenhängenden Erzählung vom Leben des Buddha entdecken kann"[22]. Hinzu kommt, daß dieselben Passagen in der Buddha-Biographie z. T. mehrfach erzählt werden, so die Legende um die Geburt nicht weniger als viermal. Auch die Sprache ist nicht einheitlich. Die sprachlich älteren Teile stehen Erzählungen im Pāli-Kanon nahe, so etwa die Erzählungen vom Auszug aus der Heimat (vgl. Majjh.-Nik. 26 und 36) oder die alten Versionen der Predigt von Benares. Auch jene Erzählungen, die im altertümlichen Balladenstil gehalten sind, stehen den altbuddhistischen Balladendichtungen im Pāli-Kanon nahe. Viele der eingefügten Jātaka- und Avadāna-Geschichten dagegen, vor allem jene, die die große Opferbereitschaft des Bodhisattva hervorkehren, haben keine Entsprechung im Pāli-Schrifttum und dürften einer jüngeren, mahāyānistischen Schicht angehören.
Der Kern des MV geht wahrscheinlich auf das 2. Jh. v. Chr. zurück, während die mahāyānistischen Einschübe auf die ersten Jahrhunderte n. Chr. verweisen, also auf die Zeit der Blüte der Gandhara-Kunst. Der literarische Wachstumsprozeß dürfte sich bis ins 4. Jh., wenn nicht darüber hinaus erstreckt haben.
Während das MV ursprünglich eine hīnayānistische Schrift ist, die mahāyānistische Ergänzungen erfahren hat, ist der LV in noch stärkerem Maße mahāyānistisch überarbeitet worden, so daß er im Gegen-

satz zur vorher behandelten Schrift geradezu zur Mahāyāna-Literatur gerechnet wird.
Der LV hat wie kaum ein anderes Werk das Bild vom Buddha in seiner Gemeinde bis nach Südostasien hin geprägt. Obwohl mahāyānistisch überarbeitet, ist auch dieser Text von der hīnayānistischen Schule der Lokottaravādins beeinflußt. Seine ursprüngliche Fassung war von den Sarvāstivādins geprägt, und noch die chinesische Version bezeichnet sich als Werk dieser Schule.[23] In den doketischen Passagen des LV wird verständlicherweise die Überweltlichkeit des Buddha betont. Sein Auftreten in der Welt gleicht, wie es der Titel besagt, einem "Spiel" (lalita), und entsprechend wird der Buddha bezeichnet als "einer, der sich (spielerisch, zum Schein) der Welt anpaßt" (lokānuvartin). In diesem Sinne wird auch die Geburt als übernatürliches Ereignis dargestellt, auch wenn die Tatsächlichkeit der Inkarnation dabei nicht völlig aufgegeben wird. Dennoch wird die historische Bedeutung des Ereignisses relativiert, denn die Geburt des Buddha ist nur eine Wiederholung früherer Inkarnationen. So wird die Geburt des Buddha Shākyamuni mit geradezu denselben Worten geschildert wie die des früheren Buddha Dīpamkara. Die Konzentration auf die Präexistenz, auf die Ereignisse um die Geburt und in der Jugend, auf die Erleuchtung und die sich daran anschließende erste Predigt entspricht gänzlich dem Zug der Zeit, in der der LV entstand, nämlich den ersten Jahrhunderten n. Chr., als das Bodhisattva-Ideal in den Vordergrund rückte. Man interessiert sich für die "Laufbahn" eines Bodhisattva, für den durch diverse Stufen gekennzeichneten Weg zur Erleuchtung. Dieser wird gerade im "Weg" des Bodhisattva veranschaulicht.
Eine Intention des LV wird in einem eingefügten Dialog zwischen dem Buddha und seinem Lieblingsjünger Ānanda deutlich (Kap. VII, transl. Mitra 1881, 127ff.). Hier wird gegen jene Ungläubigen Stellung bezogen, die der wunderbaren Geburt des Buddha keinen Glauben entgegenbringen. Der Glaube (śraddhā) an den Buddha wird als ein unabdingbarer Bestandteil der Religion gelehrt. Gilt doch der Glaube im Sinne des Vertrauens auf den Buddha als wesentliche Voraussetzung zur Beschreitung des Erleuchtungsweges.[24] Hier aber wird der Glaube zu einem Fürwahrhalten der Wunderereignisse bei der Geburt. Wir können den Kreis jener, die die übertriebenen Legenden um das Erscheinen des Buddha ablehnten, in der Mönchsgemeinde selbst vermuten, in jenen Richtungen, die in dem Buddha vornehmlich einen großen Menschen und Lehrer erblickten.

Das Wunderhafte tritt nach der Geburtserzählung im Laufe des LV zurück. Manche Erzählungen lassen in ihrer relativen Nüchternheit sogar eine große Nähe zu den Pāli-Berichten erkennen, wie sie z. B. im Mahāvagga, einem Vinaya-Text, niedergelegt sind, wobei gerade die Verspartien teilweise sehr altertümlich erscheinen und an entsprechende Passagen im Pāli-Kanon gemahnen.[25]

Der LV dürfte auch in der Zeit der Gandhara-Kunst, d. h. zwischen dem 1. und 4. Jh. n. Chr., seine jetzige Gestalt erhalten haben. Manche Kunstwerke aus dieser Zeit setzen seine Kenntnis voraus, wie allerdings auch literarische Abschnitte in ihm von bestimmten Kunstwerken beeinflußt erscheinen. Die Darstellung der Buddha-Vita auf dem berühmten Borobodur auf Java (850-900 n. Chr.) ist zweifellos von ihm inspiriert.

d) An vierter Stelle sind jene selbständigen Buddha-Biographien zu nennen, die die gesamte Zeitspanne von der Geburt des Buddha bis zu seinem Tod umfassen. Diese Gesamtbiographien sind aber relativ spät. Sie entstehen erstmals z. Zt. des Kushan-Herrschers Kanishka (2. Jh.). An seinem Hof in Purushapura (heute Peshawar) weilte der Dichter Ashvaghosha, ein zum Buddhismus bekehrter Brahmane, der in seinem Buddhacarita ("Der Wandel [d. h. das Leben] des Buddha") das irdische Dasein des Buddha in poetischer Form beschreibt.[26] Von den ursprünglich 28 Kapiteln sind auf Sanskrit nur 14 erhalten, wir kennen das Werk aber in seiner vollständigen Form aus seiner tibetischen und chinesischen Übersetzung. Wie schon die Darlegung der Geburtsgeschichte (Kap. I) zeigt, hat das Buch eine durchaus missionarische Intention, indem es brahmanische Parallelen zur wundersamen Geburt anführt und damit die ehemaligen hinduistischen Glaubensgenossen des Dichters ansprechen und gewinnen will.

Zwei weitere, den ganzen Lebenszyklus darstellende Buddha-Viten, die allerdings keine dichterischen Ansprüche erheben, finden sich im "Korb der Ordenszucht" der Mūlasarvāstivādins (Vin. Mūl.). Im Abschnitt über die Ordensspaltung, dem Saṃghabhedavastu und in einem Anhang zum Vinaya dieser Schule, der nach É. Lamotte nicht vor dem 4./5. Jh. entstand,[27] dem Vinayakṣudrakavastu, findet sich jeweils eine vollständige Biographie des Buddha. Erzählstoffe aus der umfassenden Buddha-Vita finden sich auch in dem zum Vin. Mūl. gehörigen Pravrajyāvastu.

e) Schließlich sind an fünfter Stelle die außerindischen nationalen Kompilationen zu nennen, die ein umfassendes Bild vom Leben

des Buddha vermitteln. Zu ihnen zählen ceylonesische, zentralasiatische, tibetische und chinesische Kompilationen, ferner eine birmanische und eine thailändische Vita des Buddha. Sie sind sämtlich späteren Datums als die bisher genannten Texte.
Zu den Werken dieser Kategorie gehören zunächst die ceylonesischen Buddha-Biographien. Die älteste unter ihnen ist wahrscheinlich die Nidānakathā (= NK): "Erzählung von den Anfängen [der Laufbahn des Buddha]", die auf Pāli und in einer bisher unbearbeiteten tibetischen Übersetzung vorliegt.[28] Es handelt sich um die Einleitung zu einem Jātaka-Kommentar, der Jātakaṭṭhakathā, der zunächst vom Pāli ins Singhalesische übersetzt wurde. Vermutlich im 5. Jh. wurde das Werk wieder ins Pāli zurückübersetzt.
Die NK, die die Einleitung zu diesem Werk bildet, beschreibt die Vita des Buddha von seinem vorzeitigen Gelübde, ein Buddha zu werden, bis zu seinem Auftreten in historischer Zeit. Sie verfolgt seinen Lebensweg von seiner Geburt bis zu seiner Erleuchtung und dem Aufbau seiner Gemeinde. Damit ist die NK die erste umspannendere Buddha-Vita in der Pāli-Literatur.
Die NK ist natürlich von einer bestimmten Intention geleitet. Als "Erzählung von den Anfängen" will sie den Beginn der Laufbahn des angehenden Buddha und damit den Weg zur Buddhaschaft überhaupt darlegen. Hierbei sind die Anfänge nicht nur im zeitlichen, sondern auch im ursächlichen Sinne gemeint, denn nidāna bedeutet ebenso "Anfang" wie "Ursache, Ursprung". Das Werk ist also bestimmt von dem Interesse, die Voraussetzungen für ein erfolgreiches Heilsstreben darzulegen. Diese liegen zunächst in dem Gelübde, den Weg zur Buddhaschaft zu beschreiten, sodann in dem konsequenten Einschlagen des Heilsweges.
Die NK weist starke inhaltliche und z. T. auch wörtliche Übereinstimmungen mit einem im 5. Jh. verfaßten Werk des Buddhadatta, der Madhuratthavilāsinī ("Der Erläuterer der süßen Bedeutung [des Buddha-Lebens]"), einem Kommentar zum Buddhavaṃsa (=BV), auf.[29] Dieses Werk wiederum ist eine späte kanonische Schrift im Khuddaka-Nikāya ("Sammlung der kleinen Texte") des Pāli-Kanons, das den Shākyamuni in eine Reihe von 24 Buddhas einordnet. Poetische Legenden im BV handeln von diesen. In diesem Rahmen wird die Vita des Buddha Shākyamuni im 26. Kap. dargestellt.
Das Cariyāpiṭaka schließlich[30] ist das letzte Buch des Khuddaka-Nikāya. Es enthält eine Sammlung von 35 Jātakas in Versen, die

zeigen sollen, wie der Bodhisattva in früheren Existenzen die zehn moralischen Vollkommenheiten (pāramitās) besessen hat. Die Erzählungen sind dem Buddha selbst in den Mund gelegt. Wie der BV ist also das Cariyāpiṭaka in erster Linie an den Präexistenzen des Buddha interessiert.

Spätere ceylonesische Bearbeitungen der Buddha-Legende, wie z. B. das Jinacarita ("Leben des Siegers") des Medhamkara (13. Jh.), beruhen größtenteils auf der NK. Dies gilt indirekt auch für eine neuere singhalesische Version der Buddha-Legende, die S. Hardy bekannt gemacht hat.[31] Zu den südostasiatischen Buddha-Legenden gehört eine birmanische Version, die von P. Bigandet übersetzt wurde.[32]

In Zentralasien sind ebenfalls diverse Buddhabiographien entstanden, die allerdings nicht alle erhalten sind. Interessant ist die Tatsache, daß sie auch den Buddha der Zukunft thematisieren, dessen Vita allerdings ganz nach dem Vorbild des Shākyamuni gestaltet wird. Bei diesen stark schematischen Anpassungen an die kanonische Buddha-Vita gibt es im Grunde nur Unterschiede in der Nomenklatur. So weichen die Namen der Eltern des Buddha Maitreya, seines Sohnes, seiner Jünger usw. von denen der Personen um Shākyamuni ab, während die Schauplätze der Ereignisse weitgehend die gleichen sind.

Erhalten ist uns aus Zentralasien zunächst ein Text über den zukünftigen Buddha Maitreya auf Khotanesisch. Dieses zuerst von E. Leumann übersetzte Werk mit dem Titel Maitreyasamiti ("Das Zusammentreffen mit [oder die Gemeinschaft mit] Maitreya")[33] ist Teil einer umfangreichen khotanesischen Dichtung, die nach dem ursprünglichen Besitzer des erhaltenen Textes "Buch des Zambasta" genannt wird.[34] Der Maitreya-Text macht das 22. Kap. dieses von R. E. Emmerick neu edierten und übersetzten Werkes aus. Wir finden hier allerdings keine fortlaufende Erzählung vom Leben des Buddha der Zukunft, sondern eine allgemeine Prophezeiung über seine zukünftige Wirksamkeit.

Auf Tocharisch A, der Sprache der Tocharer in den Oasen Karashahr und Turfan, sind Reste eines umfangreichen Erzählzyklus über das Leben des Maitreya erhalten, die vollständiger in alttürkischer Übersetzung auf uns gekommen sind.[35] Dieses 27 Kapitel umfassende Werk hat die Form eines Dramas. Es stellt den zukünftigen Buddha Maitreya als einen solchen dar, der schon zur Zeit des Shākyamuni gelebt habe, von ihm zum Mönch geweiht wurde und den Auftrag erhielt, seine Nachfolge in ferner Zukunft anzutreten, wenn die Voraussetzungen für sein Kommen gegeben sind. Das Werk läßt die Kenntnis indischer Materialien wie des LV erkennen, geht aber in der Bud-

dha-Biographie z. T. eigene Wege. Dies gilt auch von einer alttürkischen (uigurischen) Buddha-Vita, von der nur Fragmente erhalten geblieben sind.[36]
Erwähnenswert ist in diesem Zusammenhang schließlich, daß auch die Manichäer der Turfan-Oase, die in unmittelbarem Kontakt mit Buddhisten lebten, sich der Buddhalegende annahmen und sie für ihre Zwecke benutzten.[37] Sie waren es, die die Kenntnis der Buddhaerzählung dem Westen vermittelten, wo sie unter dem Titel "Barlaam und Ioasaph" in der islamischen Welt beliebt war und von dort auch in die christliche Literatur vermittelt wurde.[38]
Im tibetischen Raum sind zahlreiche Kompilationen des Buddha-Lebens entstanden, was bei der umfangreichen, bis in die Neuzeit anwachsenden buddhistischen Literatur nicht verwundert. Diese gehören zumeist einer Literaturgattung an, die "Geschichte des Dharma (d. h. der buddhistischen Religion)" (chos 'byuṅ) genannt wird. Diese Werke stellen die Geschichte des Buddhismus von den Anfängen bis zur Ausbreitung in Tibet dar. Das bekannteste Werk dieser Gattung ist die "Geschichte der Religion" des Gelehrten Bu-ston (1290-1364), das die Vita des Buddha Shākyamuni an Hand des biographischen Schemas von den "zwölf Taten" darstellt.[39] Das Schema von den "zwölf Taten" umfaßt die wichtigsten Ereignisse von dem Herabstieg vom Tushita-Himmel bis zum Eingehen ins höchste Nirvāṇa. Bu-ston hält sich also an eine bereits vorgegebene Typik. Er selbst gibt an, daß er sich in seiner Schrift u. a. auf den LV und auf die Schrift Vinayakşudravastu, ein Werk zur Ordensdisziplin, stützt.
Eine umfassende eigenständige Buddhabiographie verfaßte im Jahre 1734 der tibetische Gelehrte Rin-chen chos-kyi rgyal-po, die Schiefner unter dem Titel "Eine tibetische Lebensbeschreibung Çâkjamuni's, des Begründers des Buddhathums" ins Deutsche übersetzte.[40] Der tibetische Autor stützt sich wiederum auf den LV, ferner auf das Abhinişkramaṇa-Sūtra ("Sūtra vom Auszug [des Buddha] aus der Heimat"), das im Sanskrit nicht erhalten ist, aber 587 ins Chinesische übersetzt wurde. Auch auf zahlreiche andere Quellen bezieht sich Rin-chen chos-kyi rgyal-po. Zu diesen gehören biographische Texte aus dem Leben des Buddha, die sich im tibetischen Kanjur finden. Auszüge daraus hat W. Rockhill unter dem Titel "The Life of the Buddha" ins Englische übertragen.[41]
Zahlreiche chinesische Übertragungen und Bearbeitungen der Buddhabiographie wären schließlich zu nennen. Die wichtigsten indischen Texte einschließlich des erwähnten Abhinişkramaṇa-Sūtra, die Buddha-Biographie der Dharmagupta-Schule, sowie die Biographie im

Vinaya der Mūlasarvāstivādins liegen auf Chinesisch vor. Von ihnen ist bisher nur ein Teil in europäische Sprachen übersetzt worden.
Von den chinesischen Biographien, die z. T. mit Kommentaren versehen wurden, verdienen zwei Werke besondere Erwähnung. Zunächst ist das Shih chia ju lai ch'eng tao chi chu des Wang-p'u (648-675) aus der T'ang-Zeit zu nennen, dessen Titel S. Beal mit "Memorials Relating to the Perfected Wisdom of Sakya-Tathagata" wiedergibt. Er hat eine englische Übersetzung zusammen mit einem Kommentar zu diesem Werk veröffentlicht.[42] Der Kommentar läßt die Intention erkennen, allzu Wunderhaftes auszuklammern oder rationalistisch darzustellen. So werden allzu fantastische Angaben indischer Sūtras über den im Mutterland weilenden Bodhisattva als symbolische Ausdrucksformen gedeutet oder schlicht als Fiktion abgetan.[43] Ferner ist der Kommentar bestrebt zu zeigen, wie bestimmte Ideen des chinesischen Buddhismus in der Verkündigung des historischen Buddha begründet sind.
Ein weiteres chinesisch-biographisches Werk ist hier zu nennen, das Shih chia ju lai ying hua lu des Pao-ch'eng (15./16. Jh.), das L. Wieger unter dem Titel "Bouddhisme chinois. Les vies chinoises du Bouddha" ins Französische übersetzte.[44] Das Werk stützt sich auf ältere, ins Chinesische übertragene Sūtras wie auch auf chinesische Geschichtswerke.
Die chinesischen Buddha-Biographien sind nicht zuletzt auf dem Hintergrund jener buddhistischen Geschichtsschreibung in China zu sehen, die mindestens auf das 4. Jh. zurückgeht, die das Leben berühmter Mönche und Nonnen zum Gegenstand hatte und die in eine Universalgeschichtsschreibung einmündete.[45]
Aus dem Dargelegten wird deutlich, daß am Anfang der Entwicklung der Buddhabiographie nur Einzelepisoden stehen, die in lockerer Form aneinandergereiht werden, wobei sich die Mönchsgemeinde vor allem für das Erleuchtungsgeschehen sowie für die dazu führenden Ereignisse interessiert. Sie zeigt natürlich auch Interesse an der Wirksamkeit des Buddha als Lehrer, dessen Lehrpredigten in einen konkreten Lebenszusammenhang hineingestellt werden. Einzelne Erzählungen um die Jugend des Buddha, die seine Lebensentscheidungen verständlich werden lassen, ebenso wie einzelne Ereignisse zwischen der ersten Verkündigung und dem Tod des Meisters waren bekannt, aber noch nicht zu einer fortlaufenden Vita verknüpft. Freilich interessierte man sich auch für den Tod des Buddha, nicht zuletzt deshalb, weil ihm wichtige Belehrungen vorausgingen. Relativ spät, erst um die Zeitenwende oder danach, nahm sich die Gemeinde in stärke-

rem Maße der Erzählstoffe um die Geburt und Jugend des Buddha an und rückte den freilich in wunderhafter Weise geborenen Buddha in den Vordergrund, neben dem um Erleuchtung ringenden, dem meditierenden und dem predigenden. Das entspricht durchaus der Entwicklung in der Kunst, wo die Darstellung des Buddha als Gestalt erst um die Zeitenwende und kurz danach einsetzt, und zwar gleichzeitig im hellenistisch beeinflußten nordwestindischen Gandhara und in Mathura, jenem Zentrum künstlerischen Schaffens im westlichen Gangestal, in dem man bei der Gestaltung seiner Person auf indische Vorbilder zurückgriff. Vor allem in Gandhara ist es, wo seine Herabkunft aus dem Tushita-Himmel, die Empfängnis, Geburt und Jugend dargestellt werden, wobei neben dem Zug zum wunderhaft Verklärenden aber auch die Tendenz erkennbar ist, die Wirklichkeit seiner Menschwerdung zur Geltung zu bringen. So wird nun sein freilich wunderhaftes Heraustreten aus der Seite der Mutter, von deren Schoß er unbefleckt bleibt, anschaulich vor Augen geführt.

Die in den ersten Jahrhunderten n. Chr. verfaßten und überarbeiteten Texte zum Leben des Meisters, die die stärksten wirkungsgeschichtlichen Folgen zeitigen sollten, sind der LV und das MV. Sie liegen zahlreichen späteren Buddhabiographien zugrunde und weisen große Affinität zu den bedeutendsten Kunstwerken auf, von denen sie auch teilweise inspiriert sind.[46]

Den ganzen Lebenszyklus umfassende Buddhaviten schließlich sind eher dichterische oder literarische Kunstwerke mit bestimmten religiösen Intentionen, die zeitlich relativ spät anzusetzen sind.

B. Hauptthemen der Buddha-Biographien

Wie schon in der Einleitung hervorgehoben, ist ein wesentliches Motiv, das den biographischen Texten zugrunde liegt, das Bestreben, Buddhas religiöse Erfahrung an Hand seiner Lebensgeschichte zu veranschaulichen. Denn diese Erfahrung, die systematisch in seiner Lehre zusammengefaßt wird, hat exemplarische Bedeutung für seine Jünger. Konkret sind es einzelne Inhalte der Lehre, die in den Erzählungen um sein Leben zum Ausdruck kommen. Sie veranschaulichen bestimmte Züge seiner religiösen Erfahrung, sodann aber auch bestimmte Konzeptionen, die die Gemeinde mit dem Buddha verband, also gewisse Inhalte der Buddhologie.[47] Wenn also die Gangesüberquerung auf seiner letzten Wanderung wunderhaft ausgestaltet wird, so soll dies einen grundsätzlichen Sachverhalt veranschaulichen, daß er nämlich den Strom des Leidens überquert habe und daß es darauf ankomme, ihm nach Maßgabe der eigenen Möglichkeiten über diesen Strom zu folgen. Auch wenn der entsprechende Text im MPS (7) Spuren mehrfacher Überarbeitung aufweist, geht die Intention des Textes klar aus der Erzählung und den ausdeutenden Versen hervor.

Die Tendenz zur Konkretisierung einer religiösen Erfahrung und Lehre kann durchaus neben anderen Tendenzen in der Ausgestaltung der Legende stehen. Wenn in den Texten über das Sterben des Buddha (MPS 41a, MPP 38a) berichtet wird, wie kurz vor dem Tode des Erhabenen die Blüten der vorzeitig blühenden Shāla-Bäume auf ihn herabfallen, so ist das zunächst eine Standardstaffage, die wir ähnlich bei anderen großen Ereignissen seines Lebens finden. In MPS und MPP nimmt der Buddha das Naturwunder zum Anlaß, um deutlich zu machen, daß ihm nicht auf diese Weise Ehre erwiesen wird, sondern dadurch, daß man seine Lehre bzw. Ordenszucht ehrt und ihr folgt. Hier ist also der Aufruf zur Nachfolge durch ein legendarisches Bild veranschaulicht. Bald danach aber findet sich (MPS 41c, MPP 88d) eine Episode, in der geradezu zur kultischen Verehrung der vier heiligen Stätten des Buddhismus, nämlich der Stätte der Geburt, der Erleuchtung, der ersten Predigt und des Parinirvāṇa aufgerufen wird. Dies widerspricht der Intention des vorhergehenden Abschnittes, zeugt aber davon, daß sich auch andere Motive durchgesetzt haben. Welche sind dies?

Zunächst sind es kultische Tendenzen. Zu diesen zählt der Aufruf, auch den verstorbenen Buddha kultisch zu verehren, d. h. seine Symbole oder Reliquien zu ehren, ja der Hauptstätten seiner Wirksamkeit ein Leben lang zu gedenken (MPS 41c). Die Parinirvāṇa-Texte (z. B. MPS 25 u. 41c) enthalten breite Ausführungen über das Verdienst, das aus der Reliquienverehrung erwächst, und solche Worte werden sogar dem sterbenden Buddha in den Mund gelegt.[48] Im Hintergrund steht ein handfestes Interesse der Mönchsgemeinde, nämlich die in Verbindung mit dem Kult üblichen Spenden zu erhalten, bei denen es sich keineswegs nur um Speisealmosen handelt, sondern um Zuwendungen aller Art. Dabei wird immer wieder hervorgehoben, daß es wesentlich auf die reine Gesinnung des Spenders ankomme. Ist diese gegeben, so besteht kein Unterschied im Verdienst, das aus einer Zuwendung an den noch lebenden Buddha und den Verstorbenen erwächst.[49] Die Spende an den verstorbenen Buddha kam natürlich der Mönchsgemeinde zugute. Umgekehrt kommt in zahlreichen Stifterinschriften zum Ausdruck, daß die Zuwendung an die Gemeinde als Zuwendung an den Buddha gedacht ist und daß man sich daraus religiöses Verdienst erhofft.[50]

Da Zuwendungen im Rahmen des Kults gewöhnlich bestimmten Kultorten zuflossen, verwundert es nicht, daß auch Kultort-Legenden ihren Weg in das biographische Schrifttum gefunden haben. Solche Legenden waren sogar schriftlich in Handbüchern für Pilger (māhātmya) niedergelegt, und nachweislich hat solches Material Eingang in verschiedene Biographien gefunden. Der LV basiert geradezu auf solchen Ortslegenden. Diese berichten vom Wirken des Buddha an einem bestimmten Ort, an dem er entweder zeitweilig residierte (wie in den gestifteten Klöstern) oder die er bei seinen Wanderungen passierte (so z. B. den Ort, an dem er seine Haare nach der Weltflucht abschnitt). Zahlreiche Orte nahmen für sich in Anspruch, Schauplatz bestimmter Ereignisse im Leben des Buddha gewesen zu sein. In unserem Gang durch die Hauptstationen der Buddha-Vita werden wir wiederholt auf solche Kultort-Legenden stoßen. Daß in späterer Zeit auch weiter entfernte Orte weit außerhalb des mittleren Gangestales beanspruchten, Orte der Wirksamkeit des Buddha zu sein, geht etwa aus den Reiseberichten der chinesischen Indienpilger Fa-hsien und Hsüen-tsang hervor, die von einer Fülle solcher Orte im nordwestlichen Indien berichten. Auch erfahren wir hier, daß man sich zuweilen mit der Konstruktion half, es handele sich um einen Schauplatz des Wirkens vorzeitlicher Buddhas.

Grundsätzlich ist im Hinblick auf den historischen Buddha zu sagen, daß seine Biographie engstens mit bestimmten späteren Kultorten, also mit der "heiligen Topographie des Buddhismus", verbunden ist, wie schon É. Lamotte im Anschluß an A. Foucher hervorhebt.[51] Denkt man an die Bedeutung des Prinzips der räumlichen Ordnung von Erzählungen in der indischen Kunst, die sogar Vorrang vor der zeitlichen Abfolge von Ereignissen haben kann, wie Schlingloff gezeigt hat,[52] so wird der Rang der Ortslegenden und überhaupt der örtlichen Orientierung in der Buddha-Biographie verständlich.

Neben dem kultischen Interesse, wie es allgemein in der Begründung der Reliquienverehrung und speziell in Kultort-Legenden zum Ausdruck kommt, steht zweitens das Bemühen, die Lebenssituation anzugeben, in der eine bestimmte Lehre oder eine bestimmte Mönchsverordnung formuliert wurde. Zahlreiche Abschnitte in der Buddha-Vita machen den Eindruck einer Erklärung und Rechtfertigung bestimm-

ter Buddha-Worte, seien diese echt oder erst nachträglich formuliert worden. Gerade auch im letzteren Fall war es nötig, eine authentische Begründung für eine spätere Lehre oder Verordnung zu liefern. Aber auch alte, zweifellos auf den Buddha zurückgehende Aussprüche fanden in entsprechenden biographischen Legenden ihre Erklärung. So wird die Vorstellung, daß es frevelhaft sei, einen Buddha zu verletzen (konkret: zu veranlassen, daß er blutet), durch die Erzählung von Devadattas Anschlägen auf das Leben des Meisters begründet. In dieser Situation sei die entsprechende Bestimmung erlassen worden. Vor allem Verordnungen über die Mönchsgemeinde werden unter dem Anschein uralter Beurkundung auf ein Wort des Buddha in einer bestimmten Lebenssituation zurückgeführt. Selbst die hochwichtigen Abschiedsreden des Buddha werden in bestimmte biographische Zusammenhänge hineingestellt.
Ein drittes Motiv bei der Ausgestaltung der Buddha-Legende ist, wie schon Lamotte hervorhebt,[53] die Erklärung von Details, die in den frühen Biographien fehlen. Hierzu gehören die Geburts- und Jugenderzählungen, aber auch manche Ereignisse aus der Zeit der Verkündigung. Dabei ist das Bestreben erkennbar, unterschiedliche ältere Erzählungen zu harmonisieren und in einen fortlaufenden Erzählzusammenhang zu bringen. Dies gilt vor allem für die späteren Biographien wie die NK, den LV und das Buddhacarita des Ashvaghosha.
Eine weitere Quelle der Buddha-Legende ist schließlich die mündliche Tradition, die auf das breite indische Erzählgut zurückgriff und dabei manche außerbuddhistischen Erzählstoffe auf den Buddha übertrug. Zwar sind solche Motive in erster Linie auf den angehenden Buddha, also den Bodhisattva, in einer früheren Existenz übertragen worden, doch ist damit zu rechnen, daß einiges aus dem außerbuddhistischen Erzählgut auch mit dem historischen Buddha in Verbindung gebracht wurde. Vor allem Wundergeschichten, wie man sie allenthalben frommen Männern zuschrieb, dürften von dorther inspiriert sein. Teilweise gilt dies auch für außerindische Erzählinhalte. Inwiefern allerdings auch christliche oder christlich-apokryphe Erzählungen ihren Einfluß geltend machten - etwa in der Geschichte um Asita, den buddhistischen "Simeon" (vgl. Luk. 2, 25-35) -, ist eine Frage, die noch lange nicht ausdiskutiert ist.[54] Es bleibt allerdings festzuhalten, daß derartige vorderorientalische (westasiatische) literarische Stoffe aus den ersten Jahrhunderten n. Chr. in der Taklamakan- und Gobi-Wüste gefunden wurden. Sie müssen also auch in Indien bekannt gewesen sein.

II. Das Leben des Buddha

A. Die Legende von der Geburt des Buddha

Wenden wir uns nun der Legende um die Geburt des Buddha zu. Zu den frühesten Texten, die wir dazu besitzen,[1] gehört das Mahāvadāna-Sūtra (= MAV), ein Sanskrit-Text aus Zentralasien, der seine Entsprechung im Pāli-Werk Mahāpadāna-Sutta (= MAP) hat (Dīgh.-Nik. Nr. 14). Wir folgen der Einteilung in Vorgänge, wie sie Waldschmidt (1956) bei seiner vergleichenden Betrachtung vorgenommen hat. Nach allgemeinen Erörterungen über die vorzeitlichen Buddhas finden wir hier die Legende vom vorzeitlichen Buddha Vipashyin, die einerseits an der alten Buddha-Legende orientiert ist, andererseits aber auch als allgemeines "Modell" eines Buddhalebens ein Vorbild für diese abgibt. In den Vorgängen 4-5 wird von Vipashyin als Kind berichtet. Ein weiterer früher Text ist das 123. Sutta des Majjh.-Nik. (Acchariyabbutadhamma-Sutta), das von den "wunderbaren Ereignissen" zwischen dem Verlassen des Himmels und der Geburt berichtet und darin MAV/MAP entspricht.[2] Für die weitere legendarische Ausgestaltung kommen vor allem drei Haupttexte als Quellen in Frage, nämlich das MV, der LV und die NK. Freilich berichten auch andere Quellen von dem Ereignis, doch haben die genannten Texte maßgeblich das buddhistische Bild von der "Menschwerdung" des Buddha geprägt. Als Übertragung der Buddha-Legende auf den Buddha der Zukunft, Maitreya, kann auch die alttürkische Maitrisimit herangezogen werden.

Nach einer verbreiteten Liste der Hauptereignisse ("zwölf Taten") im Leben eines Buddha gliedern sich die Ereignisse um die Geburt in drei Erzählabschnitte: 1. der Herabstieg vom Tushita-Himmel, 2. der Aufenthalt im Mutterschoß und 3. die Geburt. Diese Phasen lassen sich auch in der genannten Literatur unterscheiden.

Die Texte MAV/MAP beginnen die Kindheitsgeschichte ebenso wie Majjh.-Nik. 123 mit der Herabkunft des Buddha aus dem Tushita-Himmel und seinem Eingehen in den Mutterleib. Hier ist noch keine Rede von der später verbreiteten und in der Kunst vielfach dargestellten Legende, daß er als Elefant mit sechs Zähnen in den Mutterschoß einging. Wohl aber wird (MAV 4a) ausführlich geschildert, wie bei diesem Anlaß ein heller Lichtschein die ganze Welt und selbst die dunklen Zwischenräume erhellt. Die dort befindlichen Wesen, die sich in einem dunklen, völlig einsamen und somit höllischen Dasein befinden, erkennen, daß es noch andere Wesen gibt, womit faktisch die Grundlage einer Kommunikation und einer Überwindung ihres isolierten Zustandes gegeben ist. Im MAP heißt es: "Die aber dort als Wesen weilen, die schauen in diesem Glanz sich selber und sagen: 'Andere sind es ja noch der Wesen, die hier weilen!'. Die zehntausendfache Welt aber wankt und erbebt und erzittert, und es erhebt sich aus ihr ein unermeßlich mächtiger Glanz, überstrahlend sogar der Götter göttliche Pracht."[3] Das sich in der ganzen Welt verbreitende Licht symbolisiert also die potentielle Heilsmöglichkeit für alle Wesen.

Nach einer in den drei Schriften MV, LV und NK greifbar werdenden Vorstellung verbringt jeder angehende Buddha nach einer viele Existenzen umspannenden Periode der Ansammlung von guten Werken, von "Verdiensten", eine Zeit im Tushita-Himmel, der als Götterhimmel noch zur Sphäre der Welt der Begierden (kāmadhātu) gehört. Freilich ist der angehende Buddha, also der Bodhisattva, von solchen Begierden frei. Trotz der Kennzeichnung dieses höchsten Götterhimmels als Welt der Begierden wird wiederholt betont, daß die Götter dort in voller Zufriedenheit leben, was allerdings mit sich bringt, daß sie sich auch nicht von der Lehre vom Leiden ansprechen lassen. Dennoch wissen sie bereits um die zukünftigen Aufgaben des Buddha, trotz ihres sorglosen Lebens in dem als prächtig geschilderten Götterhimmel.[4] Sie sind es, die dem Bodhisattva die Zeit melden, da er sich zu inkarnieren habe, wenn seine Frist im Tushita-Himmel abgelaufen ist.

Der Bodhisattva schaut nun prüfend auf die Erde hinab, um vier bzw. fünf Sachverhalte zu ermitteln. 1. Zunächst muß er den rechten Zeitpunkt für sein Erscheinen feststellen. Dieser ist gekommen, wenn die

Lebensdauer der Menschen auf höchstens 100 (nach manchen Texten auch 120) Jahre gesunken ist und sie in besonderer Weise von Alter, Krankheit und Tod geplagt werden, wenn also der denkbar desolateste Zustand herrscht. 2. Es folgt die Prüfung des angemessenen Kontinents für die Geburt. Als diesen identifizierte der Bodhisattva Jambudvīpa, den "Rosenapfelkontinent", womit Indien gemeint ist. 3. Nun folgt die Prüfung des rechten Landes, als welches Madhyadesha, das "Mittlere Land" in Indien, erkannt wird. 4. Daraufhin wird eine angemessene Familie gesucht, in der sich die Wiedergeburt vollziehen kann. In Frage kommt nur eine Familie von Brahmanen oder Kshatriyas, welche den Königsadel bilden und den König stellen. Von dem zukünftigen Buddha, dem Bodhisattva, wird einstimmig berichtet, daß er sich für eine königliche, also Kshatriya-Familie aus dem Shākya-Clan entschieden habe. Das MV (I, 197f.; II, 1f.) zählt 60 Vorzüge der Familie eines Bodhisattva auf. 5. Manche Texte sprechen auch von einem fünften prüfenden Blick nach der angemessenen Mutter.[5] Das LV nennt 32 hervorragende Eigenschaften einer solchen Frau.[6]

Die fünf prüfenden Blicke führen den Bodhisattva zur Erkenntnis, daß er im "Mittleren Land" auf dem Rosenapfelkontinent zur Welt kommen müsse, und zwar in der Stadt Kapilavastu (P.: Kapilavatthu) als Sohn des Königs Shuddhodana (P.: Suddhodana) und seiner Gattin Māyā. Die Legende läßt den Vater des Buddha, der in Wirklichkeit nur ein Primus inter pares im Rat einer Adelsrepublik war, zu einem mächtigen Herrscher avancieren, ja zu einem Cakravartin, also zu einem "raddrehenden König", einem Universalherrscher. Zugleich wird Māyā als Vorbild aller Frauen und Mütter hingestellt. Der LV betont nicht nur ihre besondere Schönheit und Tugendhaftigkeit, sondern auch zahlreiche andere Vorzüge. So heißt es von ihr:

> "Māyā ... ist jung und zart, mit Schönheit und Tugend begabt, hat noch nie geboren, ist kinderlos, schön wie ein feingezeichnetes Gemälde, lieblich wie ein Göttermädchen, das mit allen Schmuckstücken geziert ist. Sie ist frei von den üblichen Fehlern der Frauen, ohne Tadel, sie lügt nicht, ist ohne Rauheit, Schärfe und Unbestand. Ihre Stimme klingt süß wie die des Kokila, doch ist sie nicht schwatzhaft und redet nur Angenehmes und Liebes. Sie ist frei von Zorn, Erregung, Stolz, Hochmut und Groll, ist ohne Eifersucht und redet nur, wenn es an der Zeit ist. Sie ist entsagungsvoll, sittenstreng, zufrieden, ihrem Manne treu und denkt nicht heimlich an andere Männer"[7].

Der LV versäumt es nicht hervorzuheben, daß Māyā seit 500 Wiedergeburten die Mutter des Bodhisattva gewesen sei. Andere Texte betonen die Reinheit ihres Charakters, wobei ihre Qualitäten nicht selten in die Nähe der Tugenden eines Bodhisattva gerückt werden. In der zentralasiatisch-türkischen Maitrisimit, einem Werk der Vaibhāshika(Sarvāstivāda)-Schule, übertrifft sie nicht nur alle anderen Damen ihres Stammes in bezug auf "schönes Aussehen, Heil und Verdienst, Anstand und Weisheit", sie besitzt auch alle jene besonderen Kräfte und Merkmale bis hin zu den 32 Schönheitszeichen, die einen Buddha auszeichnen.[8] Hier werden die Ansätze zu einer Verklärung der Mutter des Buddha sichtbar, die eine Parallele zur christlichen Mariologie darstellt, auch wenn Māyā selbst niemals zum Gegenstand frommer Verehrung wurde. Es ist aber verständlich, daß mit der Steigerung der Geburtsereignisse ins Wunderhafte und Erhabene der Glanz der Begebenheiten auch die Mutter des Erlösers umstrahlt.
Was die Götter des Tushita-Himmels anbelangt, so sind sie es also, die den Buddha auffordern, sich nun als Mensch gebären zu lassen. Nach dem MV (I, 198 und II, 2) wird ihnen daraufhin prophezeit, daß auch sie zur Erde hinabsteigen und später zu seinen Jüngern werden würden. Interessant ist dagegen ein Zug in der genannten Maitrisimit, wonach die Götter den zukünftigen Buddha - in diesem Fall ist es Maitreya - bitten, die Suche nach der Buddhaschaft hinauszuzögern und im Tushita-Himmel zu verbleiben. Demgegenüber betont der Bodhisattva, daß die Erleuchtung und damit das Heil nur in der Welt gefunden werden könne, also nicht im fernen göttlichen Paradies. Sodann fordert er die Götter auf, ihm auf die Erde zu folgen.[9]
Der Herabstieg des Bodhisattva zur Erde ist legendarisch in einer Weise ausgestaltet worden, die auch die Kunst inspiriert hat. Nach den erst nach der Zeitenwende verfaßten Texten (z. B. NK) läßt er sich als weißer Elefant auf die Erde nieder und geht in den Leib der Mutter ein. Die Legende muß alt sein. Schon am Stūpa von Bharut, dessen Bau im 2. Jh. v. Chr. begonnen wurde, ist die Szene dargestellt. Eine Inschrift schließt jeden Zweifel aus. Sie lautet in wünschenswerter Eindeutigkeit: "Herabstieg des Bhagavat (= Buddha)".[10] Auch im 13. Felsenedikt des Ashoka in Girnar (3. Jh. v. Chr.) findet sich eine Anspielung auf die Legende, wenn dort der Vorderteil eines Elefanten in den Stein gemeißelt ist und der Text hinzugefügt wurde: "... der ... weiße Elefant, der Bringer des Wohls für die ganze Welt fürwahr."[11]
Wird in der NK geschildert, daß dieses Ereignis Inhalt eines Traumes der Māyā ist, so ist das Geschehen im MV zwar auch als Traum dar-

gestellt, es deutet sich aber hier eine Historisierung des Traumes an.[12] Im LV (Kap. VI) erscheint der Vorgang sowohl als Realität wie als Traum. Zunächst wird recht real von dem Ereignis berichtet, sodann ist vom Traum der Königin Māyā die Rede.[13]

Im Laufe der Zeit stellte man sich also die Begebenheit zunehmend real vor, ohne die Traumversion aufzugeben. Diese Spannung im Realitätsgehalt der Empfängnisszene kennt auch die Gandhara-Kunst, die die Mutter mal schlafend, mal hellwach auf ihrem Bett liegend darstellt. Die beibehaltene Traumversion gibt dem Erzähler Anlaß, Māyā ihrem Gemahl vom Traum berichten zu lassen. Dies veranlaßt ihn wiederum, Traumdeuter zu rufen, die die künftige Größe des Bodhisattva vorhersagen (so z. B. NK, Übers. Dutoit 1921, 9).

Wie die Empfängnisszene auch gedeutet wird, sie ist in allen Texten wie die anderen großen Ereignisse im Leben des Buddha von wunderhaften Begebenheiten im Kosmos begleitet, wozu auch der außerordentliche Glanz gehört, der die Welt erleuchtet und sogar die Höllen erhellt.

Ein auffallendes Charakteristikum der Erzählung ist die Tatsache, daß der Vater vom Ereignis der Zeugung ausgeschlossen wird. Im MV, im LV und in der NK ist eine Erzählung eingefügt, wonach Māyā z. Zt. der Empfängnis ein Fasten- und Keuschheitsgelübde beachtete, das ihr Gemahl auch respektierte. Dennoch wäre es zuviel, hier von einer Jungfrauengeburt zu sprechen; das Wort taucht in den Texten nirgends auf, und diese lassen keinen Zweifel daran, daß Māyā vor dem Keuschheitsgelübde ein normales eheliches Leben geführt hat. Das Schwergewicht der Erzählung liegt also nicht auf der Jungfräulichkeit der Māyā, sondern auf ihrer grundsätzlichen Tugendhaftigkeit, die sich als geistige Reinheit, als Freisein von "geistigen Befleckungen" (kleśas), darstellt.

2. Der Aufenthalt im Mutterleib

Die Erzählungen vom Verweilen des Bodhisattva im Mutterleib zielen darauf ab zu veranschaulichen, daß dieser vom "Schmutz" des Mutterleibes unberührt bleibt. Dabei kann der Mutterleib als Symbol des Weltlichen überhaupt aufgefaßt werden. Die Reinheit des Bodhi-

sattva vor seiner Geburt wird somit zu einem Symbol seiner Überweltlichkeit, die selbst dort zum Ausdruck gebracht wird, wo von seiner "Inkarnation" die Rede ist.
Eng verbunden mit diesem Sachverhalt ist ein gewisser Doketismus, der die Scheinleiblichkeit des Buddha gerade auch im Hinblick auf seine Menschwerdung impliziert. Die wichtigsten Vertreter der doketischen Buddhologie waren die Mahāsaṃghikas und vor allem die aus ihnen hervorgegangenen Lokottaravādins, die den übernatürlichen (lokottara) Charakter des Buddha betonten.[14] Schon die Mahāsaṃghikas scheinen einen entscheidenden Einfluß auf die doketische Ausgestaltung der Geburtsgeschichte ausgeübt zu haben. Sie haben jedenfalls in ihrer Dogmatik die drei Phasen der Geburtsgeschichte im doketischen Sinne thematisiert. In Vasumitras Samayabhedoparacanacakra handeln die dort formulierten Thesen von diesen Phasen.[15] Sie besagen: 1. Die Bodhisattvas treten in Gestalt eines weißen Elefanten in den Mutterleib ein, sind also nicht natürlich gezeugt. 2. Sie durchlaufen im Embryonalstadium nicht die gewöhnlichen, als unrein geltenden Phasen der Entwicklung, sondern sind im Mutterleib bereits voll entfaltet. 3. Sie treten bei der Geburt aus der rechten Seite der Mutter heraus. In den ältesten biographischen Textschichten des Pāli-Kanons werden diese Sachverhalte bezeichnenderweise nicht erwähnt.
Doketische Tendenzen, die die Andersartigkeit des Bodhisattva gegenüber der Welt und damit auch seine Reinheit gegenüber dem Leib der Mutter betonen, werden dort sichtbar, wo diese Sachverhalte in anschaulichen Bildern zum Ausdruck gebracht werden. Schon im Sanskrit-Kanon wird die Reinheit der Bodhisattvas im Mutterleib betont. So heißt es im MAV (4d),[16] er ruhe dort gleich einem glänzenden, echten, achtfarbigen, gut zurechtgemachten Beryllstein. Und er gleiche hierbei einem Juwel auf einem Grund von (besonders edlem) Benaresstoff, weder von diesem beschmutzt noch diesen beschmutzend (MAV 4e).[17] Seine Reinheit schließt nach diesem Bild seine Andersartigkeit gegenüber allem Irdischen ein. Der Gedanke, daß der Bodhisattva sich im Mutterschoß - Symbol der Welt - befindet und doch nicht von diesem befleckt wird, wird noch durch ein weiteres Bild gesteigert, das sich im LV findet. Danach sitzt er im Mutterleib in einem kostbaren, juwelengeschmückten Gehäuse (ratnavyūha). Es grenzt schon fast ans Groteske, wenn dieses Gehäuse als viereckig, auf vier Säulen ruhend und mit einem Obergeschoß versehen beschrieben wird. Dieses also im Leib der Māyā befindliche Ratnavyūha, das nach ihrem Tode in den Himmel des Gottes Brahmā gelangt,

um dort als Heiligtum (caitya) von den Göttern verehrt zu werden, treibt die Idee der Andersartigkeit des Bodhisattva gegenüber der Welt fast auf die Spitze. "Der Ratnavyūha," erklärt Windisch, "schützt den Bodhisattva vor der Befleckung mit Blut usw. im Mutterleibe. Der Bodhisattva sitzt im Ratnavyūha wie ein Buddhabild in einem Caitya, denn schon im Mutterleib empfing der Bodhisattva Verehrung. Mit untergeschlagenen Beinen in dem Gehäuse sitzend strahlt er Licht aus, seine Mutter sieht ihn in ihrem Leibe ... Götter besuchen ihn früh, mittags und abends, um ihm zu dienen und seine Lehre zu hören."[18] Windisch interpretiert dieses Bild vom Ratnavyūha zu Recht als "eine letzte Konsequenz der vollkommenen Reinheit, in welcher der Bodhisattva empfangen und geboren worden sein soll."[19]

Schon früh findet sich die Vorstellung, daß der Bodhisattva vor seiner Geburt nicht nur in heilsamer Weise auf die Wesen auf der Erde wirkt, es gehen von ihm auch positive Eigenschaften auf die Mutter über. Schon in Majj.-Nik. 123 wird betont, daß sie die fünf Gebote für Laienanhängerinnen hält und kein Verlangen nach Männern hegt, ein Gedanke, der auch im MAV (4e-g) und seinen Parallelen zum Ausdruck kommt. In den schon vom Mahāyāna geprägten Texten verwirklicht sie geradezu die Tugenden eines Bodhisattva. Von der Bedeutung, die der Geburt des zukünftigen Erlösers beigemessen wird, ist es verständlich, daß hier fast so etwas wie eine buddhistische "Mariologie" entsteht. Am weitesten fortgeschritten ist dieser Prozeß der Verklärung der Mutter wohl in der Maitrisimit, wo sie sich unter verschiedenen Bildern vorstellt, wie sie zum Schutz und Schirm für alle Wesen wird. So heißt es da u. a.:

> "Sie stellt sich ihren eigenen Körper als ein mit Blumen, Laubwerk und Kissen ausgestattetes, schön duftendes Geburtshaus für die von der Kälte erfrorenen Wesen vor, und denkt, daß sie diese Wesen herbeibringe und (sie) wärmend dasitze. ... sie stellt sich vor, daß sie ihren eigenen Körper in unpassierbaren, tiefen Tälern zu einer Brücke gemacht hätte; sie stellt sich vor, daß ihr eigener Körper in großen, tiefen Gewässern wie ein Schiff sei; sie stellt sich vor, daß sie Lebewesen, die auf verschlungenen Wegen ... konfus umherirren, die guten Wege zeige; sie stellt sich vor, daß sie den Blinden die Augen öffne; sie stellt sich vor, daß sie vergifteten Lebewesen durch die Federn des Garuḍa-Vogels ein Heilmittel beschaffe; sie stellt sich vor, daß sie alle leidenden Wesen von ihren Leiden erlöse und sie

von bösen (Taten) abhalte und daß sie das gute Gesetz (saddharma) errichte."[20]

Der noch ungeborene Bodhisattva wirkt also sowohl direkt als auch indirekt über den barmherzigen Sinn der Mutter so auf alle Lebewesen ein, daß er ihnen Wohlwollen und Liebe (maitrī) zukommen läßt.

3. Die Geburt

Nach zehnmonatiger Schwangerschaft kommt für Māyā die Zeit der Niederkunft. Diese ereignet sich in außergewöhnlicher Weise, als sie sich zum Lumbinī-Hain in der Nähe von Kapilavastu begibt. In Majjh.-Nik. 123 ist allerdings nur davon die Rede, daß der künftige Buddha "aus dem Schoß seiner Mutter hervorging" und daß dann "ein unermeßlich großer Glanz" sichtbar wurde und alle Welten erleuchtete. Es wird betont, daß er rein aus dem reinen Leib der Mutter hervorging und dennoch anschließend von kaltem und warmem Wasser aus der Luft gebadet wurde.[21] Auch das MAV und seine Parallelen wissen nichts von einer außergewöhnlichen Geburt aus der Seite der Mutter. Zwar hören wir hier von Erdbeben und Lichterscheinungen, aber das in der späteren Legende Charakteristische, die Geburt im Lumbinī-Hain bei aufrechter Haltung der Mutter, fehlt.[22]
Die Ereignisse werden in MV und LV so dargestellt, daß sich Māyā absichtlich zum Lumbinī-Park bei Kapilavastu begibt, um das Kind dort zur Welt zu bringen. Teilweise wird angegeben, daß sie damit einem allgemeinen Brauch folgt, da alle früheren Buddhas in einem solchen Park geboren worden seien.[23] Hinzu kommt, daß der Baum, unter dem der zukünftige Buddha geboren wird, ein kosmischer Weltmittelpunkt ist, da auch alle früheren Buddhas - unter einem jeweils eigenen Baum - an dieser Stelle das Licht der Welt erblickten. Deutlich ist dies in der Maitrisimit ausgesprochen, wo es über den künftigen Buddha Maitreya heißt, daß er unter einem Rosenapfelbaum im Lumbinī-Hain zur Welt kommt. Dazu erklärt der Text: "An jenem Ort, wo ebendieser Rosenapfel-Baum wächst, wuchs in früherer Zeit der Aśoka genannte Baum, an dessen Fuß früher Śākyamuni Buddha geboren zu werden geruhte. An ebendiesem glücklichen Ort haben

auch Buddha Kāśyapa, Buddha Kanakamuni und Buddha Krakucchanda geruht, den Mutterleibs-Palast zu verlassen. Deshalb geruht jetzt auch der edle Bodhisattva Maitreya, an diesem glücklichen Ort geboren zu werden."[24] Der Text fügt hinzu, daß deshalb weise Menschen diesen Ort verehren müßten,[25] was auf einen heiligen Kultort in Lumbinī und seiner Ortslegende verweist.
Begleitet von einem großen Gefolge - im LV sind es Tausende - geht Māyā nach der ausgebildeten Legende in den Lumbinī-Hain, wo sie von göttlichen Wesen begrüßt wird, die ihr verheißen, daß sie einen "Unsterblichen" gebären werde, der Alter, Krankheit und Tod überwinden wird (MV II, 20).[26] Māyā ergreift den Zweig eines Shāla-Baumes (NK) bzw. eines Plaksha-Baumes, der sich ihr zuvor sogar zuneigt (MV, LV), und während sie so steht, tritt der Bodhisattva aus ihrer rechten Seite hervor, ohne ihr Schmerzen zu bereiten, da er ja einen Geistleib besitze, wie manche Werke besonders hervorheben.[27] Die Texte stimmen darin überein, daß er mit vollem Bewußtsein in die Welt tritt, wobei vielfach der doketische Gedanke mitschwingt, daß der Inhalt dieses Bewußtseins ein vollkommenes Wissen sei, auch wenn der Bodhisattva dieses scheinbar noch zu erwerben habe.
Nach der ältesten textlichen Schicht nehmen vier namentlich nicht genannte Götter den Bodhisattva in Empfang; im LV dagegen wird er von den Göttern Indra und Brahman empfangen.[28] Obwohl der Neugeborene in völliger Reinheit erscheint, regnen auch hier reinigende himmlische Wasserströme auf ihn - und in manchen Texten auch auf seine Mutter - sogleich nach der Geburt herab.
Die Ereignisse unmittelbar nach der Geburt werden im LV, um nur ein Textbeispiel zu nehmen, folgendermaßen beschrieben:

> "Kaum war der Bodhisattva geboren, da ließ er sich auf die Erde hinunter. Doch während er sich hinstellte, spaltete sich sogleich die Erde, und eine große Lotusblüte kaum zum Vorschein. Und zwei Schlangenkönige: Nanda und Upananda zeigten sich mit halbem Körper in der Luft, brachten zwei Wasserströme hervor, einen kalten und einen warmen, und badeten den Bodhisattva. Auch Schakra [= Indra], Brahman, die Welthüter und alle anderen hunderttausend Götter wuschen mit verschiedenen wohlriechenden Wassern den eben geborenen Bodhisattva und überstreuten ihn mit frischen Blumen. Und im Luftraum erschienen zwei Fliegenwedel und ein mit Juwelen besetzter Schirm. Der Bodhisattva aber blickte, auf dem großen Lotus stehend, in alle

vier Himmelsgegenden und überschaute sie mit dem Blick des Löwen, mit dem Blick des großen Mannes."[29]

Unmittelbar nach der Geburt macht der Bodhisattva sieben Schritte, die in allen Texten mit Prophezeiungen in Verbindung gebracht werden. In der ältesten Textschicht spricht er in die vier Himmelsrichtungen: "Ich bin der Erste der Welt, ich bin der Beste der Welt!"[30]. Im LV macht er bei jedem der sieben Schritte einen Ausspruch über seine zukünftige Bestimmung als Buddha.[31]
Die Bedeutung des Geburtsereignisses wird legendarisch dadurch unterstrichen, daß die wichtigsten Texte (MV, LV, NK) hervorheben, zugleich mit dem Bodhisattva seien seine spätere Ehefrau, sein späterer Wagenlenker Candaka (P.: Channa) und sein zukünftiges Pferd Kanthaka geboren worden. Auch sei zu dieser Zeit der spätere Bodhibaum, unter dem er die Erlösung finden sollte, als Schößling emporgesprossen.[32]
Die Geburt des Maitreya erfolgt ganz nach dem Vorbild der Geburt des Buddha Shākyamuni. In der Maitrisimit wird das Ereignis folgendermaßen beschrieben:

"Während dann die Frau Brahmāvatī mit ihrer Hand einen Zweig des Rosenapfel-Baumes festhält, entsteht in ihrem Körper derartige Freude, daß von den Wurzeln ihrer 80 000 Körperhaare ein goldfarbiger Glanz ausgeht. Zwischen diesen Strahlen erscheint ... aus ihrer rechten Hüfte der der 32 Glücks- und Tugend(-Zeichen) teilhaftige und mit den 80 Nebenzeichen ... ausgestattete, verehrungswürdige Bodhisattva ..., mit einer schönen Gestalt, an der man sich nicht sattsehen kann und die Trischilio-Chiliokosmen erleuchtend. Dann erstrahlen die vier Weltgegenden. Am Himmel werden Musik und Gesang gehört. Die großen starken Drachen ... rufen mit sanfter, freundlicher Stimme; die Götter am Himmel besprengen die Erde mit duftendem Wasser und lassen einen Blumenregen herabregnen"[33].

Im Zuge der Ausbreitung der Geburtsgeschichte nach Ostasien werden die überwältigenden Erscheinungen der indischen Texte, auf die auch die Maitrisimit zurückgreift, auf ein irdisches Maß zurückgeschraubt. Das entspricht durchaus der allgemeinen Tendenz, das überwältigend Große in menschlichen Dimensionen darzustellen.[34] Diese Linie kann hier allerdings in bezug auf die Geburtsgeschichte nicht weiter verfolgt werden. Es sei nur auf die geistige Interpreta-

tionen dieser Wundererscheinungen in chinesischen Texten verwiesen. Es wird z. B. im Kommentar zum Abhiniṣkramaṇa-Sūtra, wo die Geburtsgeschichte in extenso dargelegt ist, vieles als Symbol der geistigen Kräfte des Bodhisattva usw. gedeutet. So heißt es: "Das Licht, das bei seiner Geburt erschien, verweist auf die Vorzüglichkeit seiner Lehre ... Und ferner, was über die Bäume und Blumen gesagt wird, daß sie (nämlich) zur Zeit der Geburt des Bodhisattva aufblühten, so verweist das auf den (aufbrechenden) Glauben, den jene erlangten, die (später) die erste Predigt des Weisen hörten."[35] Gerade die ostasiatischen Kommentare zur Buddha-Legende mit ihrer Tendenz zur "Entmythologisierung" bedürfen noch einer eingehenden Untersuchung. Kehren wir nun aber zurück zur indischen Legende.
Alle Überlieferungen, auch die ältesten, stimmen darin überein, daß Māyā sieben Tage nach der Geburt stirbt. Das MV (I, 198; II, 3) läßt dieses Ereignis als universale Gesetzmäßigkeit erscheinen, indem es erklärt, daß die Mütter aller Buddhas sieben Tage nach der Geburt starben. Die NK erklärt dazu, daß der Leib der Māyā dem Inneren eines Tempels gliche, also heilig war, und so von keinem weiteren Kind bewohnt werden durfte. Das MV rekurriert auf die Keuschheit und Reinheit der Mutter, wenn es erklärt, sie habe sich nach der Geburt keiner sinnlichen Liebe mehr hingeben dürfen und habe deshalb sterben müssen. Der LV legt dar, Māyā habe wie alle früheren Buddha-Mütter sterben müssen, um nicht aus den Prophezeiungen um ihren Sohn zu erfahren, daß dieser später das Haus verlassen werde, da dieses ihr Herz gebrochen hätte.[36]
An die Stelle Māyās tritt als Ziehmutter des Buddha die ebenfalls mit Shuddhodana verheiratete Mahāprajāpatī Gautamī (P.: Mahāpajāpatī Gotamī), die ihn wie ihren eigenen Sohn erziehen sollte. In der türkischen Maitrisimit spricht Buddha anerkennend von der Pflege, die sie ihm habe zuteil werden lassen, wobei er zugleich darauf rekurriert, daß er sie schon damals mit Inhalten der Lehre vertraut gemacht habe. Hier sagt er:

> "In meiner Jugend wurde ich am siebenten Tag von meiner Mutter getrennt und blieb mutterlos zurück. Durch die Milch von ihren Brüsten pflegte sie mich und sorgte sie für mich ... Wenn sie mich mit irdischer Ausrüstung geschmückt und ausgestattet hat, so habe ich sie mit reinen Geboten geschmückt. Wenn sie mich mit allerlei Speisen und Getränken und Kleidungsstücken ... gesättigt und befriedigt hat, so habe ich sie mit der Freude der Weisheit der Edlen gesättigt und befriedigt. Wenn sie mich mit

> irdischem Wasser gewaschen und gereinigt hat, so habe ich sie mit dem Wasser des achtfachen, edlen Pfades gewaschen... Wenn jene mich mit irdischen Blumen geschmückt hat, so habe ich sie mit Blumen des Erkenntnisanteils geschmückt und ausgestattet"[37].

Diese Worte setzen natürlich voraus, daß der Buddha schon in der Heimat, längst vor dem Auszug, über wesentliche religiöse Erkenntnisse verfügte. Das aber entspricht ebenfalls jener doketischen Tradition, wonach er nach dem Auszug aus der Heimat nach Erkenntnis strebt, obwohl er sie bereits besitzt.

Eine Begebenheit, die auch noch zum Komplex der Geburtsgeschichten gehört, ist die Prophezeiung des Sehers Asita, die man mit der Seligsprechung des Simeon im Lukasevangelium (Luk. 2, 25-35) verglichen hat.[38] Die Parallelen sind allerdings nur äußerlicher Art. Denn Asita ist ein im Himalaya residierender Seher (Rishi), der durch die kosmischen Wunderzeichen auf die Geburt des zukünftigen Buddha aufmerksam wird. Kraft seiner Zaubermacht fliegt er mit einem Schüler durch die Lüfte nach Kapilavastu, um dem neugeborenen Knaben zu huldigen.[39] Der König empfängt den Heiligen freundlich und überreicht ihm den Knaben. Dieser erkennt an seinem Körper die 32 Zeichen eines "großen Mannes" (mahāpuruṣa) und bricht in Tränen aus, weil er nicht mehr die Zeit erleben werde, da der künftige Buddha die rechte Lehre predigen wird. Dann erklärt er die Merkmale des "großen Mannes" am Körper des Knaben und prophezeit, daß er hinausziehen werde, um die Heimatlosigkeit zu suchen. Dies gibt dem König nach dem LV Anlaß, den Sohn als "Heiland aller Welt" zu verehren.

Die Erzählung von dem Seher ist schon im Pāli-Kanon enthalten, und zwar im Nālaka-Sutta des Sutta-Nipāta (III, 11), einem allerdings späten Text in jenem Kanon. Die Asita-Erzählung findet sich natürlich auch in anderen späteren legendarischen Berichten über das Leben des jungen Buddha.[40]

Ehe wir dieses Kapitel beschließen, ist es angebracht, sich nochmals die Stellung und Bedeutung der Eltern des Buddha zu vergegenwärtigen. Es lassen sich zwei entgegengesetzte Tendenzen in ihrer Bewertung erkennen.

In einer realistisch zu nennenden buddhologischen Tendenz werden die Mutterschaft Māyās und die Vaterschaft Shuddhodanas als selbstverständliche Tatsachen hingestellt. Solche Gedanken finden wir zunächst in den frühen Pāli-Werken. So heißt es z. B. Theragāthā 533

geradezu expressis verbis, Shuddhodana habe den Muni, den Weisen, also Buddha, "hervorgebracht". Auch andere Texte lassen das Kind Siddhārta wie selbstverständlich aus der ehelichen Vereinigung der Eltern hervorgehen, so u. a. das Buddhacarita des Ashvaghosha, das auf tibetisch vorliegende Abhiniṣkramaṇa-Sūtra und der Saṃghabhedavastu der Mūlasarvāstivādins.
In der doketischen Buddhologie dagegen wird nicht nur der Vater aus dem Zeugungsgeschehen ausgeschaltet. Es gibt Worte, die auch die Rolle der Mutter bei der Geburt relativieren. Im MV (I, 145) heißt es, daß Bodhisattvas nicht von Vater und Mutter gezeugt würden, sondern spontan entstünden, sie würden "durch ihre eigenen Qualitäten hervorgebracht" werden. Dies impliziert, daß die Mutter des Buddha nur scheinbar gebiert, was in den Geburtsgeschichten selbst natürlich kaum zur Darstellung kommt. Aber immerhin betont das MV (I, 147) ihre vollkommene Keuschheit, ferner den übernatürlichen Segen, der in dieser ihrer letzten Existenz auf ihrem Leibe ruht. Wenn ein Bodhisattva in den Leib der Mutter eingegangen ist, so heißt es hier anschaulich, "wird ihr Körper mit himmlischen Gewändern bekleidet und mit himmlischen Juwelen geschmückt." Wie diese und weitere Bilder zum Ausdruck bringen, wird sie geradezu einer anderen Existenz teilhaftig.

B. Die Legende von der Jugend des Buddha

Die Legenden von der Jugend des Buddha gehören nicht zu den frühesten und erscheinen im buddhistischen Schrifttum sehr verstreut.[41] Vergegenwärtigen wir uns die wichtigsten Begebenheiten.
An die Geschichte von dem Seher bzw. Asketen, der die Größe des Buddha voraussagt, schließt sich in den wichtigsten legendarischen Texten die Erzählung von der Zeremonie der Namengebung an. Das MAV weiß davon noch nichts, sondern geht bald nach der Geburtserzählung zur Beschreibung der Vorzüge und besonderen Fähigkeiten des Bodhisattva über, wozu seine allseitige Beliebtheit, sein alles sehender himmlischer Blick und seine geistige Weitsichtigkeit gehören (MAV 7b-d). Bei der Namengebung sind nach der NK (Übers. Dutoit 1921, 100ff.) 108 Brahmanen (eine heilige Zahl) zur Feier in

den Palast gekommen. Sie sagen die späteren vier Ausfahrten des Buddha voraus, was den König veranlaßte, jetzt schon Wachen an den vier Toren der Stadt aufzustellen, um zu verhindern, daß der Knabe des Alters, der Krankheit und des Todes ansichtig würde. Der dem Knaben bei der Namengebung gegebene Name wird zwar nicht in diesem Zusammenhang, aber später in der NK mit Siddhattha angegeben, was dem Siddhārta ("der sein Ziel erreicht hat") des LV entspricht. Im MV wird er Sarvārthasiddha, "der alle seine Ziele erreicht hat", genannt. Offenbar ist hier ein späterer Titel des Buddha sowohl in der einen wie in der anderen Form zur Grundlage der verschiedenen Geschichten über die Namengebung gemacht worden.[42]

Eine weitere Jugenderzählung scheint dem Bedürfnis entsprungen zu sein, ein knappes kanonisches Wort zu explizieren und verständlich zu machen. In Majjh.-Nik. (I, 246) berichtet der Buddha, er habe als Jugendlicher, als der Vater beim Pflügen war, im Schatten eines Rosenapfelbaumes sitzend und meditierend, die erste Meditationsstufe erlangt. Da sagt er: "Ich erinnere mich, einst, während der Feldarbeit bei meinem Vater Sakko [dem Shākya] im kühlen Schatten eines Rosenapfelbaumes sitzend, den Wünschen erstorben, dem Unheil entronnen, in sinnend gedenkender ruhegeborgener, seliger Heiterkeit die Weihe der ersten Schauung errungen zu haben"[43]. Daraus schließt er: "das mag wohl der Weg sein zur Erwachung"[44].

Der Kommentar dazu gibt eine erklärende Ausschmückung, die in der NK (Übers. Dutoit 1921, 103ff.) wiederholt wird. Die Arbeit des Vaters wird hier als zeremonielles Pflügen im Rahmen einer großen Staatsaktion geschildert, an der 1 000 Pflügende teilnahmen. Der Knabe sei bei diesem Anlaß auf eine Liege unter einen Rosenapfelbaum gesetzt worden. Er habe, ohne belehrt zu sein, die richtige Sitz- und Körperhaltung einnehmend, Meditation geübt und die erste Stufe der Versenkung erlangt. Das Geschehen sei durch ein Wunder bestätigt worden. Es habe nämlich der Schatten des Baumes nach dem Weiterziehen der Sonne still gestanden, indem er weiterhin auf den Knaben fiel. Dieses habe den König veranlaßt, seinen Sohn abermals zu verehren. Auch das MV (II, 42ff.) berichtet von diesem Schattenwunder, leitet es allerdings durch andere äußere Ereignisse ein, die ihre Krönung ebenfalls in der Meditation des Buddha und seiner Verehrung finden. Um die Macht derselben zu veranschaulichen, berichtet das MV (II, 43f.) von fünf Sehern, die, durch die Lüfte fliegend, vom Himalaya- zum Vindhya-Gebirge unterwegs waren. Als sie zum fraglichen Ort gelangten, konnten sie ihn ob der Meditationskraft des

Bodhisattva nicht überfliegen. Als sie den Grund ihres Unvermögens erkannt hatten, brachten sie dem Bodhisattva Verehrung dar.
Der Bericht im LV (Übers. Waldschmidt 1982, 91ff.) wie auch in anderen Werken setzt das Ereignis wesentlich später an.[45] Wir werden Gelegenheit haben, darauf zurückzukommen.
Eine weitere Jugendgeschichte scheint ebenfalls die kommentierende Ausgestaltung eines kanonischen Wortes zu sein, wie E. J. Thomas überzeugend darlegt.[46] Er sieht die Erzählung als Veranschaulichung des Buddhatitels "Gott der Götter" (devatideva), als "Herr über alle Gottheiten". Im LV (Übers. Waldschmidt 1982, 59-61) handelt es sich um den Tempelbesuch des jungen Knaben. Schon als seine Pflegemutter Mahāprajāpatī ihn zu diesem Besuch schmückte, habe er zu erkennen gegeben, daß die Götter ihn mit jener Titulatur angesprochen hätten, da er sie alle überrage. Obwohl mit dieser Mitteilung der Zweck des Tempelbesuchs bereits erfüllt war, habe er sich zum Heiligtum führen lassen, um sich "dem Brauch der Welt" anzupassen, wie es in der typisch doketischen Erklärung heißt. Kaum aber habe er den Tempel betreten, da seien alle Standbilder der Götter von dem des höchsten Gottes Shiva bis hin zu denen der untergeordneten Weltenhüter zu Boden gefallen, zu Füßen des Bodhisattva, um ihn in Versen zu verehren. Nach dem MV handelte es sich um den Tempel der Göttin Abhayā ("furchtlos"), deren Name also in auffälligen Gegensatz zu ihrem ehrfurchtsvollen Verhalten gestellt wird. In der tibetischen Version ist es schließlich der Vater, der ihm bei diesem Anlaß den Namen "Göttergott" verleiht.[47]
Außerordentlich beliebt war in der buddhistischen Welt eine dritte Kindheitserzählung, die sich im LV und in einigen späteren Texten wie der Maitrisimit[48] findet. Es handelt sich um den ersten Schulbesuch des Bodhisattva, der im LV ganz aus der Sicht der doketischen Lokottaravādins dargestellt wird. Nachdem der Knabe unter großem Pomp in die Schule gebracht wurde, schickt sich der Schulmeister Vishvamitra an, den jungen Schülern das Lesen und Schreiben beizubringen. Darauf benennt der junge Bodhisattva vierundsechzig Schriftarten und fragt den erstaunten Schulmeister, welche dieser Schriften er ihm beibringen wolle.[49] Das veranlaßt den Lehrer, die Intention der Erzählung deutlich machend, zu bekennen:

> "Es ist erstaunlich, wie sich das reine Wesen hier auf Erden dem Brauche der Welt anpaßt. Trotzdem es alle Lehrbücher bereits studiert hat, ist es doch in die Schule gekommen!

Schriften, deren Namen ich nicht einmal kenne, sind ihm geläufig, und doch ist es in die Schule gekommen!
Ich vermag nicht einmal sein Gesicht und sein Haupt anzusehen, wie sollte ich da den mit der Kenntnis aller Schriften Vertrauten zu unterrichten vermögen?
Er ist der Gott der Götter, der Übergott, der höchste aller Götter, der Herr ohnegleichen, vor allen ausgezeichnet, und niemand in allen Welten kommt ihm nahe!"[50].

Anschließend wird berichtet, wie der Bodhisattva die Mitschüler, tausend Shākya-Knaben, selbst belehrt. Zu jedem Buchstaben, den sie aussprechen, vermag er einen mit diesem Laut beginnenden Satz zu sagen, der Inhalte seiner späteren Lehre vorwegnimmt.
Noch breiter ausgestaltet ist die Legende vom Schulbesuch in der türkischen Maitrisimit. Hier fungiert sein Vater Brahmāyu als Lehrer. Ihn klärt er über die verschiedenen Schriftzeichen auf und verweist zugleich darauf, daß die (in Indien und Zentralasien verwendete) Brāhmī-Schrift die vorzüglichste und für das Schreiben heiliger Texte geeignetste ist. Da heißt es:

"Dann ergreift der Bodhisattva, der (noch) jung und klein ist, mit seiner mit einer Netzhaut versehenen Hand ein goldenes Blatt Papier: hat er einen Buchstaben geschrieben, so sind (gleich) hundert Buchstaben geschrieben. Hat er mit seinem Schreibrohr eine Linie nach unten gezogen, so zeichnet er eine Linie von 1 000 Buchstaben ... Dann schreibt der Bodhisattva auf einem zweiten Blatt 64 'Brāhmī' genannte Schriftzeichen, gibt sie seinem Vater und spricht folgendes: 'Was diese Schrift betrifft, so ist sie gut und leicht zum Lehren aller Sūtras. Deshalb zählt diese zu den (für das Lehren geeigneten) Schriftzeichen.'"[51]

Der Vater läßt sich nun zusammen mit 84 000 Schülern (!) vom Sohn in die ihm bisher unbekannte Schrift einführen, denn diese sei die Schrift, die auch alle früheren Buddhas verwendet hätten und die auch alle zukünftigen Buddhas verwenden würden, um die Schätze ihrer Lehre schriftlich mitzuteilen.[52] Wir haben hier eine Hochschätzung des geschriebenen Wortes gegenüber der Lehrpredigt, die sich nur aus der späteren mönchischen Gelehrsamkeit erklären läßt.
Wir erfahren in der Maitrisimit in Anlehnung an den LV auch, daß der Bodhisattva schon als Knabe nicht nur die Schriftkunst, sondern auch alle anderen Wissenschaften beherrschte.

Zu den ungewöhnlichen geistigen Fähigkeiten des Knaben gesellen sich selbstverständlich auch außergewöhnliche körperliche Kräfte. Diese werden veranschaulicht in diversen Berichten über Kraftproben und Wettkämpfe, die er erfolgreich besteht. Dazu gehört, daß er einen getöteten Elefanten mit der Kraft eines Zehes über die Stadtmauern zu werfen vermag. Er wirft ihn "über die sieben Mauern und sieben Gräben der Stadt hinaus noch eine Rufweite weit nach außerhalb fort", wie es im LV (Übers. Waldschmidt 1982, 65) heißt. In diesem Text[53] erfahren wir ferner, wie er erfolgreich in der Waffenkunst unterwiesen wird. Außerdem wird von einem großen Bogenschießen berichtet, bei dem der Bodhisattva den Pfeil mit solcher Gewalt abschießt, daß dieser eine Reihe von Gegenständen durchbohrt und schließlich so tief in die Erde eindringt, daß dort ein Brunnen entsteht, was selbst das Staunen der Götter auslöst. Anschließend werden auch im LV die zahlreichen Wissenschaften, Künste und Fertigkeiten aufgezählt - einschließlich der Kenntnis der Sprache der Tiere und Vögel -, in denen sich der Bodhisattva hervortut. Die Legende versäumt es nicht, auch die spätere Auseinandersetzung mit dem abtrünnigen Mönch Devadatta mit der Jugendzeit beginnen zu lassen, ja sogar als Fortführungen der Auseinandersetzungen in früheren Existenzen hinzustellen und damit die Begründung dafür zu geben, "daß der Bodhisattva in seiner letzten Verkörperung mit keinem Lebewesen mehr in Haß verbunden war, außer mit Devadatta"[54].
Im frühen Kanon ist wenig über das Leben des Bodhisattva zwischen seiner Geburt und seiner Weltentsagung enthalten. An einer zweifellos späteren Passage (Aṅg.-Nik. I, 145) erfahren wir vom luxuriösen Leben des Prinzen, der je nach Jahreszeit in einem von drei Palästen residiert und dem ständig eine große Dienerschaft zur Verfügung steht. Dies ist freilich eine legendarische Ausgestaltung, die als Folie dazu dient, die Größe seines späteren Entschlusses zur Weltflucht sichtbar werden zu lassen. Rückblickend sagt der Buddha da von seiner Jugend:

> "Ich war zart, oh Mönche, sehr zart, außerordentlich zart. Um meines Vaters Wohnung waren Lotos-Teiche angelegt, einer mit blauen Lotossen, ein anderer mit roten, ein anderer mit weißen, alles um meinetwillen. Ich verwendete kein Sandelholz, das nicht von Benares war; mein Gewand war aus Benares-Stoff, ebenso mein Obergewand, mein Untergewand und mein Mantel. Tag und Nacht wurde ein weißer Ehrenschirm [ein Zeichen

königlicher Autorität und Macht] über mich gehalten, so daß weder Hitze noch Kälte, weder Staub noch Tau mich berührten. Ich hatte drei Paläste, einen für die kalte Jahreszeit, einen für die heiße, einen für die Regenzeit. In den vier Regenmonaten verblieb ich im Palast für die Regenzeit, von Musikantinnen unterhalten. Und so wie in den Behausungen anderer (Reiche) den Sklaven und Dienern Speisen aus den Schalen des Reises gereicht werden, zusammen mit saurem Haferschleim, so wurde den Sklaven und Dienern in meines Vaters Haus Reis und Fleisch gereicht."[55]

Der Kommentar zu diesem Pāli-Text schmückt das Leben in den drei Palästen weiter aus und läßt ihn von 40 000 Tänzerinnen bewohnt sein. Er beschließt die Szene mit der Bemerkung: "So lebte das große Wesen in den drei Palästen wie ein Gott."[56]
Im Zusammenhang mit der Palastszene wird auch schon die zukünftige Frau des Bodhisattva genannt, die in diversen Texten unterschiedliche Namen trägt: Bhaddakaccā (oder Bhaddikaccā), Subhaddahā, Bimbā oder Bimbāsundarī ("Bimbā die Schöne"), oder schlicht "die Mutter des (späteren Sohnes) Rāhula". In einigen Pāli-Texten wie auch im MV und LV heißt sie Yashodharā, während sie im Versteil des LV Yashovatī genannt wird. Im Prosateil dieses Textes dagegen heißt sie Gopā.
Die Erzählung von der Heirat des Bodhisattva, wie sie im Prosatext des LV mitgeteilt wird,[57] gehört zweifellos zu den beliebtesten Erzählungen. Sie berichtet, wie der König sich entschließt, seinen Sohn zu vermählen, nachdem ihn seine Berater an die Prophezeiungen erinnern, wonach dieser entweder ein weltbeherrschender König oder ein Buddha werden würde. Die Heirat erscheint dem Vater als geeignetstes Mittel, um die letztere Möglichkeit auszuschließen. Fünfhundert edle Shākyas bieten nun ihre Töchter als Bräute an. Der Bodhisattva erklärt jedoch, daß es ihm nicht auf den hohen Stand, sondern nur auf die Eigenschaften des Mädchens ankomme. Nun wird in aller Allgemeinheit mitgeteilt, welche Eigenschaften und Tugenden die künftige Gemahlin eines Bodhisattva aufweisen muß. Mit einer diesbezüglichen, vom Bodhisattva in Versen abgefaßten Liste versehen begibt sich der Hauptpriester des Königs auf die Suche nach einem so gearteten Mädchen. Er findet sie in der Gestalt der Gopā, der Tochter des Shākya Dandapāni.
Ehe der Prinz Gopā zur Frau erhält, muß er auf Wunsch Dandapānis eine Reihe von Wettkämpfen mit anderen Shākya-Jünglingen beste-

hen. Selbstverständlich meistert er die ihm gestellten Aufgaben in herausragender Weise. Nun gewinnt er die von zahlreichen Dienerinnen begleitete Gopā, die zur ersten unter den Frauen im Palast wird. Den Sachverhalt wiederum aus Lokottaravādin-Sicht erklärend, hebt der LV hervor:

> "Der Bodhisattva selbst aber lebte, zum Schein und nur um sich dem Treiben der Welt anzupassen, inmitten einer Schar von vierundachtzigtausend Frauen, pflegte der Lüste und vergnügte sich. Gopā jedoch, das Shākyamädchen, wurde feierlich zur ersten Gemahlin unter diesen vierundachtzigtausend Frauen geweiht"[58].

C. Die Legende von den vier Ausfahrten und der Weltflucht

1. Das Leben im Palast

Es ist in der Sekundärliteratur üblich geworden, die vier Begegnungen Buddhas mit einem Alten, einem Kranken, einem Toten und einem Mönch als den entscheidenden Anstoß zur Weltflucht anzusehen. D. Schlingloff weist aber nach, daß diese Auffassung am Pāli-Schrifttum und der ihr zu Unrecht zugeschriebenen Vorrangigkeit orientiert ist und daß die frühen Texte und Bildwerke mehrere Anstöße zur Weltflucht kennen.[59] Dazu gehört neben den vier genannten Begegnungen die Meditation unter dem Jambu (Rosenapfel)-Baum, die anschließende Vorbeifahrt an einem Leichenplatz und ein Erlebnis im Schlafgemach der Frauen des Palastes, wo die in Schlaf gesunkenen Hofdamen in unziemlichen Stellungen liegen, was ihm die Vision eines Leichenplatzes bietet. "Wollte man einer solchen Biographie Glauben schenken," hebt Schlingloff hervor, "müßte man bei dem Buddha unserer Weltperiode ein besonderes Maß an geistiger Schwerfälligkeit konstatieren; es bedurfte bei ihm nicht ... eines einzigen, sondern vier verschiedener Erlebnisse, bis er endlich seinen Entschluß zur Weltflucht realisierte."[60] Die Erklärung dazu liegt im Literarhistorischen.

"Die Legendenverfasser", sagt Schlingloff, "hatten das Bestreben, die Buddha-Biographie mit möglichst vielen 'idealtypischen' Geschehnissen anzureichern; - hinter dieser Tendenz mußte die Forderung nach Glaubwürdigkeit und Logik des Erzählten zurücktreten."[61] Alle diese Anstoß-Motive hält Schlingloff entweder für erfunden (so den Besuch des Leichenplatzes) oder von Erlebnissen anderer Personen bzw. Buddhas abgeleitet.[62] "Nur die Meditation unter dem Jambu-Baum", so betont er, "ist ein in allen Buddhabiographien berichtetes Geschehen, das allein unserem Buddha angehört."[63] Es stehe dies auch in innerem, sachlichem Zusammenhang zum entscheidenden Erlebnis der Erleuchtung, da in dieser Meditation der erste wesentliche Schritt im Hinblick auf die Erleuchtung getan wurde.

Tatsächlich fehlt die Geschichte von den vier Ausfahrten und den vier Begegnungen in der ältesten Textschicht. Erst spätere legendarische Texte berichten - in je eigener Weise - die berühmte Geschichte von den vier Ausfahrten, bei denen der Prinz zum ersten Mal einen Alten, einen Kranken, einen Toten und dann einen Mönch mit ruhigen, verklärten Zügen erblickte. Er habe ihm bewußt gemacht, daß er dessen Beispiel folgen müsse, wolle er den Leiden entgehen, wie sie in Alter, Krankheit und Tod sichtbar werden. Buddhas spätere Lehre über das Leiden gewinnt also in der Erzählung anschauliche Gestalt, ebenso die Überzeugung, daß erst ein mönchisches Leben zu jener Erkenntnis führt, die Friede und Glück inmitten des Leidens der Welt gewährt. Auch andere der Flucht vorausgehende Ereignisse werden in der Literatur und Kunst geschildert, auf die wir hier nicht im einzelnen eingehen können.[64]

Wir können davon ausgehen, daß Gedanken über die Vergänglichkeit des Daseins den Siddhārta schon in der Zeit des behüteten Lebens im väterlichen Haus bewegten. In der Legende werden die vielfältigen Sinnesfreuden anschaulich und plastisch geschildert, denen sich der junge Prinz hingibt. Sie hebt hervor, daß er bei alledem Freude und Ruhe doch nicht zu finden vermochte.

Die älteste Tradition kennt derartige Erzählungen aber noch nicht. Doch finden sich in ihr Ansätze, die eine Weiterentwicklung zu solchen Bildern hin verständlich werden lassen. So heißt es im Pāli-Kanon in Fortsetzung des oben schon zitierten Textes über das verwöhnte Leben des Prinzen (Aṅg.-Nik. I, 145):

> "Da habe ich, ihr Mönche, der ich mit solcher Pracht und mit solcher außerordentlichen Zartheit ausgestattet war, folgendermaßen gedacht: 'Ein törichter, einfacher Mensch, der selbst dem

> Alter unterworfen ist, obwohl selbst noch nicht vorgerückt an Jahren, ist, wenn er einen Alten sieht, beunruhigt, verstört und von Abneigung erfüllt, indem er den Gedanken (des Altseins) auf sich selbst bezieht: Auch ich bin dem Alter unterworfen, obwohl ich noch nicht vorgerückt bin an Jahren ..., und soll ich, da ich einen Alten sehe, auch beunruhigt, verstört und von Abneigung erfüllt sein?' Das schien mir nicht angemessen zu sein. Und als ich so darüber nachdachte, wich von mir jede freudige Stimmung gänzlich."[65]

Dasselbe wird nun auch von Krankheit und Tod gesagt. Als Ergebnis solcher Überlegungen, so heißt es Majjh.-Nik. I, 163 noch in aller Schlichtheit und ohne legendarische Ausschmückung, verließ der angehende Buddha das väterliche Haus:

> "Und ich zog ... nach einiger Zeit, noch in frischer Blüte (der Jugend), glänzend dunkelhaarig, im Genusse glücklicher Jugend, im ersten Mannesalter, gegen den Wunsch meiner weinenden und klagenden Eltern, mit geschorenem Haar und Barte, mit fahlem Gewande bekleidet, vom Hause fort in die Hauslosigkeit hinaus."[66]

Der Prozeß des Wachstums der Legende von den vier Ausfahrten und von der dramatischen Weltflucht im 29. Lebensjahr, von denen hier noch überhaupt keine Rede ist, läßt sich nicht im einzelnen verfolgen. Aber die unterschiedlichen Ausgestaltungen dieser Erzählungen machen deutlich, daß sie in je eigener Weise eine geistige Situation des jungen Siddhārta veranschaulichen und nicht selbst auf eine erzählerische Urform zurückgehen. In dem zitierten Text Majjh.-Nik. 36 (I, 63) wird der Anlaß zum Verlassen der Heimat in einem sehr allgemeinen Sachverhalt gesehen, der zweifellos auf eine Lebenskrise des Siddhārta hinweist:

> "Also bin ich, ihr Mönche, vor meiner Erleuchtung, als ich noch ein Bodhisattva und nicht voll erleuchtet war, selbst noch der Geburt unterworfen, dem Wesen der Geburt nachgegangen; dem Alter unterworfen, bin ich dem Wesen des Alters nachgegangen, (so auch) dem der Krankheit, des Todes, des Kummers und der Unreinheit. Da dachte ich: 'Was wenn ich, der ich der Geburt unterworfen bin, dem Wesen der Geburt nachginge ... und, nachdem ich das Elend des Wesens der Geburt gesehen ha-

be, nach dem Ungeborenen, dem höchsten Frieden des Nirvāna, suchen würde?'"[67].

Es folgt eine Wiederholung im Hinblick auf Alter, Krankheit, Tod, Kummer und Unreinheit.[68]
Auch in diesem Bericht werden keine historischen Umstände angegeben, unter denen sich eine entscheidende, einen neuen Entschluß auslösende Begegnung vollzogen hätte. Es werden eher abstrakte, einen ganzen Denkprozeß kennzeichnende Aussagen über die Erwägungen des Bodhisattva gemacht.

2. Die vier Ausfahrten und die erste Meditation

Die Geschichte von den vier Ausfahrten, die der Weltflucht vorausgehen, erscheint in verschiedenen legendarischen Texten. Sie findet sich im MAV (8) - dort auf den Buddha Vipashyin bezogen - und wird erst in der NK, dem MV und dem LV weiter ausgestaltet. Hier hat die Erzählung eine klassisch gewordene Ausformung gefunden.
Die Prophezeiungen über die künftige Größe des Siddhārta und über sein Verlassen der Heimat haben, wie wir im LV erfahren, den Vater bereits damals veranlaßt, die Stadt bewachen zu lassen, damit der Sohn mit keinem Unheil außerhalb der als glücklich gerühmten Stadt in Berührung komme. Dem Verfasser des LV reicht offenbar dieser Umstand als Erklärung dafür, daß der 29jährige zum ersten Mal mit Alter, Krankheit und Tod konfrontiert wurde. Manche Texte (die NK, der mongolische LV) radikalisieren den Gedanken eines glücklichen Heranwachsens des Bodhisattva dadurch, daß sie Götter veranlassen, sich zum Schein in der Gestalt eines Alten, Kranken oder Toten zu zeigen, was deshalb nötig gewesen wäre, weil der Vater alle solche aus der Umgebung des Bodhisattva entfernen ließ.[69]
So weit geht der indische LV allerdings nicht. Hier erfahren wir, daß der Vater seine Erlaubnis zum Besuch einer Parkanlage gibt, damit der Sohn seine landschaftliche Schönheit genieße und seinen - demnach schon vorhandenen - Kummer vergesse. Zuvor gibt er den Befehl, aus dem Park alles Unreine und Widerwärtige zu entfernen und die Anlage prächtig auszuschmücken. Die Pracht des geschmückten

Parks wird in großer Ausführlichkeit geschildert. Dieser Pracht stehen kraß die Erscheinungen gegenüber, mit denen der Bodhisattva nun konfrontiert wird. Ausdrücklich wird hier vermerkt, daß die Gottheiten ihn zu diesen Erscheinungen des Alten, Kranken und Toten führten, daß diese Begegnungen also ihrem planvollen Lenken zu verdanken sind. So heißt es im LV zur ersten Begegnung:

> "Doch als nun der Bodhisattva mit großem Pomp durch das östliche Stadttor in die Parkanlagen hinausfuhr, führten ihm Gottheiten auf dem Wege voraus einen abgezehrten Greis vor Augen, dessen Glieder von hervortretenden Adern überspannt waren. Seine Zähne zeigten Lücken, Runzeln überdeckten den Körper, und seine Haare waren ergraut. Dazu war er krumm und schief wie ein Dachgestühl, geknickt, auf den Stock angewiesen, leidend. Die Kraft der Jugend war von ihm geflohen, und aus seiner Kehle kamen nur noch krächzende Laute. Sein Körper hing nach vorn über; dazu stützte er sich auf einen Stab und zitterte an allen Körperteilen und Gliedern"[70].

Als der Bodhisattva seinen Wagenlenker gefragt habe, was für ein Mann dies sei, habe er geantwortet:

> "Dies ist, o Herr, ein Mann, den das Alter überwältigt hat, dessen Sinnesvermögen nachlassen, der Qualen leidet und dessen Kraft und Stärke hin ist. Verachtet von seinen Verwandten, ohne jemanden, der ihn schützt, körperlich unfähig, ließ man ihn im Walde zurück, wie man ein wertloses Stück Holz fortschleudert"[71].

Da habe der Bodhisattva gesprochen:

> "Oh, wie jämmerlich, Wagenlenker, ist es dann bestellt um die Einsicht der Wesen, der unerleuchteten, törichten, die da, infolge ihrer Jugend von Übermut trunken, das Alter nicht sehen! Wende schnell den Wagen, ich will wieder nach Hause zurückkehren! Was sollen mir Spiele und Liebesvergnügungen, wenn das Alter auch von mir Besitz ergreift?"[72]

Dann wandte der Bodhisattva den Wagen um und kehrte in die Stadt zurück.

Alle Legenden berichten, wie der Bodhisattva bei einem zweiten Ausritt einem Kranken begegnet. Es wiederholt sich die Erschütterung über das ihm entgegentretende Leid. Bei der dritten Ausfahrt muß er mit ansehen, wie man einen Toten auf einer Bahre fortträgt, während die Verwandten tief betroffen weinen und klagen. Bei der vierten Begegnung trifft der Bodhisattva einen Bettelmönch, von dem ausdrücklich gesagt wird, daß die Gottheiten ihn auf dem Wege erscheinen ließen. Er wird im LV folgendermaßen beschrieben:

> "Ruhig, bezähmt, selbstbeherrscht, züchtig, ohne die Augen hin und her spielen zu lassen, den Blick vor sich auf den Boden geheftet, schritt jener sanft und vorsichtig dahin. Würdevoll sah es aus, wenn er sich hin- oder zurückwandte, jemanden anblickte oder sich umschaute. In edler Haltung trug er seinen Mantel, die Bettelschale und die Gewänder. So sah ihn der Bodhisattva auf dem Wege stehen"[73].

Als der Wagenlenker erklärt, daß es sich um einen Mönch handelt, der den Sinnengenuß aufgegeben habe und ein selbstbeherrschtes Leben in der Heimatlosigkeit führe, wo er "die Ruhe seines Inneren" gefunden habe und frei von Leidenschaft und Haß seinem Bettelgang nachgehe, erklärt der Bodhisattva:

> "Schon immer haben die Weisen empfohlen, in die Heimatlosigkeit zu ziehen; denn darauf gründet sich das eigene Heil sowohl wie das der anderen Wesen, und die Frucht ist ein seliges Leben in Wonne und Unsterblichkeit."[74]

Gleichsam die spätere Erkenntnis vorwegnehmend, weiß also der Bodhisattva den Sachverhalt zu bewerten und einzuordnen.
In den auf die vier Ausfahrten folgenden Ereignissen unterscheiden sich die legendarischen Buddha-Biographien in der Anordnung und Ausgestaltung der Erzählstoffe z. T. erheblich. Nach dem MAV (8g) scheidet er gleich nach den vier Begegnungen aus dem Weltenleben. Nach der ausgebildeten Legende im LV sendet der Vater den Prinzen, der sich mit dem Gedanken der Weltflucht trägt, auf das Land, um die Bestellung der königlichen Äcker außerhalb der Stadt zu kontrollieren. Am Dorfe angelangt, wo die Feldarbeit im Auftrag des Königs durchgeführt wird, erlebt er aus nächster Nähe die Qual der Landarbeiter und Zugtiere bei der Feldbestellung. Nachdem er die Arbeiter für den Tag entlassen und die Ochsen auf dem Acker befreit

hat, setzt er sich unter einen Rosenapfelbaum und erlebt nacheinander die vier Stufen der Meditation. Hier nun erzählt der LV wie auch schon der Vinaya der Mūlasarvāstivādins vom Schattenwunder und von der Verehrung der durch die Lüfte fliegenden Seher,[75] eine Begebenheit, die nur die Pāli-Tradition (NK) in die Kindheit verlegt. Schlingloff macht jedoch wahrscheinlich, daß diese Zurückprojizierung des ersten Meditationserlebnisses in die frühe Jugend sekundär ist. Die unter dem Jambu-Baum erfahrene erste Meditationsstufe weist den Weg zur späteren Erkenntnis, zur entscheidenden Erkenntnis unter dem Baum der Erleuchtung. An diese Episode erinnert sich der Buddha nachhaltig. Schon P. Horsch hatte hervorgehoben: "Die einzigartige Bedeutung der Erinnerungsepisode geht klar aus dem Zusammenhang hervor: Es ist in Wirklichkeit das entscheidende Erlebnis, das Gotama zur Abkehr von der körperlichen Selbstpeinigung und auf den direkten Pfad der geistigen Erleuchtung führt"[76].
Die Erzählung von der ersten Meditation unter dem Jambu-Baum steht in den Buddha-Biographien teils vor den vier Ausfahrten, teils nach den Ausfahrten vor der Weltflucht und in zwei Texten sogar nach der Weltflucht.[77] Wenn die Pāli-Tradition (NK) sie ins Kindheitsalter verlegt, so deshalb, weil es ihr unerträglich schien, daß der junge Mann Siddhārta meditiert, während sein Vater ein zeremonielles Pflügen durchführt, was ja in der NK mit der Geschichte verbunden ist. Nicht nur das Textmaterial, auch die Kunst kennt die erste Meditation als beliebtes Darstellungsmotiv.[78] In Ajanta gehört die Szene zu einer Malerei der Hauptereignisse des Buddha-Lebens. "Wo immer erkennbar", betont Schlingloff, "läßt der Kontext der Darstellungen den engen Zusammenhang zwischen der ersten Meditation und der Erleuchtung sichtbar werden. Dieser Befund entspricht durchaus der literarischen Überlieferung, die - mit Ausnahme der Pāli-Tradition - die erste Meditation in einen zeitlichen und sachlichen Zusammenhang mit Weltflucht und Erleuchtung stellt."[79] Von daher erklärt es sich auch, daß die vier Ausfahrten, "im Gegensatz zu der ersten Meditation, in der bildenden Kunst der ältesten Periode überhaupt nicht und in den späteren Perioden nur äußerst selten dargestellt sind ... Wie in dem alten Ich-Bericht [des Buddha] bildet auch in der späteren Legende das Erlebnis der ersten Meditation den entscheidenden Anstoß für den Bodhisatva, den Pfad zur Erleuchtung zu beschreiten"[80].
Von einem weiteren Anstoß berichtet der Vinaya der Mūlasarvāstivādins. Danach ließ der König den noch im Meditationssitz verharrenden Sohn auf einen Wagen heben und fuhr mit ihm nach Hause. Un-

terwegs aber passierte er einen Leichenplatz vor der Stadt. Der Bodhisattva sah die Leichen in verschiedenen Verwesungszuständen und war zutiefst erschüttert.[81] Zwar "erscheint es geradezu absurd", wie Schlingloff hervorhebt, "daß der sonst so sehr auf das Glück und Wohlleben seines Sohnes bedachte König den Rückweg von dem Bauerndorf zum Königshof ausgerechnet über ein Leichenfeld genommen haben soll" - die in der Mūlasarvāstivāda-Biographie singuläre Erzählung ist wohl "eine eigene Erfindung des Verfassers" -, doch gehört dies zu den "möglichst vielen 'idealtypischen' Geschehnissen", mit denen die Buddha-Biographie angereichert wurde.[82]

3. Die Weltflucht

Die Erzählung vom "großen Scheiden" wird in den legendarischen Biographien reich ausgeschmückt und in der Kunst vielfach dargestellt.[83] Nach der NK hat der Bodhisattva unmittelbar nach den vier Begegnungen den Entschluß gefaßt, fortzuziehen. Bei seiner Rückkehr in die Stadt habe ihm der Vater die Nachricht entgegenbringen lassen, daß ihm ein Sohn geboren worden sei. Siddhārta habe darauf erklärt: "Rāhula ist geboren, eine Fessel ist geboren"[84]. Diesen Namen habe das Kind nun auf Anordnung des Königs erhalten. Rāhula ist ein Diminutiv des Namens Rāhu. Dies ist jener Dämon, der bei Sonnen- und Mondfinsternissen die Himmelskörper nach altindischer Vorstellung verschlingt. Offenbar ist der Name des Sohnes also von der Konstellation abgeleitet, unter der er geboren wurde. Doch weist die Aussage des Siddhārta in die Richtung, daß seinem Wirken durch die Geburt des Sohnes Grenzen gesetzt seien. Allerdings hat sich der Buddha nach seiner Flucht wenig um seine Familie gekümmert, deren Existenz im Königshaus sozial und wirtschaftlich gesichert war. Wir erfahren aber, daß Rāhula später Aufnahme im Orden fand, ohne dort allerdings eine prominente Rolle zu spielen.[85]
In verschiedenen Texten (z. B. NK, Übers. Dutoit 1921, 112f.) wird berichtet, wie Siddhārta vor dem Hinausziehen einen Blick auf seinen Sohn werfen wollte. Als er jedoch das Gemach der schlafenden Mutter betrat, hielt sie ihre Hand schützend über dem Kind. Zudem er-

losch bei seinem Eintreten die Öllampe im Zimmer, so daß ihm der Blick auf den Sohn versagt blieb.
Nach dem LV verbringt Siddhārta nach den vier Begegnungen und dem Ausflug zum Bauerndorf noch einige Zeit im Palast. Die Götter sind schon ungeduldig und warten auf das entscheidende Ereignis der Weltflucht und der Erleuchtung.[86]
Vom Bodhisattva aber heißt es, daß er seit unausdenklichen Zeitaltern Herr seiner eigenen Entscheidungen war und stets gemäß der rechten Zeit und Gelegenheit handelte. Trotz solchen Wissens mußte er aber von den Göttern und früheren Buddhas an seine Bestimmung erinnert werden, denn dieses entspreche dem Lauf der vorgeschriebenen Ereignisse, die durch das Handeln früherer Buddhas bestimmt war. Die Legende thematisiert hier also gleichsam nebenbei eine grundsätzliche religiöse Frage, nämlich die nach dem Verhältnis von Autonomie, göttlicher Lenkung und Vorherbestimmung. Die Spannung zwischen Autonomie und Erfüllung einer ihm zugewiesenen Rolle löst der LV mit folgender Betrachtung:

> "Für alles erkannte der Bodhisattva jederzeit den richtigen Augenblick und wartete die Gelegenheit ab. So war, was geschah, nur die Erfüllung dessen, was bei einem Bodhisattva, der seine letzte Existenz durchläuft, zu geschehen hat. Denn es ist ein unverbrüchliches Gesetz, daß die künftigen Erlöser, solange sie sich noch im Frauengemach aufhalten, von den erhabenen Buddhas der zehn Weltgegenden unter Gesang und Spiel an ihre Bestimmung gemahnt werden müssen"[87].

Die Autonomie des Bodhisattva liegt also darin, daß er sich gleichsam wie ein Schauspieler das Stichwort zu weiterem Handeln von den Überirdischen geben läßt, um dann eigenständig den vorgezeichneten Weg, um den er bereits weiß, zu gehen. Auf Gemahnen der Götter hin, daß die rechte Zeit zum Auszug gekommen sei, beschließt er, seiner weiteren Bestimmung zu folgen. Weder der Wunsch des Vaters, ihn zurückzuhalten, noch ein großes Aufgebot an Truppen, von dem der LV spricht, können ihn daran hindern. Die Götter selbst beschließen, dem Bodhisattva zu Hilfe zu kommen. Sie stärken seinen Vorsatz, alle Wesen aus "der Umnachtung der Unwissenheit" zu befreien.[88]
Zunächst fördern die Götter den Wunsch des Bodhisattva, das Leben in Sinnesgenuß zu verlassen, indem sie die schlafenden Frauen des Palastes, die er eines Nachts um sich sieht, in ekelhafter, abstoßender

Gestalt erscheinen lassen. Die Szene wird im LV folgendermaßen geschildert:

> "Und der Bodhisattva sah hin auf die ganze Schar der Frauen und betrachtete sie näher. Einigen waren die Gewänder weggerissen, einigen die Haare zerzaust, einige hatten ihre Schmucksachen verloren, einigen waren die Diademe abgefallen, einigen die Schultern gequetscht, einige hatten entblößte Glieder, einige entstellte Gesichter, einige verdrehten die Augen, einigen floß Speichel aus dem Mund, einige schnauften, einige lachten, einige husteten, einige lispelten, einige knirschten mit den Zähnen, einige hatten bleiche Gesichter, einige unordentliche Gestalten, einige ließen die Arme herunterhängen, einige reckten die Füße, einige hatten den Kopf entblößt, einige verhüllt, einige schnitten Gesichter, einige hatten erschlaffte Körper, einige verbogene Glieder, einige krümmten sich und röchelten, einige hatten eine Trommel gepackt und lagen da mit verdrehtem Kopf und Leib, einige griffen in die Seiten der Lauten und Mandolinen, einige knarrten mit den Zähnen an Flöten, einige hatten ihre Musikinstrumente weggeworfen, einige schlossen, öffneten und rollten die Augen, und einige hatten den Mund offen stehen"[89].

Dem Bodhisattva ist es, als befände er sich auf einem Leichenacker. Der Anblick gibt ihm Anlaß, über die Verwerflichkeit der geschlechtlichen Liebe nachzudenken und die Sinnesfreuden in immer neuen Bildern als Zeichen der Unwissenheit hinzustellen. Hier finden buddhistische Vorstellungen anschaulichen Ausdruck, die geleitet sind von der Idee, daß es primär die ungezügelten Sinne sind, die Unheil im Gefolge haben. Die in diesem Zusammenhang auch anklingende Verteufelung der Frau - die Frauen gleichen als geschlechtliche Wesen geradezu "einer Schar von Teuflinnen"[90] -, ist allerdings kontrapunktiert vom großen Mitgefühl des Bodhisattva, das ihn bei diesem Anblick erfüllt.
Zu den diversen Szenen, die der Weltflucht vorausgehen, gehört auch der Traum der Gopā. Es erscheinen ihr fünf Unheil verkündende Zeichen im Traum. Ihr Gatte aber beruhigt sie und deutet die Zeichen als Auspizien, die auf eine glückliche Zukunft hindeuten, wobei er auf sein zukünftiges Wirken zum Heil aller Wesen verweist.[91] Anschließend wird von fünf Träumen des Bodhisattva selbst berichtet. In verschiedenen Bildern vergegenwärtigen sie ihm seine zukünftige Größe

und sein Wirken zum Wohle zahlreicher Wesen. Diese Bilder veranschaulichen einige ihm schon im Pāli-Kanon beigelegte Titel; er heilt als Arzt Kranke, er setzt als Fährmann Reisende über den Fluß, er sitzt als siegreicher Kämpfer auf der Spitze des Sumeru-Berges usw.[92] Es ist verständlich, wenn die Inhalte dieser Träume in anderen Texten im einzelnen variieren,[93] denn derartige Bildmotive sind frei austauschbar. Ein später immer wieder aufgegriffenes Bild verdient besondere Erwähnung. Es läßt den Buddha zum kosmischen Menschen werden, der sich die Erde zum Bett macht.[94] In einer zentralasiatischen Buddha-Biographie macht dieses Thema den Inhalt aller fünf Träume aus. Da heißt es:

> "Er sah zuerst (folgenden) großen Traum: Er breitet die Erde wie eine Matratze für sich aus. Zweitens sah er (folgenden) großen Traum: Er legte den Sumeruberg wie ein Kopfkissen für sich zurecht. Drittens sah er (folgenden) glücksverheißenden Traum: Er hüllt den hoch oben befindlichen Himmel wie eine Bettdecke um sich. Viertens sah er (folgenden) großen Traum: In seiner rechten Hand hält er die Sonne. Fünftens sah er (folgenden) großen Traum: In seiner linken Hand hält er den Mond"[95].

Hier ist die Idee vom Buddha als kosmischem Menschen sicherlich vom Mahāyāna-Buddhismus inspiriert. Sie läßt sich von jenen Buddha-Titeln ableiten, die wir bereits im frühen Buddhismus finden.
Bei der Flucht stehen dem Bodhisattva die Götter bei. In mitternächtlicher Stunde versetzen zwei Gottheiten nach dem LV alle Menschen und Tiere in Kapilavastu einschließlich der Königsfamilie in tiefen Schlaf.[96] Indem der Bodhisattva zu Pferd mit dem Stallknecht Candaka hinauszieht, öffnet ihm der Gott Indra "mit Hilfe der Macht seines Geistes und der Kraft seines Willens" das verschlossene östliche Tor der Stadt.[97] So zieht der Bodhisattva aus Kapilavastu hinaus. Da es sich um eines der großen Ereignisse im Buddha-Leben handelt, ist das Geschehen von überirdischen, glückverheißenden Zeichen begleitet. Im LV heißt es:

> "Die ganze Erde aber erzitterte auf sechs Arten, als jener sich von seinem Lager erhob und sein vorzügliches Pferd bestieg, das wie die Scheibe des Vollmonds leuchtete. Und sogleich nahmen die Welthüter die Hufe des edlen Rosses in ihre sauberen, lotus-

reinen Hände, während Shakra und Brahmā vorauszogen und den Weg zeigten.

Und der Glanz, der von dem Bodhisattva ausging, überstrahlte hell die Erde. Alle Wesen in üblen Daseinsumständen erlangten Ruhe und Freude, und die Pein der sündigen Leidenschaften hörte damals auf. Blumen regneten herab, Millionen von Musikinstrumenten ertönten, und Götter und Dämonen sangen Loblieder. Zum Schluß umwandelten alle die hervorragende Stadt feierlich und kehrten von Freude erfüllt heim"[98].

Der Bodhisattva, weiterhin von Candaka begleitet, durchreitet noch in derselben Nacht drei Königreiche, die der Shākyas, der Kodyas (Koliyas) und der Mallas, und erreicht bei Tagesanbruch die Stadt Anuvaineya im Gebiet der Mallas. Hier übergibt er sein Pferd und seinen Schmuck dem Candaka und bittet ihn, heimzukehren mit der Nachricht, daß er nach Erlangung der Erleuchtung auch ihnen die Lehre predigen werde. Candaka erzählt und berichtet dem König und der Gattin des Bodhisattva, was sich zugetragen hat. Indem er von den wunderbaren Ereignissen bei der Flucht berichtet, tröstet er Gopā damit, daß sie ihn als Erleuchteten wiedersehen werde.[99]

Der Bodhisattva vertauscht nun seine kostbaren Gewänder aus Benares-Seide mit dem Gewand eines Jägers, der nach dem LV ein verkleideter Gott ist.[100] In anderen Texten handelt es sich um einen wirklichen Jäger; demgegenüber haben wir es hier mit einer fortgeschrittenen Ausgestaltung der Legende zu tun. Anschließend schneidet der Bodhisattva sein langes Haar ab. Nach der NK (Übers. Dutoit 1921, 117f.) wirft er den Haarschopf zusammen mit dem Diadem, das den Kopf ziert, in die Lüfte. In luftiger Höhe fängt der Gott Indra die Gegenstände auf, legt sie in einen juwelengeschmückten Behälter und bringt sie in den Himmel der 33 Götter, wo sie zum Gegenstand göttlicher Verehrung werden.

Zur letzten Episode der Fluchtgeschichte gehört das Anlegen des gelben Gewandes des Weltentsagers. Auch diese Begebenheit wird in den legendarischen Texten ausgeschmückt. In der NK z. B. erfahren wir, daß der Bodhisattva von einem Freund aus einem früheren Leben die acht Gegenstände eines Mönches erhält: drei Gewänder, Almosenschale, Rasiermesser, Nadel, Gürtel und Wassersieb.[101] In der Maitrisimit ist es wie in der NK der Gott Indra, der ihm das Gewand der früheren Buddhas überbringt.[102]

Der Bodhisattva verbringt nun nach der NK (Übers. Dutoit 1921, 119) eine Woche in einem Mangohain beim Dorfe Anupiya und begibt sich

darauf auf den Weg nach Rājagriha (P.: Rājagaha), wo es zu einer ersten Begegnung mit König Bimbisāra, seinem späteren Gönner, gekommen sein soll. Der LV, der diese Begegnung etwas später ansetzt, läßt den König so beeindruckt sein von der strahlenden Gestalt des Bodhisattva, daß er ihm sogar die Herrschaft über sein Reich anbietet, was Siddhārta allerdings ablehnt. In dem Gespräch belehrt ihn der Bodhisattva über die bösen Folgen der Sinnenlust, zu der der König ihn aufgefordert hat. Das Gespräch schließt mit der Bitte des Königs, ihm die Lehre mitzuteilen, wenn er die Erleuchtung erreicht hat.[103] Damit aber wird die enge Verbindung zwischen dem König und dem späteren Buddha legendarisch begründet. Diese Erzählung hat viel gemeinsam mit entsprechenden Passagen in der NK und im MV.
Andere legendarische Ausgestaltungen dieser Szenen variieren im einzelnen. Wesentliche Ansätze zu den wichtigsten Motiven lagen zweifellos in jenen Legenden vor, die mit Heiligtümern an den markantesten Orten der Auszugsgeschichte verbunden waren. So hat es offenbar ein Heiligtum an dem Ort, an dem Candaka zurückgeschickt wurde, gegeben, ferner einen Kultort an der Stätte, wo der Buddha seine Haare abschnitt, und an der Stelle, wo er das gelbe Gewand der Büßer anlegte. Die relative Selbständigkeit dieser Erzählungen kommt auch darin zum Ausdruck, daß die indisch-buddhistische Kunst sie als je eigene Einheiten im Rahmen der Buddha-Biographie thematisierte.[104]
Die Erzählungen von der Weltflucht sind im Pāli-Kanon in der angegebenen Form noch unbekannt. Nur in sehr allgemeinen Wendungen wird hier, wie wir sahen, auf Gautamas Verlassen des heimatlichen Hauses verwiesen. So erzählt z. B. der Buddha im Majjh.-Nik. (I, 240) in einem Text, der an den schon zitierten erinnert:

> "Zu einer anderen Zeit, nun, als ich noch ein Knabe war, ein schwarzhaariger Jüngling in der Blüte der Jugend, in dem ersten Stadium des Lebens, habe ich, während meine unwilligen Eltern weinten, mit tränenbeflecktem Gesicht, Haare und Bart geschoren und bin, indem ich das gelbe Gewand anlegte, von dem Haus in das hauslose Leben gezogen"[105].

Hier wird ohne irgendwelche spezifischen Details von der Absicht des Gautama gesprochen, die Welt zu verlassen. Und auch die Ausführung seines Wunsches wird nicht mit irgendwelchen konkreten Begebenheiten in Verbindung gebracht. Es fehlt gleichfalls die sonst in den

Legenden um die Weltflucht zu findende Altersangabe. Es findet sich nur der Hinweis, daß er ein Knabe in der Blüte der Jugend war.
Die Grundintention der Legende von der Weltflucht ist es zweifellos, die Größe des Entschlusses sichtbar zu machen, das elterliche Haus zugunsten eines Lebens als Bettelmönch zu verlassen. In diesem Sinne wird der Kontrast zwischen dem behaglichen und lustvollen Leben im Palast und der kärglichen Existenz im Wald in aller Deutlichkeit und in bewußter Steigerung der Gegensätze herausgestellt.

D. Die Zeit der Suche und der Erleuchtung

1. Die sechs Jahre der Suche

Berichte über die Ereignisse zur Zeit der Suche sowie über die Begebenheiten, die der Erleuchtung vorausgehen, finden sich in den kanonischen Schriften des Pāli-Kanons, und hier haben wir sogar fortlaufende Erzählungen über diesen Zeitabschnitt. Die Kommentare und erst recht die legendarischen Sanskrit-Werke enthalten demgegenüber nicht nur Ausschmückungen, sondern auch Berichte von Ereignissen, die den kanonischen Texten unbekannt sind. Auch werden Erzählungen in den Kommentaren und späteren Werken weiterentwickelt. Sie werden in unterschiedlichen chronologischen Folgen behandelt. Wenn wir uns im folgenden hauptsächlich am Majjh.-Nik. und am LV orientieren,[106] hat man sich zu vergegenwärtigen, daß von einer feststehenden verläßlichen Abfolge der Ereignisse keine Rede sein kann. Obwohl z. B. in den meisten Texten von einer sechsjährigen Zeit der Suche die Rede ist - zuweilen wird auch von sieben Jahren geredet -, gibt es auch Texte wie den Anagatavaṃsa und die türkische Maitrisimit, wo diese Jahre entfallen und der Bodhisattva bald nach dem Verlassen der Heimat die Erleuchtung gewinnt.
Folgen wir nun aber den ausführlicheren Darlegungen der Ereignisse: In die Heimatlosigkeit gezogen, sucht Gautama (P.: Gotama), wie der Bodhisattva als Asket vornehmlich genannt wird, nach einem Lehrer, der ihn zur erlösenden Erkenntnis führen könnte. Schon der Pāli-

Kanon spricht davon, daß er sich nacheinander den Meistern Ālāra Kālāma (Skr.: Ārāda Kālāma) und Uddaka Rāmaputta (Skr.: Udraka Rāmaputra) anvertraut habe. In Majjh.-Nik. I, 163ff. berichtet der Buddha zunächst von der Begegnung mit Ālāra. Dieser habe ihn auf seinen Wunsch hin mit Aussicht auf raschen Erfolg als Schüler angenommen. Tatsächlich habe er sich seine Lehre in kurzer Zeit zu eigen gemacht. Aber er habe bei alledem nur Lippendienst geleistet und "nur eine gelernte Lehre", nämlich "die Lehre der älteren (Schüler)" nachgeplappert.[107] Sodann strebte er der Erkenntnis des Ālāra selbst nach, bei der es darum ging, "den Bereich der Nichtsheit" zu erreichen, also die äußere Welt der Erscheinungen zu überwinden. Indem er dieselbe Meditationskraft und Willensstärke aufbot wie dieser, verwirklichte er binnen kurzem auch dieselbe Einsicht wie er. Als der Meister dies erkannte, bot er ihm an, die Schülerschar gemeinsam mit ihm zu leiten. Doch Gotama gelangte zu der Überzeugung: "Diese Lehre führt nicht zu Abkehr, zu Leidenschaftslosigkeit, zum Aufhören, zur Beruhigung, zur Erkenntnis, zum Erwachen, zum Nibbāna [Nirvāṇa], sondern lediglich zum Bereich der Nichtsheit"[108]. Er entschloß sich daher, die Lehre zu verwerfen und sich von Ālāra abzuwenden.

Mit fast denselben Worten berichtet Gotama sodann von seinem Aufenthalt bei Uddaka Rāmaputta. Bei ihm war das Ziel der Meditation "der Bereich, wo es weder Bewußtsein noch Nichtbewußtsein gibt"[109]. Als Gotama diese Wissensstufe erlangt hatte, bot ihm der Lehrer sogar die alleinige Leitung der Schule an. Doch er lehnt das Angebot ebenfalls ab und verläßt auch ihn mit derselben Begründung.[110]

Wir können davon ausgehen, daß Gotama das bei diesen Meistern Gelernte nicht völlig verwarf. Man wird vermuten können, daß im Rahmen der später von ihm gelehrten Meditation, die über vier Stufen zu dem nicht mehr Nennbaren und Sichtbaren führt, zwei vorläufige Stufen an den Zielen jener Lehrer orientiert waren. Dies würde auch ihrer vorläufigen Bedeutung im Rahmen der Heilssuche des Gotama entsprechen.

Was die weiteren Ausschmückungen der Berichte über die sechs Jahre der Askese anbelangt, so haben sie das Buddha-Bild der Gemeinde nachhaltig geprägt; die hier formulierten legendarischen Motive tauchen in der späteren Literatur und Kunst immer wieder auf.

Nach dem Fortgang von den zwei genannten Meistern widmet sich Gautama der strengen Kasteiung. Er ist begleitet von fünf Jüngern, die sich von ihm erhoffen, daß er so den Weg zur erlösenden Erkenntnis findet. Die Härte der Askese wird schon in den Pāli-Texten ein-

drucksvoll geschildert[111] und in der Gandhara-Kunst bildkräftig zum Ausdruck gebracht. Gautama beginnt damit, "die Zähne aufeinanderpressend, die Zunge an den Gaumen legend, durch Denken den Geist"[112] herunterzuzwängen. Dies führt zu heftigen Schweißausbrüchen in den Achselhöhlen. Er berichtet, "rege zwar ... war da meine Kraft ..., bereit die Aufmerksamkeit, unverwirrt; völlig rege ... auch mein Körper", aber nicht gebändigt oder beruhigt der Geist.[113]
Auch die nächste Methode, die darin besteht, den Atem möglichst lange anzuhalten, führt nicht zur Erleuchtung.[114]
Gotama wendet sich nun einer extremen Hungeraskese zu. Er nimmt nur eine Handvoll Nahrung pro Tag zu sich und magert bis auf die Knochen ab. Er wird so dünn, daß er das Rückgrat spürt, wenn er die Bauchhaut berührt.[115] Er fällt vor Schwäche vornüber, wenn er Kot und Urin läßt; büschelweise fallen ihm die Haare aus, seine Gesichtsfarbe wird blauschwarz, und er bringt sich an den Rand der Existenz. Da kommt ihm der Gedanke: "'Welche Büßer und Brahmanen auch immer in vergangenen Zeiten sie überkommende schmerzliche, scharfe, bittere Gefühle gefühlt haben - dieses ist das höchste; mehr darüber hinaus gibt es nicht...' Nicht aber erreichte ich durch diese bittere Mühsal das über Menschliches hinausgehende, die Art der Einsicht, die da genügt zum edlen Wissen. Sollte da nicht ein anderer Weg sein zur Erwachung?"[116]
Als der Bodhisattva die Erfolglosigkeit des Hungerfastens erkennt, nimmt er wieder Nahrung zu sich. Nach dem LV beendet er seine sechsjährige Askese mit den Worten: "Ich werde jetzt wieder reichliche Speise zu mir nehmen, sei es gesüßte Bohnen- und Erbsensuppe oder gekochten Reis und Sauerschleim!"[117] Die fünf Anhänger aber glauben, daß er seinen Prinzipien untreu geworden ist, und verlassen ihn, um nach Benares zu ziehen.
Der Entschluß, wieder Speise zu sich zu nehmen, wird in der Weise dramatisiert, daß junge Mädchen - in verschiedenen Texten unter verschiedenen Umständen - ihm die erste Nahrung reichen. In der NK (Übers. Dutoit 1921, 124ff.) ist es das Mädchen Sujātā aus dem Hause des Senānī im gleichnamigen Ort bei Uruvelā (Skr.: Urubilvā), das ihm die erste Speise in einer goldenen Schale reicht. Im Divyāvadāna (392) sind es zwei Mädchen namens Nandā und Nandabalā,[118] die ihm einen Milchreis mit mehrfach konzentrierter Milch darreichen. Diese zwei werden auch im LV und in anderen Texten als die beiden Töchter des Dorfvorstehers des Ortes Senānī, der Senāya heißt, genannt.[119]

Der LV berichtet, wie der Bodhisattva einen zum Meditieren geeigneten lieblichen Flecken am Nairañjanā-Fluß aufsucht. Kosmische Zeichen weisen ihm den Weg zu diesem Ort, dem "Ring der Erleuchtung", der Stätte, an der alle früheren Buddhas ihre Erleuchtung gefunden hätten. Der Text berichtet, wie ihm die Götter den Weg zu diesem Ort bereiten:

> "Indessen wurde die ganze Strecke von der Nairañjanā bis zum Ring der Erleuchtung durch die Götter der Windwolken gesäubert und durch die Götter der Regenwolken mit duftendem Wasser besprengt und mit Blumen überstreut. Alle Bäume aber in den vieltausend Welten neigten ihre Wipfel dem Ring der Erleuchtung zu, und die Kinder, welche an diesem Tage geboren wurden, schliefen mit dem Kopf in der Richtung zum Ring der Erleuchtung. Selbst alle Berge in den vieltausend Welten, mit dem Berg Meru an der Spitze, beugten sich zum Ring der Erleuchtung hin"[120].

Indem der Bodhisattva zum Ort der bevorstehenden Erleuchtung schritt, strahlte sein Körper einen solchen wohltuenden und heilsamen Glanz aus; so heißt es im LV, "daß durch sein Leuchten alles Unglück zur Ruhe gelangte, aller Verdruß aufhörte und alle Qualen böser Daseinszustände schwanden"[121]. Selbst die Wesen in den drei "üblen Orten", nämlich die Höllenbewohner, die Wesen in Tierexistenzen und die Hungergeister, wurden von ihren Leiden befreit. "Aller Verdruß hörte auf, die bösen Daseinszustände schwanden hin, und alle Wesen fühlten sich wohl und wurden himmlischen Glückes teilhaftig"[122]. Der Glanz aber, der die ganze Welt erleuchtete, drang auch in die Behausung des Schlangenkönigs Kālika. Zusammen mit seiner Gemahlin Suvarnaprabhāsā ("Goldglanz") und großen Scharen von geschmückten und musizierenden Schlangen-Mädchen bereitete er ihm unter Lobpreisungen und Musikklängen den Weg zum auserkorenen Ort, dem nach dem LV prächtig geschmückten "Baum der Erleuchtung" und dem darunter befindlichen "Vajra-Thron" ("Diamant-Thron").

So gleicht der Weg des Bodhisattva zum Baum der Erleuchtung in der ausgestalteten Legende einem Triumphzug. In der türkischen Maitrisimit verbindet sich die Lobpreisung des Bodhisattva durch den Schlangenkönig mit der Prophezeiung der bevorstehenden Erleuchtung. Der äußere Glanz wird geradezu zum Symbol der zu erlangenden Erkenntnis, die die dunkle Finsternis der Unwissenheit zerstreut. Um den Ort des großen Ereignisses würdig herzurichten, schmücken die Götter den Baum der Erleuchtung prächtig aus. Denn es steht ein Höhepunkt eines kosmischen Dramas bevor. Da heißt es in bezug auf den Baum, bei dem es sich hier um einen Nāgapushpa-Baum handelt:

> "Dann schmücken die großartigen Götterkönige Vishvakarman und die anderen göttlichen Spezialisten den Nāgapushpa-Baum mit allerlei göttlichen Diademen und Kronen und verzieren die Äste an der Spitze des Baumes. Dort oben schmücken sie (ihn), indem sie Banner und Baldachine rechtsherum kreisen lassen. An die mittleren Äste und Blätter hängen sie goldene Glocken und perlenbesetzte Netze. Und die anderen Äste und Zweige schmücken sie mit Blumen und allen (Arten von) Juwelen. Dann sieht der verehrungswürdige Bodhisattva den 50 Ellen hohen, mit allerlei göttlichem Schmuck geschmückten Nāgapushpa-Baum, der wie der König der Bäume ist, und er sieht auch den Vajra-Thron, der aus einem goldenen Platz am Fuße des Baumes herausgekommen ist, und er denkt folgendes: 'Dieses Juwel von Baum, der der König aller Bäume ist und an dem man sich nicht sattsehen kann, ruft mich zum Thron, indem er mit seinen Ast-Händen Blumen ausstreut. Dieser Vajra-Thron, der von der Farbe des vaidūrya (Beryll)-Juwels und dem Sumeru-Berg vergleichbar, ist mit vorzüglichem Schmuck verziert, dafür bestimmt, die Buddha-Würde zu ihrem Höhepunkt zu bringen.'"[123]

Ehe sich der Bodhisattva auf den "Diamant-Thron" niederläßt, streut er Gras auf den Sitz, wie es alle früheren Buddhas getan haben. Das Motiv taucht in diversen Variationen in fast allen legendarischen Ausschmückungen auf.

Indem sich der Bodhisattva auf dem Sitz in Meditationshaltung niederläßt, den Kopf aufrecht gereckt, das Gesicht nach Osten gewandt, vergegenwärtigt er sich seine früheren Entschlüsse und faßt nach dem LV den Vorsatz:

> "Mag mein Körper hier auf diesem Platz vertrocknen, mögen mir Haut, Knochen und Fleisch hinschwinden, - bevor ich nicht

die in vielen Weltaltern schwer zu erlangende Erleuchtung erreicht habe, werde ich mich nicht von diesem Sitz regen"[124].

Der eigentlichen Erleuchtung geht nach der Legende eine Versuchung des Bodhisattva voraus. Die Geschichte von der Versuchung durch Māra und sein Heer ist nirgends so plastisch und detailliert dargestellt wie im LV (Übers. Waldschmidt 1982, 150-164). Wie schon bemerkt, fehlt diese Erzählung, die im Mahāyāna als wesentlicher Bestandteil des Berichtes von der Erleuchtung gilt, in den Pāli-Texten. Allerdings gibt es einen kanonischen Pāli-Text, das Padhāna-Sutta ("Sutta vom Streben", Sutta Nipāta 425-449),[125] bestehend aus ursprünglich zwei unterschiedlichen Gedichten, in dem Ansätze zur Ausbildung einer Legende, wie wir sie im LV haben, erkennbar sind. In dieser Pāli-Erzählung kommt Māra zu dem am Fluß meditierenden Gotama und versucht, ihn von seinem Streben abzuhalten.[126]
Nach dem LV ist es der Bodhisattva selbst, der Māra als Herrn über die Sinnenwelt zum Kampf herausfordert.[127] Daraufhin träumt Māra in drastischen Bildern vom Ende seiner Macht. Er sieht im Traum, wie seine Behausung von Finsternis umfangen, von Staub überschüttet und von Kieseln überworfen wird. Er selbst muß in Furcht flüchten, sein Diadem fällt herab, sein Körper verdorrt. Die Unheilszeichen, von denen 32 aufgezählt werden, zeigen sich auch im Kosmischen. Die Vegetation welkt dahin, Lotosteiche trocknen aus, den Vögeln werden ihre Flügel ausgerissen usw. Auch in seiner Familie tut sich Unheil auf, seine Anhänger wenden sich von ihm ab, und seine Heeresmacht stürzt zu Boden. Diese Träume veranlassen ihn nach dem Erwachen, seine gesamte Heeresgefolgschaft zu versammeln und zum Kampf gegen den Bodhisattva zu rüsten. In plastischen Wendungen werden seine furchterregenden Kämpfer beschrieben.[128]
Besonderes Kennzeichen der Macht des Bösen ist die Uneinigkeit, die dort herrscht. Zwar bekriegen und zerfleischen sich diese Mächte nicht selbst, wie wir dies aus gnostischen Schilderungen der Welt der Finsternis kennen, aber es stehen sich doch die Heere zur Rechten und zur Linken Māras gegenüber. Die zu seiner Rechten sind solche, "deren Herz dem Bodhisattva zugeneigt" ist, während die zu seiner Linken sich zu ihm halten.[129] Folglich kommt es zu einem Streitgespräch zwischen den Repräsentanten beider Flügel. Dennoch kann Māra seine Kräfte sammeln und einen Angriff starten.
Anschaulich wird dieser Angriff nicht nur im LV, sondern auch in der NK geschildert.[130] Hier bedient sich Māra zusätzlich der Naturmächte, um gegen den Bodhisattva vorzugehen, wobei er verschiedene Na-

turmächte gegen ihn aufbringt. Zunächst läßt er einen gewaltigen Wirbelwind, der Bäume entwurzelt und Dörfer zermalmt, auf den Bodhisattva los. Aber die Stürme vermögen ihm nichts anzuhaben. "Durch die Tugendmacht des großen Mannes", so heißt es da, "schwand ihre [der Stürme] Kraft, und sie konnten, auf den Bodhisattva treffend, nicht einmal den Zipfel seines Gewandes bewegen"[131]. Auch eine große Flut, die über die Baumkronen des Waldes hinwegwogt, vermag ihm nichts anzuhaben und nicht einmal sein Gewand zu durchfeuchten. Ebenso vermögen ihm ein Steinregen, ein Kohlenregen, ein Regen von heißer Asche, ein Sandregen und ein Schlammregen nichts anzuhaben. Steine, Kohlen, Asche, Sand und Schlamm verwandeln sich in himmlische Blumen, Sandelpulver und himmlische Salbe und gehen zu Füßen des Bodhisattva nieder. Dann ruft Māra, um den Bodhisattva zu verängstigen, sein ureigenstes Element, eine große Finsternis, hervor. "Als sie über den Bodhisattva herabkam, aber war es, als ob sie von Sonnenglanz getroffen würde, und alle Dunkelheit schwand."[132] Hier haben wir eine Veranschaulichung der Konzeption vom Buddha bzw. Bodhisattva als eines Lichtbringers, ein Thema, das schon der frühe Pāli-Kanon in mannigfacher Weise formuliert.

Schließlich geht Māra mit seiner Heeresmacht selbst gegen den Bodhisattva vor. Doch dessen Licht ausstrahlendes Antlitz, "das einer aufgeblühten, hundertblättrigen Lotusblume glich", schlägt ihn in die Flucht.[133] Als Māra wieder zu sich kommt und die schrecklichsten Geschosse gegen den Gotama schleudert, "selbst Berge in den Ausmaßen des Sumeru [d. h. des Weltenberges]", da verwandeln sie sich in "himmlische Wagenpaläste mit Blumenbaldachinen."[134] Und auch die furchtbarsten Waffen, die auf ihn geschleudert werden, werden zu Blumengirlanden, Kranzgewinden und Blumenbaldachinen, die den Baum der Erleuchtung schmücken.

Sieht man diese Erzählungen auf dem Hintergrund ihrer Intention, nämlich die inneren Kämpfe des Bodhisattva anschaulich darzustellen, so fällt in diesem Zusammenhang das Motiv der Verwandlung in besonderer Weise auf. Die Gegenmächte werden zwar zurückgeschlagen, ihre Hervorbringungen aber in positive Gegebenheiten verwandelt. Waffen und Geschosse werden zu Blumen, Girlanden, Sandelholz und göttlichen Salben. Damit ist sicherlich ein wesentliches Anliegen buddhistischer Psychologie zum Ausdruck gebracht, nämlich dies, daß die Gestaltungen dunkler Triebe in positive und heilvolle Mächte zu transformieren und damit für das eigene Streben nutzbar zu machen sind.

Nach dem Angriff des Māra kommt es nach dem LV zu einem Streitgespräch zwischen diesem und dem Bodhisattva.[135] Māra fordert ihn abermals zum Weltgenuß auf. Doch der Bodhisattva verweist auf seine guten Taten und Verdienste in früheren Existenzen. Und als Māra herausfordernd darauf hinweist, daß er keinen Zeugen dafür habe, der zu seinen Gunsten aussagen könnte, ruft der Bodhisattva die Erde selbst zum Zeugen an, indem er die Finger der rechten Hand die Erde berühren läßt. Darauf aber erbebt die Erde sechsfach, und es erscheint die Erdgöttin selbst, mit dem Oberkörper aus der Erde heraustretend und "mit ihrem Gefolge von tausend Millionen Erdgottheiten" sichtbar werdend.[136] In Verehrung teilt sie dem Bodhisattva mit, daß diese alle Zeugen seiner früheren Taten seien. Māra aber, den sie zurückweist, zieht gebrochenen Herzens mit seinem Heer davon.

Nach der Erdanrufungs-Szene folgt im LV die ebenfalls in der Kunst vielfach dargestellte Versuchung des Buddha durch die Töchter des Māra. In einem letzten, großangelegten Versuch bemüht sich der Böse, den Bodhisattva von der Erleuchtung abzuhalten. Er entsendet seine liebreizenden Töchter, um die Leidenschaften des Bodhisattva zu erwecken und damit sein geistliches Streben zu durchkreuzen. Einem scholastischen Schema folgend heißt es, daß sie "die zweiunddreißig verschiedenen Verführungskünste der Frauen" vor ihm entfaltet hätten.[137] Bis in Einzelheiten werden diese Künste von den Verfasser-Mönchen geschildert. Da heißt es u. a.:

> "Einige verhüllten ihr Gesicht halb. Einige wiesen ihre hohen festen Brüste. Einige zeigten unter verhaltenem Lachen die Reihen ihrer Zähne. Einige warfen ihre Arme in die Höhe und ließen ihre Achselhöhlen weit geöffnet sehen, andere wieder ihre Lippen, rot wie Bimbafrüchte. Einige blinzelten mit halb geschlossenen Augen den Bodhisattva an und schlossen die Lider schnell, nachdem sie ihn angeblickt hatten. Einige boten ihm halbbedeckte Brüste dar, andere Hüften, um die das Gewand nur lose gegürtet war. Einige hatten zarte Leinenstoffe um ihre Hüften gelegt und gegürtet, einige ließen ihre Fußringe klingen. Einige zeigten ihm, daß zwischen ihren vollen Brüsten kaum für eine Perlenschnur Platz war. Einige hatten die Schenkel zur Hälfte nackt ..."[138]

Der Bodhisattva aber ließ sich von diesen Anblicken in keiner Weise innerlich bewegen. Sein Gesicht blieb "rein und fleckenlos wie die

Mondscheibe, ... wie die aufgehende Sonne, ... wie eine aufgeblühte tausendblättrige Lotusblume ... Er war unbeweglich wie der Berg Meru ... Die Sinne waren bezähmt, der Geist war gebändigt wie bei einem zahmen Elefanten"[139].

Auch als die Mädchen in ein Gespräch mit ihm eintreten, um ihn zur Liebe herauszufordern, bleibt er innerlich ohne Leidenschaft und äußerlich "unerschütterlich wie der König der Berge" und trotzdem "offen, besonnen und unbelästigt"[140]. In seinen Antworten trägt er Gedanken vor, die den frühen Buddhismus als Mönchsreligion in stärkstem Maße geprägt haben. Die Lüste sind, so hebt er hervor, "Sammelstätten vieler Leiden und die Wurzeln des Unglücks"[141]. Sie geben zu immer neuen Begierden und damit zu immer neuem Unheil Anlaß; wer ihnen frönt, verkennt ihre Vergänglichkeit und damit das Leid, das sie verursachen. Der Weise aber wendet sich von ihnen ab, denn er hat alle Leidenschaften aufgegeben.

Māras Töchter müssen erkennen, daß auch ihre raffiniertesten Verführungskünste nichts auszurichten vermögen. Sie berichten ihrem Vater frustriert von der Ergebnislosigkeit ihrer Bemühungen.

Die Hauptintention des Textes liegt zweifellos in der Belehrung über die Verwerflichkeit der Sinnenlust, wie sie in den Worten des Bodhisattva dargelegt wird. Zugleich unterstreicht die Szene die Unerschütterlichkeit, die den Bodhisattva trotz jener besonderen Versuchung auf seinem Weg zur Erleuchtung auszeichnet. Auch darin ist er Vorbild für alle, die das Heil erstreben.

3. Die Erleuchtung

Nachdem Māra mit seinen Mächten bzw. mit seinen Töchtern, die wir als veranschaulichte negative psychische Regungen interpretieren können, überwunden ist, ist der Weg zur Beschreitung des eigentlichen Pfades zur Erleuchtung (sambodhi) frei.

Wir verwiesen schon auf die Stellen im Pāli-Kanon, wo dieser Weg beschrieben wird. Nach Majjh.-Nik. I, 36 (I, 246) erinnert sich der Bodhisattva seiner Meditationserfahrung unter dem Rosenapfelbaum. Ihm wird die Überzeugung zuteil, daß dies der Weg zur Erleuchtung

sei. Er wird sich nach seinem Hungerfasten dessen bewußt, daß es für die Begehung dieses Weges eines kräftigen Körpers bedarf.
In der erzählenden Rückerinnerung heißt es in Majjh.-Nik. 36:

> "Nachdem ich nun reichliche Speise zu mir genommen und wieder Kraft bekommen hatte, machte ich mich los von den Lüsten und den nicht zum Heile führenden Dingen und gelangte zu der auf Überlegung und Selbstprüfung beruhenden, durch Abschliessung [der Sinne] verursachten freudebeglückten ersten Stufe der Extase. Auch die dergestaltigen glücklichen Gefühle, die ich empfand, machten [aber] keinen bleibenden Eindruck auf mein Gemüt"[142].

Nach dem Aufhören von Überlegung und Selbstprüfung, nach innerer Beruhigung und nachdem der Geist zur Vorherrschaft gekommen ist, gelangt der Bodhisattva "zu der von Nachdenken und Selbstprüfung freien, aus der Beschauung hervorgehenden freudebeglückten zweiten Stufe der Exstase [d. h. Versenkung]"[143]. Doch auch die hierbei zur Herrschaft kommenden "freudigen Gefühle" machen "keinen bleibenden Eindruck" auf sein Gemüt.[144] Durch weitere geistige Anstrengung gelangt er zur dritten Versenkungsstufe und schließlich "zu der von Leiden und Freude befreiten, Indifferenz, Sammlung und Vollendung in sich fassenden vierten Stufe, der Exstase"[145]. Dann heißt es:

> "Nachdem nun so mein Gemüt beruhigt war, gereinigt, geläutert, befreit von Lust, losgelöst von Befleckung, sanft, fügsam, fest und unveränderlich, wandte ich mein Denken zu der Erinnerung und Erkenntnis meiner früheren Existenzen"[146].

Siddhārta erinnert sich bis in die Details hinein an zahlreiche frühere Existenzen. Dies ist "das erste Wissen", das ihm in der ersten Nachtwache zuteil wird. Er kann nun feststellen: "die Unwissenheit war besiegt, das Wissen erlangt; das Dunkel war besiegt, das Gesicht erlangt, wie es der Fall ist bei einem, der unablässig und eifrig sich bemüht"[147].
Siddhārta wendet seine Aufmerksamkeit nun dem Vergehen und Entstehen der Wesen zu. Er sieht nicht nur "mit göttlicher, klarer, übermenschlicher Einsicht", wie die Wesen entstehen und vergehen, sondern auch, welches Schicksal ihr karma, ihre guten bzw. bösen Taten, im Gefolge hat.[148] Dies ist das "zweite Wissen", das ihm in der mittleren Nachtwache zuteil wird. Er wendet sein Denken jetzt "auf die Er-

kenntnis vom Vernichten der Sünden," d. h. der unheilvollen Einströmungen (āśrava), die auf den Geist wirken. Nun wird ihm die Erkenntnis der vier edlen Wahrheiten zuteil, nämlich: "Dies ist das Leiden ... Dies ist der Ursprung des Leidens ... Dies ist das Aufhören des Leidens ... Dies ist der Weg, der zum Aufhören des Leidens führt"[149]. Der Inhalt dieses "dritten Wissens" schließt die erlösende Erkenntnis in sich ein. Hierzu heißt es:

> "Während ich nun dies erkannte und einsah, wurde mein Geist befreit von dem Übel der Lust, befreit von dem Übel des Daseins, befreit von dem Übel der Unwissenheit. Und als er befreit war, kam mir die Erkenntnis: 'Er ist befreit', und ich erkannte: 'Zerstört ist die Wiedergeburt, ich führe den Wandel der Heiligkeit, getan ist, was zu tun war; nicht gibt es etwas anderes nach dieser Existenz.'"[150]

Die Erlangung der höchsten Erkenntnis wird auch Majj.-Nik. 26 dargestellt, und zwar relativ knapp. Hier wird die höchste Stufe der Versenkung als Erlangung des Nirvāṇa gekennzeichnet. Es wird beschrieben als Zustand der Befreiung von Alter, Krankheit, Kummer und Unreinheit (im Sinne geistiger Befleckung). Der kurze Text schließt ebenfalls mit dem Ausblick auf das "Erlöschen".

Das Schema von den vier Nachtwachen ist auch in den legendarischen Buddha-Biographien beibehalten, wo ebenfalls von den vier Meditationsstufen die Rede ist (vgl. Anhang 4.7). Im LV, den wir als Beispiel für die Ausgestaltung des Berichtes von der Heilserlangung nehmen können, sind die geistigen Erfahrungen des Bodhisattva zwar wortreicher beschrieben, aber interessanterweise nicht mehr legendarisch veranschaulicht. Denn hier geht es um das eigentliche Geschehen, um das Zentrum buddhistischer Religion, das als solches ein geistiges Ereignis ist. Auch wenn der Buddha später diese Erfahrung durch Bilder und Gleichnisse veranschaulicht hat, scheuen sich selbst die Legendentexte, die höchste Erfahrung sinnlich-anschaulich darzustellen, denn sie transzendiert alles konkret Anschauliche. Allerdings werden die fünf bzw. sechs "transzendenten Erkenntnisse" bzw. "übernatürlichen Fähigkeiten" (abhijñā), die aus der Meditation erwachsen (s. Anhang 5.1 und 6.1) bildhaft zum Ausdruck gebracht. Darauf wird an späterer Stelle zurückzukommen sein.

Im MAV (9b) wie auch im LV gelangt der Buddha in der Nacht der Erleuchtung zur Einsicht in den ewigen Kreislauf des Daseins. Es wird dargestellt, wie er die Verkettung des Daseins erkennt und dann den

Pfad zur Aufhebung der Geburten entdeckt. Der Einblick in den Kausalnexus ist also nach dem MAV und dem LV der unmittelbare Anlaß zur Erlangung der höchsten Erleuchtung. Nach den frühen Pāli-Texten und dem CPS jedoch erfolgt die Erkenntnis des Konditionalnexus erst nachträglich, und sie ist somit für die Erleuchtung selbst nicht konstitutiv, wie Waldschmidt in seinen vergleichenden Analysen herausstellt.[151] Das entspricht durchaus dem sekundären Eindruck, den die Lehre vom Kausalnexus gegenüber der einfacheren Lehre von den vier Wahrheiten macht.[152]

Nach der Erleuchtung, so berichten alte Texte wie das CPS (1.2), habe der Buddha sieben Tage in Meditation verharrt. Die glückliche Betroffenheit der Götter über die erfolgte Erleuchtung wird in den stärker legendarischen Texten anschaulich ausgemalt. Nach dem LV rufen einige Götter dazu auf, nach diesem Höhepunkt geistigen Strebens Blumen auf den Erwachten zu streuen. Doch andere erinnern sich, daß alle Buddhas nach der Erleuchtung ein sichtbares Zeichen ihres geistigen Sieges gegeben hätten. Die Unschlüssigkeit der Götter erkennend, läßt der Buddha ihnen ein solches Zeichen zuteil werden, indem er sich bis zur Höhe von sieben Palmen in die Luft erhebt und dort den Ausspruch tut: "Abgeschnitten ist der Weg! Gelegt hat sich der Staub! Ausgetrocknet fließen die Ströme der Sünde nicht mehr! Und, da ich ihnen den Weg abgeschnitten habe, ist das Ende des Leidens da!"[153]

E. Die erste Predigt und die Gründung der Gemeinde

1. Die erste Predigt und die dazu führenden Ereignisse

Der schon zitierte Bericht über die Erleuchtung in Majjh.-Nik. 26[154] läßt den Buddha unmittelbar nach der Erleuchtung nach Benares wandern, um im Gazellenhain von Isipatana (Skr.: Rishivadāna = Sarnāth) die erste Predigt zu halten und die ersten fünf Jünger für seinen Orden zu gewinnen. Zuvor aber läßt der Text den Buddha zögern, ob er mit seiner neu gewonnenen Erkenntnis wirklich an die Öf-

fentlichkeit treten solle. Erst durch ein Eingreifen des Gottes Brahmā, so wird dort erzählt, habe er sich überzeugen lassen, daß es erlösungsbedürftige Wesen in der Welt gibt, die nur durch seine Lehre des Heils teilhaftig werden könnten.
Ein entsprechender Bericht findet sich auch Mahāvagga I, 1-3.[155] Danach entschließt sich der Buddha erst nach dreimaligem Bitten Brahmās, die Lehre zu verkünden, und er tut seinen Entschluß kund mit den Worten: "Geöffnet sind die Tore der Ewigkeit für die, die hören; sie sollen ihren Glauben äussern."[156]
Zuerst will der Buddha seinen früheren Lehrern Ārāda Kālāma und Udraka Rāmaputra die neuen Einsichten verkündigen, doch erfährt er von den Göttern, daß sie erst kürzlich verstorben seien (CPS 9). Sodann gedenkt er seiner fünf früheren Gefährten, die ihn verließen, als er die übertriebene Askese aufgab. Mit seinem göttlichen Auge erkennt er, daß sie sich in jenem Gazellenhain von Rishivadāna befinden. Auf dem Weg dorthin, so wird Majjh.-Nik. 26 und Mahāvagga I, 6 (wie auch CPS 10 und Parallelen) berichtet, sei ihm der Mönch Upaka (Skr. Upaga) von der Sekte der Ājīvakas begegnet. Des Buddha helle Haut und sein strahlendes Gesicht sehend, fragt er ihn, wer denn sein Lehrer sei. Dies gibt dem Erzähler Anlaß, den Buddha hervorheben zu lassen, er habe keinen Lehrer, denn er habe die erlösende Erkenntnis selbst gewonnen. In einem Gesang stellt sich der Buddha als Arhat, Lehrer, Sieger und vollkommen Erleuchteter dar, was seine wichtigsten späteren Titel auf dem Hintergrund eines historischen Zusammenhanges erklären soll. Skeptisch und ungläubig zieht Upaka seines Weges.[157]
In Majjh.-Nik. 26, Mahāvagga I, 6 und CPS 11[158] ist sodann von der Begegnung mit den abgefallenen fünf Mönchen die Rede. Als sie ihn von ferne sehen und sich daran erinnern, daß er sich von der strengen Askese abgewandt habe, um sich, wie sie meinen, einem üppigen Leben hinzugeben, beschließen sie, ihn weder mit Worten noch mit Ehrbezeugungen zu begrüßen. Doch als er sich ihnen nähert, veranlaßt sie seine hoheitsvolle Erscheinung, ihn doch zu ehren, ihm Bettelschale und Gewand abzunehmen und ihm einen Sitz zu bereiten. Als sie ihn aber mit "Freund" anreden, weist er diese Anrede zurück und macht zugleich darauf aufmerksam, daß er ein Arhat, ein Tathāgata (ein "So-Gegangener", ein Buddha) und ein "vollkommen Erleuchteter" sei, denn er habe die Unsterblichkeit erlangt und verkündige die Lehre, die zum Ziel religiösen Lebens führe. Darauf wurden die Mönche von ihm belehrt "und erlangten das Ungeborene, den höchsten Frieden, das Nirvāṇa"[159]. Der Inhalt der ersten Predigt wird z. B.

Majjh.-Nik. 6 (I, 172-175), aber ausführlicher im "Sutta vom Drehen des Rades der Lehre" (Saṃy.-Nik. 240) mitgeteilt. Ehe wir darauf eingehen, werfen wir noch einen Blick auf andere Texte, die von diesem Ereignis berichten.

Die fortlaufende Biographie des Buddha endet im Pāli-Kanon mit der ersten Predigt. Eine Fortsetzung der Erzählung bis zur Bekehrung der beiden Hauptjünger Shāriputra und Maudgalyāyana findet sich in der Einleitung zum zweiten Teil des Vinaya der Mūlasarvāstivādins.[160] Nach dem Vinaya (I, 1ff.) blieb der Buddha nach der Erleuchtung noch vier Wochen in der Nähe des Ortes, wo er die Erkenntnis gewann. Diese Tradition wird auch im LV aufgenommen und ausgeschmückt. In der ersten Woche sei er noch unter dem Baum der Erleuchtung sitzen geblieben, um über den Konditionalnexus zu meditieren. Im LV heißt es: "Indessen saß der vollkommen Erleuchtete, der Pfadvollender, da, ohne die in Meditationshaltung verschränkten Beine zu lockern, während ihm Preisgesänge der Götter erklangen. Er zuckte nicht mit den Lidern und sah unverwandt zu dem herrlichen Baume auf. Die Freude der Versenkung war seine Nahrung. Glücksgefühl durchströmte alle seine Glieder, und so verbrachte er eine ganze Woche am Fuße des Baumes der Erleuchtung"[161].

In der zweiten Woche setzte sich der Buddha unter einen Banyan-Baum, wo er von einem hochmütigen Brahmanen angeredet wurde, den er auf dessen Fragen hin über das Wesen des wahren Brahmanen belehrte. Die dritte Woche verbrachte der Buddha unter dem Mucalinda-Baum. Als ein heftiger Sturm aufkam, der eine Woche andauerte, wand der Schlangenkönig Mucalinda seinen Leib schützend um den Buddha, so daß er völlig trocken und unversehrt blieb. Selbst die gefährlichsten Tiere stellen sich also in seinen Dienst, so die Intention der Legende. Die vierte Woche verbrachte er unter dem Baum Rājāyatana ("Stätte des Königs"), der vielleicht als Heimstätte einer Baumgottheit vorgestellt wurde. In späteren legendarischen Ausgestaltungen (Jāt. I, 77; LV 488 (385); MV III, 273) wird die Zeit auf sieben Wochen verlängert und werden Einzelheiten weiter ausgeschmückt. In der NK (Übers. Dutoit 1921, 140ff.) werden die Ereignisse in dieser Periode mit Stätten in Verbindung gebracht, die offenbar nun schon als buddhistische Kultorte mit jeweiliger Lokaltradition wichtig waren. Der LV gestaltet diese Erzählungen weiter aus. So wird aus einem Wandelgang eine Wanderung, "welche viele tausend Welten umfaßte"[162].

Am Ende der vier bzw. sieben Wochen ziehen zwei Kaufleute namens Tapussa und Bhallika (Skr.: Tripusa und Bhallika) des Weges, die dem Buddha Reis und Honigkuchen anbieten. Als der Buddha überlegt, wie er die Speisen entgegennehmen solle, da Tathāgatas Speisen nicht mit ihren Händen anzunehmen pflegen, da erscheinen die vier Weltenhüter und bringen ihm vier Almosenschalen aus Stein. Um keinen der vier zu verletzen, nimmt er alle vier Schalen und verwandelt sie in eine, um damit die Gaben entgegenzunehmen. Das sind die wesentlichen Züge der Legende im LV. Andere Berichte sprechen davon, daß ihm zunächst Schalen aus kostbaren Materialien angeboten worden seien. Diese hätte er jedoch abgelehnt.[163] Wir können darin das Interesse der späteren Mönchsgemeinde erkennen, die Regeln für ein schlichtes mönchisches Leben auf das Verhalten des Buddha selbst zurückzuführen.

Nach den diversen Berichten, die wir über diese Begebenheit haben, baten ihn die zwei Kaufleute anschließend darum, als erste Laienanhänger in die Religion aufgenommen zu werden. Dies wird ihnen gestattet, und sie nehmen ihre Zuflucht zum Buddha und zur Lehre. Im LV entläßt der Buddha sie mit einer langen Zauberformel, die ihnen Wohlstand und Glück sichern soll. Im Vinaya-Text wird nun erst vom Besuch des Gottes Brahmā, vom Treffen mit dem Ājīvika Upaka und von der Reise nach Benares berichtet.[164]

Kehren wir nun aber zurück zu den Ereignissen in Sarnath, wo der Buddha nach einer weitverbreiteten Tradition die erste Predigt hält, in der er die in der Erleuchtung gewonnene Erkenntnis zusammenfaßt. Im Vinaya-Bericht erfahren wir ebenso von dieser Predigt wie in den schon genannten Pāli-Texten, im MV (III, 331ff.) und im LV (Übers. Waldschmidt 1982, 197f.). Aber frühere Erzählungen übergehen die erste Predigt nicht nur, sondern teilen mit, daß der Buddha zwei Jünger belehrt hätte, während drei auf Almosengang waren und anschließend die drei anderen unterwies, als die zwei ersten zum Bettelgang gingen, und daß er sie so über einen längeren Zeitraum in die Lehre einführte, bis sie das Nirvāṇa erlangten. "Mit anderen Worten", hebt Thomas hervor, "die Legende von der ersten Predigt war noch nicht entstanden."[165]

Die alten Berichte von der langfristigen Instruierung der Mönche in zwei Gruppen, die durchaus historische Wahrscheinlichkeit für sich hat, wird von den Kommentatoren aufgegriffen, die nun erst die Erzählung von der ersten Predigt konzipieren. In dieser sind jene Inhalte zusammengefaßt, die den Mönchen als unerläßlich erschienen. Die Predigt wurde dann in den Kanon als "Sutta vom Drehen des Rades der Lehre" (Dhammacakkappavattana-Sutta, Saṃy.-Nik. Nr. V, 420) eingefügt.[166] Der Umstand, daß die Predigt später aufgenommen wurde, wird noch im tibetischen Text erkennbar, wo die Erzählung von der Belehrung der zwei Gruppen beibehalten und die erste Predigt davorgeschaltet ist.[167] Das gleiche gilt vom CPS (11, 18). In den späteren Sanskrit-Texten (MV, LV) ist die Predigt dann erweitert worden.

Im "Sutta vom Drehen des Rades der Lehre" wird der Pfad des Buddha als ein "mittlerer Weg" dargestellt, der zwischen den Extremen der Hingabe an die Lüste und übertriebener Selbstpeinigung liegt. Beide Extreme gilt es zu vermeiden, will man den Pfad betreten, "der Erkenntnis und Wissen vermittelt, der (den Geist) zu beruhigen angetan ist, der Einsicht und Erleuchtung vermittelt und zum Nirvāṇa führt"[168]. Es folgt nun die Darlegung der "vier edlen Wahrheiten".

Nach der Predigt, so berichtet ein Text (Saṃy.-Nik. V, 420), wurde die Nachricht, daß das Rad des Gesetzes gedreht worden sei, von den Erdgöttern ausgerufen und zu immer höheren Götterstufen hinaufgetragen, bis zur Welt des Brahmā. Kondañña (Skr.: Kaundinya) erlangte als erster die Einsicht in die vermittelte Wahrheit. Im CPS (13, 1) heißt es, "er erlangte die staubfreie, reine Dharma-Einsicht in die Dinge, zusammen mit 80 000 Göttern." Nach Saṃy.-Nik. V, 420 bittet er nun um die Zeremonie des Weltverlassens (pabajjā) und die Zeremonie der Ordination (upasampadā) und wird als Mönch angenommen mit den Worten: "Komm, Mönch, wohlverkündet ist die Lehre; führe ein reines Leben, um dem Leiden ein völliges Ende zu bereiten." Dies wird als ursprüngliche Form der Ordination durch den Buddha angesehen.[169] Nach Kondañña erlangen auch die anderen vier Mönche, nämlich Vappa (Skr.: Vāshpa), Bhaddiya (Skr.: Bhadrika), Mahānāma und Assaji (Skr.: Ashvaki) die Erkenntnis und erhalten ebenfalls die Ordination, was nach dem CPS allerdings erst nach der nächsten Predigt geschieht.

Auf die Predigt von den vier edlen Wahrheiten folgt die Predigt über die Nichtexistenz eines "Selbst", einer "Seele" (P.: atta, Skr.: ātman), die niedergelegt ist in dem klassischen "Sutta von den Zeichen der Nicht-Seele" (Anattalakkhaṇa-Sutta, Saṃy.-Nik. III, 66; vgl. CPS 15). Nach diesem Text betont der Buddha, daß es nichts Bleibendes wie eine Seele hinter den physischen und psychischen Bestandteilen des Menschen gebe. Es wird aufgewiesen, daß weder körperliche noch geistige Faktoren irgend etwas Derartiges darstellen; ja, es gibt überhaupt kein beständiges Element im menschlichen Leben. Erst mit der Befreiung von Leidenschaft (rāga) und Verlangen oder Gier (taṇhā) als den wesentlichen, zur Wiedergeburt führenden Antrieben ist der Mensch vom Kreislauf der Wiedergeburten des Saṃsāra und da-

mit vom Leiden erlöst. Konkret spricht der Buddha in der Predigt die fünf Gruppen von Daseinsfaktoren (skandhas) an, die den Menschen konstituieren, nämlich Körper, Gefühl, Wahrnehmung, Gestaltungen und Bewußtsein (vgl. Anhang 5.9) usw., wobei er bei jeder Gruppe aufzeigt, daß sie nicht das Selbst darstellt. So heißt es z. B. in der Predigt: "Jenes erkennend [d. h., daß die Seele nicht mit einem der skandhas identisch ist], ihr Mönche, empfindet der edle Jünger Widerwille gegenüber dem Körper, dem Gefühl, ... dem Bewußtsein. Indem er Widerwillen empfindet, wird er frei von Leidenschaft, durch Freiheit von Leidenschaft wird er befreit und in dem Befreiten geht die Kenntnis seiner Befreiung auf. Er versteht, daß die Wiedergeburt vernichtet ist, daß das religiöse Leben geführt worden ist, daß getan ist, was zu tun war, daß es nichts mehr (für ihn) außerhalb der Welt gibt."[170]
Als die Mönche dies aber vernahmen, so heißt es im Skr.-Text (CPS 15, 19), frohlockten sie über die Belehrung des Buddha, ihre Herzen hefteten sich nicht mehr an die Existenz und an die unheilvollen Einströmungen des Geistes (den āśravas), d. h. sie wurden als Arhats der Erleuchtung teilhaftig.
Im LV wird berichtet, wie der Buddha nach der Gewinnung der fünf Mönche noch einmal zur Lehrverkündigung aufgefordert werden muß. Die Szene ist ganz im mahāyānistischen Sinne ausgestaltet. Nachdem der Buddha gebadet hat, so erfahren wir, erglänzt sein Körper so hell, daß alle Welten erleuchtet wurden.

> "Und in diesem Augenblick fühlte kein einziges Wesen Bedrängnis, Schrecken, Furcht oder Verstocktheit... Und alle die Wesen, die in die Höllen, in Tierleiber oder in die Welt der Hungergespenster gelangt waren, empfanden in diesem Augenblick keine Qualen mehr und waren ganz von Glück erfüllt. Und niemanden bedrängte Leidenschaft, Haß, Verblendung, Eifersucht, Neid, Stolz, Wut, Erregtheit, Zorn, Übelwollen oder Ärger. Und alle waren darauf bedacht, Liebes und Freundliches zu tun, und betrachteten einander wie Vater und Mutter."[171]

Nicht nur Menschen und Götter sind freudig betroffen, es kommen von allen Himmelsrichtungen viele Millionen von Bodhisattvas herbei, die schon in früheren Geburten den Wunsch nach Buddhaschaft gehegt hatten. Sie fallen dem Buddha zu Füßen und bitten ihn zusammen mit den großen Göttern, das Rad der Lehre zu drehen, "aus Mitleid mit der Welt, zum Nutzen für eine große Menge Volks, zum Heil und zum Glück für Götter und für Menschen!"[172] Die ausgeprägte

Tendenz zur Verbildlichung der Sprache kommt hier anschaulich zum Ausdruck, wenn es heißt: "Bringe dar, Erhabener, das Opfer des Gesetzes, laß herabströmen den Regen des großen Gesetzes, errichte seine Standarte, blase seine Muschel und schlage seine Trommel"[173]. Die Bilder werden geradezu konkretisiert:

> "Und zu dieser Zeit überreichte der Bodhisattva Dharmacakrapravartin ["Das Drehen des Gesetzesrades"] dem Pfadvollender das Rad der Lehre, das ganz mit Edelsteinen eingelegt und verschönt war. Es war mit prächtigem Schmuck aus verschiedenartigen Juwelen verziert, hatte tausend Speichen, tausend Strahlen, hatte Achse und Radkranz. Blumengirlanden, Netze aus Gold, Glöckchennetze und mehrere Glückssymbole schmückten es. Es war bunt bemalt, mit himmlischen Stoffen verschönt, duftete von himmlischen Blumen, Wohlgerüchen und Kränzen, war gesalbt und mit den besten Eigenschaften aller Art versehen"[174].

Das Drehen des Gesetzesrades wird hier - wie z. T. in der ikonischen Kunst[175] - geradezu als konkreter Vorgang vorgestellt, der das geistige Drehen des Rades symbolisiert. Dies schließt die sprachliche Vermittlung der Heilswahrheiten keineswegs aus, und so schließt sich auch hier die Verkündigung der vier edlen Wahrheiten an, die wiederum eingeleitet wird durch den Verweis auf den mittleren Weg als den rechten Pfad zwischen den schon genannten zwei Extremen. Die Idee, daß alle Extreme vermieden werden müssen, ist also als Bestandteil der Lehre des Buddha auch in dieser mahāyānistischen Szene bewahrt worden.

2. Lehrtätigkeit und Aufbau der Gemeinde

Die lange Zeit der Lehrtätigkeit des Buddha, die mehr als 40 Jahre umfaßte und die er, im mittleren Gangesbecken umherwandernd, verbrachte, ist geprägt durch Begegnungen mit Reichen und Mächtigen, aber auch mit schlichten Bürgern und Asketen verschiedener Richtungen. Die Texte berichten von zahlreichen Episoden während dieser Zeit des Aufbaus und der Festigung seiner Gemeinde. Wir können die Ereignisse allerdings kaum in einen gesicherten chronologischen Zusammenhang bringen, zumal eine fortlaufende Vita ja erst relativ spät entwickelt wurde. Doch lassen sich bestimmte Geschehnisse aneinanderreihen, zumal verschiedene schriftliche Traditionen größere Ketten von Begebenheiten kennen. Dazu zählt nicht nur der Vinaya der Mūlasarvāstivādins, sondern auch das schon mehrfach genannte, auf Sanskrit erhaltene "Sūtra von der Begründung der viergliedrigen Gemeinde" (CPS), das die Ereignisse von der Erleuchtung bis zur Bekehrung der Jünger Shāriputra und Maudgalyāyana schildert.

Der Gang der Ereignisse nach der ersten Predigt ist in den meisten uns zur Verfügung stehenden Texten von dem Interesse am Aufbau des Ordens bestimmt. So beschließt z. B. das CPS (15, 19) die Erzählung von der ersten Predigt mit dem Satz: "Zu jener Zeit gab es fünf Arhats in der Welt; der Herr war der sechste". Auch bei jedem weiteren Ereignis wird die hinzukommende Zahl der Anhänger hier ausdrücklich vermerkt.

An die Erzählung von der ersten Predigt schließt sich im CPS (16) wie auch in parallelen Texten der Bericht über den reichen Jüngling Yasha an, der als nächster für die Gemeinde gewonnen wird und somit als sechster Jünger gilt. Von ihm wird erzählt, daß er als Sohn eines reichen Gildemeisters in großem Luxus in Benares lebte. Wie einem Königssohn standen ihm Palastdienerinnen und Musikantinnen zur Verfügung. Wie der Bodhisattva vor seiner Weltflucht erwachte er einst im Kreise seiner Frauen, als diese in vornehmem Hause eingeschlafen waren. Schlafend boten sie den abstoßendsten Anblick. Die Geschichte ist zweifellos von der entsprechenden Buddha-Legende inspiriert, wenn sie nicht ihrerseits diese angeregt hat.[176] Im CPS heißt es: "Als er sie sah, war es ihm, als sehe er das Bild eines Leichenackers in seinen Räumen. Dann stand Yasha ... von seinem Lager auf, zog ein Paar juwelenbedeckte Sandalen an, die Hunderttausend wert waren, ging zur Tür seiner Wohnung und rief klagend aus: 'Ich bin bedrückt, oh Herren, ich bin betrübt'"[177].

Mit diesem Ruf geht er hinaus aus dem Haus und aus der Stadt, zum Ufer des Flusses Bārakā. Auf dem anderen Ufer des Flusses befindet sich der Buddha, der ihn zu sich ruft. Yasha läßt seine Sandalen zurück und überquert den Fluß. Der Buddha empfängt ihn, nimmt ihn mit in seine Wohnstätte und belehrt ihn ausführlich. Dann heißt es in einer stets wiederkehrenden Beschreibung eines Bekehrungserlebnisses:

> "So wie ein sauberes Stück Tuch, das ganz frei von Flecken ist, in die Farbe geworfen wird und die Farbe gänzlich annimmt, so hat auch Yasha ... die vier edlen Wahrheiten (nämlich die Wahrheit) vom Leiden, von seinem Ursprung, von seinem Aufhören und von dem Weg (dazu) gänzlich erkannt"[178].

Daraufhin bittet Yasha spontan um Aufnahme in den Orden. Doch ehe dies geschieht, hat man im Hause des Yasha bemerkt, daß der Jüngling die Prunkwohnung verlassen hat. Der Vater folgt den Spuren seiner Sandalen und gelangt schließlich zum Buddha. Der Buddha aber macht Yasha unsichtbar. Er verkündet dem Vater die Gebote für Laien, und dieser wird daraufhin ebenso spontan wie Yasha als Laienanhänger gewonnen. Dann läßt der Buddha den Sohn wieder in Erscheinung treten und erklärt ihm, daß einer, der sich von der Welt abgewandt hat, nicht wieder zu dieser zurückkehren könne. Nun erst nimmt er Yasha auf feierliche Weise in den Orden auf. Der Vater aber lädt den Buddha zum Mahle ein. Dieser nimmt die Einladung an und gewinnt die Mutter und die Gattin des Yasha als erste Laienanhängerinnen.

Nachdem Yasha bald nach der Ordination die Arhatwürde erlangt hat, bitten zunächst vier, dann fünfzig seiner Freunde um Aufnahme in den Orden und erlangen ebenfalls in kürzester Frist den Rang von Arhats, so daß es nun 60 Mönche in der Gemeinde gibt. Diese werden nun ausgesandt, um die Lehre zu predigen und weitere Anhänger zu gewinnen.

Nach dem Mahāvagga (I, 11-13) und dem CPS (13) ist die Aussendung der Mönche verbunden mit einer abermaligen Versuchung des Buddha durch Māra, der bezweifelt, daß der Erhabene wirklich von allen Banden erlöst sei. Wir können darin vielleicht anschaulich zum Ausdruck gebrachte Zweifel Buddhas an seiner eigenen Erlösung sehen, auch wenn die buddhistische Scholastik die Gewißheit über die vollkommene Erleuchtung zu den vier "Gewißheiten" oder "Selbstsicherheiten" (vaiśāradya) eines Buddha zählt (s. Anhang 4.10). Er vermag jedoch diese Zweifel zu besiegen, legendarisch gesprochen, Māra zum Schweigen zu bringen.

Das chinesisch erhaltene Abhiniṣkramaṇa-Sūtra (= ANS) läßt auf die Yasha-Episode noch eine Reihe weiterer Erzählungen folgen,[179] die aber weder in den früheren Texten noch im CPS erhalten sind. Auf diese Sondertradition gehen wir hier nicht weiter ein.

Orientieren wir uns am Mahāvagga (I, 14) und am CPS (22), so wandert Buddha nach einer weiteren Versuchung durch Māra nach Urubilvā (P.: Uruvelā) in der Nähe des Ortes der Erleuchtung. Die Reise gibt den Erzählern Anlaß, eine Geschichte einzufügen, die in eine Predigt über die Notwendigkeit der Suche nach sich selbst mündet. Es wird von dreißig jungen Männern berichtet, die zusammen mit ihren Frauen in einen Hain ziehen, um sich zu ergötzen. Da einer dieser Männer keine Frau hat, hat man ihm eine Kurtisane mitgegeben. Als jedoch die Gruppe sich im Hain vergnügt, entwendet sie ihre Sachen und flieht damit. Diener aber machen sich auf, um nach ihr zu suchen. Dabei begegnen sie dem Buddha und fragen ihn, ob er eine Frau gesehen habe. Dieser macht ihnen deutlich, daß es besser sei, nach sich selbst zu suchen als nach einer Frau. Er vermag ihre volle Aufmerksamkeit zu gewinnen, predigt ihnen und bekehrt sie sogleich. Auch sie finden sofort Aufnahme in den Orden. Die Unmittelbarkeit des Geschehens läßt das Legendarische an der Erzählung deutlich zutage treten. Aber hier ist die Geschichte, wie so häufig, nur eine Folie für eine Predigt des Buddha über die Vordringlichkeit der Suche nach sich selbst. Diese Suche impliziert aber nicht die Suche nach einer substantiellen Seele oder nach einem festen Ich-Kern, sondern eher nach der eigenen religiösen Bestimmung.

Nach dem CPS (13) wendet sich der Buddha in Urubilvā nun jenen beiden Mädchen Nandā und Nandabalā zu, die ihm nach seinem Hungerfasten zum ersten Mal Speise reichten. Er gewinnt sie als Laienanhängerinnen und läßt sich von ihnen bewirten.

Die sich anschließende Bekehrung des Kāshyapa (P.: Kassapa) von Urubilvā (Mahāvagga I, 15-20; CPS 24a-24b) ist sichtlich von der Intention geleitet, die Größe der aus der Meditationskraft des Buddha fließenden Wundermacht und damit die überragende Bedeutung der Meditation zu veranschaulichen, was dann auch wieder eine entsprechende Predigt im Gefolge hat. Die Erzählung erweist sich dabei als eine vorweggenommene Veranschaulichung eines geistigen Sachverhaltes. Dies gilt auch dann, wenn es den Verfassern zunächst um die Dokumentierung der äußeren, sichtbaren Überlegenheit des Buddha über angesehene Asketen seiner Zeit geht.

Dieser Sachverhalt findet seine konkrete Ausgestaltung in den Erzählungen um die Konkurrenzkämpfe zwischen dem Buddha und dem Flechthaar-Asketen Kāshyapa. Dieser wohnt als hochangesehener Büßer, der das Feueropfer beherrscht, mit 5 000 Schülern in Urubilvā am Ufer des Flusses Nairañjanā (P.: Nerañjarā). Weiter flußabwärts lebt sein Bruder Nadī-Kāshyapa (der Kāshyapa des Flusses) mit 300 Schülern, und im 15 km entfernten Gayā weilt der dritte Bruder, Gayā-Kāshyapa, mit 200 Schülern. Die Überwindung des Kāshyapa durch äußere Schauwunder nimmt viel von dem vorweg, was man an mirakulösen Ereignissen in späteren Texten findet.[180] Buddha soll in 3 500 Mirakeln die Überlegenheit seiner übernatürlichen Macht (ṛddhi) über die des Flechthaar-Asketen dokumentiert haben. Jedesmal, wenn Buddha ein Wunder wirkt, sagt Kāshyapa zu sich selbst: "Es ist bemerkenswert, in welchem Maße der große Arhat große übernatürliche Kraft und Autorität besitzt. Aber auch ich bin ein Asket" (z. B. CPS 24a, 22). Doch kann der Buddha auch beim nächsten Wettstreit den Sieg davontragen. So überwindet er zunächst zwei feuerspeiende Schlangen und vertreibt das von ihnen ausgespiene Feuer durch seine überlegene Kraft. Mit Hilfe derselben entzündet er 1 500 Opferfeuer, spaltet Holz, schafft Feueröfen in der kalten Jahreszeit, gebietet über Raum und Zeit, wandelt ruhig durch tosende Fluten, liest die Gedanken Kāshyapas usw. Schließlich fordert er den Asketen heraus mit der Feststellung, er sei nicht heilig (bzw. ein Arhat) und werde auch nicht den Weg zur Heiligkeit betreten. Diese grundsätzliche Infragestellung seiner religiösen Position nach Überwindung seiner Macht veranlaßt Kāshyapa, sich schließlich dem Buddha zu Füßen zu werfen und zusammen mit seinen 500 Anhängern um Aufnahme in den Orden zu bitten.

Als die neuen Mönche ihre abgeschnittenen Haare und Opferutensilien in den Fluß werfen und der Strom sie weiter flußabwärts treibt, löst der Anblick bei dem am Ufer residierenden Nadī-Kāshyapa und seinen Jüngern große Unruhe aus. Er erkundigt sich nach der Ursache, und als er von dem Vorgefallenen erfährt, läßt er sich ebenfalls zusammen mit seinen Anhängern ordinieren. Daraufhin wendet sich auch Gayā-Kāshyapa mit seinen Schülern der Lehre des Buddha zu.

Die tausend ehemaligen Asketen werden sodann auf dem Gayāshirsha-Berg bei Gayā in der sog. "Feuerpredigt" (Mahāvagga I, 21; CPS 26) belehrt. Hier wird die wesentliche Intention der vorangehenden Erzählung sichtbar. Der Buddha lenkt den Blick vom äußeren Opferfeuer, das er durch sein Wirken überwunden hat, auf das durch seine Lehre zu überwindende, unheilvolle innere Feuer, nämlich "das Feuer der Begierde (raga), das Feuer des Hasses (dveṣa), das Feuer des Irrtums (moha)" (CPS 26, 19).[181] Dieses dreifache Feuer, das als die eigentliche Gefahr dargestellt und auch unter dem Begriff "die drei Wurzeln des Heilswidrigen" (akuśala-mūla) zusammengefaßt wird (s. Anhang 3.2), gilt es, durch die Annahme der Lehre zum Erlöschen zu bringen. Die Feuerpredigt wird beendet mit dem auf das Wesentliche abhebenden Satz: "Als ... die Lehre (dharma) verkündet worden war,

wurde der Geist der Mönche von üblen Einflüssen (āśrava) befreit, und sie hingen nicht mehr an der Existenz" (CPS 26, 21).[182]
Auch auf ein Weiteres lenkt die Feuerpredigt den Blick, nämlich auf die geistige Macht, die dem zuteil wird, der sich von der Welt löst und den Weg des Buddha einschlägt. Diese Macht offenbart sich freilich in potenzierter Form in den besonderen Fähigkeiten des Buddha, die sich in scholastischer Sicht als dreifache übernatürliche Fähigkeit (prātihārya in CPS 26) darstellt. Es ist dies die Fähigkeit, die aus Wunderkraft resultiert, die Fähigkeit, die Gedanken anderer zu lesen, und die Fähigkeit zu rechter Belehrung (vgl. Anhang 3.11).
Die erste Fähigkeit resultiert aus einer spezifischen meditativen Kraft, der "Konzentration Feuer-Element" (tejodhātu in CPS 26, 6); sie befähigt den Buddha, diverse Scheinwunder zu vollbringen. Dazu gehört, daß abwechselnd Feuer und Wasser aus seinen Füßen und Schultern hervorgehen. Die zweite Fähigkeit, die als höhere eingestuft wird, gestattet ihm um der Lehrpredigt willen die geistigen Voraussetzungen seiner Zuhörer zu erkennen, konkret ihre Gedanken zu lesen. Die dritte und höchste Fähigkeit aber besteht in einer angemessenen Darlegung der Lehre. Damit sind die anderen Fähigkeiten, deren Wirklichkeit nicht bezweifelt wird, durchaus relativiert. Im nachhinein erscheinen nun auch die Wunder, die Buddha vor Kāshyapa ausführt, nur als Vorstufe davon, daß er seine Gedanken liest, ihn gleichsam geistig durchschaut (auch wenn das Gedankenlesen nicht am Ende der Wunderreihe steht), und dies wiederum ist die Vorstufe seiner Predigt und seiner Aufforderung an ihn, den "Weg der Heiligkeit" einzuschlagen.
Die Erzählung von der Gewinnung Kāshyapas und seiner Brüder findet sich auch in anderen Texten, z. B. dem Vinaya der Mūlasarvāstivādins.[183] Sachlich bietet dieser Text nicht viel Neues. Auch er möchte zunächst die magische Wunderkraft des Buddha verherrlichen. Hierin sehen dann auch Kāshyapa und seine Brüder ein Anzeichen für die Überlegenheit seiner Lehre, nicht nur seiner Person. Doch kommt auch hier zum Ausdruck, daß es letztlich um die Verwirklichung der Lehre in einem religiösen Leben geht.[184] Zwar dienen nach diesem tibetisch erhaltenen Text die Wunder der Stärkung des Glaubens, aber es fehlt nicht der Hinweis auf die Inhalte der Feuerpredigt.[185] Das chinesische ANS gliedert die Wunder in solche des Körpers, des Wortes und des Geistes, wobei allein die geistigen Ereignisse als real hingestellt werden.[186]
Der nächste Abschnitt in der legendarischen Buddha-Vita hat es mit der Bekehrung des Königs Bimbisāra von Magadha und anderer Lai-

en zu tun. Nach dem Mahāvagga (I, 22) begibt sich der Buddha mit den Kāshyapas und den tausend neugewonnenen Mönchen nach Rājagriha (P.: Rājagaha), wo der genannte König von seiner Ankunft hört und sich mit einer großen Schar - nach dem Mahāvagga sind es zwölf Myriaden Brahmanen und Hausväter - zu ihm begibt. Das Volk fragt sich, ob der Buddha, "der große Asket", ein religiöses Leben unter Anleitung des Kāshyapa führe oder ob es sich umgekehrt verhalte. Kāshyapa erklärt, wie er den Feuerkult aufgegeben und dem Orden des Buddha beigetreten sei. Er unterstreicht, daß Buddha der Lehrer, er aber der Schüler sei.

Der Buddha hat nun Gelegenheit, der versammelten Menge um den König zu predigen. Darauf erhebt sich Bimbisāra und erklärt, daß nunmehr fünf seiner lang gehegten Wünsche in Erfüllung gegangen seien. Er ist zum König gewählt worden, der All-Erleuchtete ist in sein Reich gekommen, er hat den Buddha verehren dürfen, er hat aus seinem eigenen Mund die Lehre vernommen, und er hat sie schließlich verstanden, also inhaltlich erfaßt. Damit bekennt er sich als Laienanhänger zum Buddha. Dieser nimmt nun schweigend, wie es seine Gewohnheit ist, eine Einladung zu einem Essen in seinem Palast am nächsten Tag an.

Als er sich dorthin begibt, bewirtet der König den Buddha mit seinen eigenen Händen. Er macht dann die erste bedeutende Stiftung an die Mönchsgemeinde, indem er ihr den "Bambushain" (P.: Veḷuvana, Skr.: Venuvana) bei Rājagriha übergibt. Diese Begebenheit, die erste königliche Anerkennung der Lehre und die Stiftung eines Aufenthaltsortes für die Gemeinde in der Nähe der Hauptstadt, mußte als ein erster Höhepunkt in der Ausbreitung der neuen Lehre und der wirtschaftlichen Absicherung des Ordens erscheinen.

Die Geschichte von der Schenkung des Bambushains durch den König ist zwar im CPS nicht enthalten, wird aber in anderen Texten ausdrücklich hervorgehoben. So erfahren wir im tibetischen Kanjur in Übereinstimmung mit Mahāvagga I, 22, daß der König nach der Predigt den Buddha zu sich zu einem Mahl einlädt und ihm anschließend feierlich den Hain übereignet. Die Schenkung wird dem Brauch der Zeit entsprechend dadurch rechtskräftig gemacht, daß dem Beschenkten Wasser über die Hände gegossen wird. Im tibetischen Text heißt es: "Der Buddha nahm ihn [den Hain] an, und dies war das erste Kloster oder (die erste) permanente Wohnung, die der Orden besaß"[187].

Daß andere Legendentexte die erste Landschenkung immer prächtiger ausmalen, versteht sich von selbst. In der relativ spät abgefaßten

NK reicht eine schlichte Schenkungszeremonie nicht mehr aus. Hier heißt es in Hervorhebung der Bedeutung des Geschehens: "Indem er [der König] mit einem goldenen Kruge edelsteinfarbiges Wasser nahm, das mit Blumenduft parfümiert war, ließ er um den Veḷuvana-Park herzuschenken das Wasser auf die Hand des mit den zehn Kräften Ausgestatteten fallen"[188]. Darauf erzittert die große Erde, um anzudeuten: "Hier sind die Wurzeln des Buddha-Ordens eingesenkt"[189]. Und der Text fügt noch hinzu: "Außer dem Veḷuvana gibt es in Indien keine andere in Besitz genommene Wohnstätte, welche die Erde erzittern machte"[190].

Auf die Geschichte von der Schenkung des Bambushaines folgt in den fortlaufenden Erzählungen (z. B. Mahāvagga I, 23-24; CPS 28a-28g) der Bericht über die Bekehrung des Shāriputra (P.: Sāriputta) und des Maudgalyāyana (P.: Moggallāna), die zu den zwei Hauptschülern des Buddha werden sollten (sie werden im CPS Upatishya und Kolita genannt). Sie sind zunächst Schüler des Sañjayin (P.: Sañjaya), der als häretisches Schulhaupt gekennzeichnet wird. Wie wir aus anderen Quellen wissen, gehörte zu seiner Lehre die Doktrin, daß jede Sünde wie auch jedes Verdienst infolge früherer Taten nur eine Sache der Einbildung sei, die Seele habe daran keinen Anteil.[191] Nach dem CPS (28a, 1) war Sañjayin gerade gestorben. Andere Texte wissen davon nichts. Im Mahāvagga (I, 24) erfahren wir allerdings, daß er vergeblich versuchte, seine 300 Schüler an sich zu binden und daß er infolge ihres Fortgangs erkrankte, indem ihm "heißes Blut aus dem Munde" stürzte.[192]

Unter den Schülern dieses Sañjayin also befanden sich die zwei genannten Jünger. Sie hatten eine Abmachung getroffen dahingehend, daß derjenige, der zuerst des Heils teilhaftig werden sollte, es dem anderen mitteilen würde. Eines Tages sah Shāriputra den Buddha-Jünger Ashvajit (P.: Assaji) in auffallend würdevoller Haltung zu einem Almosengang in die Stadt Rājagriha gehen. Im Mahāvagga heißt es: "Er war lieblich anzuschauen, wie er hinging, wieder zurückging, hinschaute, aufschaute, den Arm krümmte und wieder ausstreckte; er hatte die Augen niedergeschlagen und zeigte ein würdiges Verhalten"[193]. Shāriputra erkennt sogleich, daß er die Heiligkeit erlangt hat, denn seine Züge sind heiter, seine Erscheinung ist rein und lauter. Er gesellt sich zu ihm und fragt ihn, wer seine Lehrer und was seine Lehre sei. Ashvajit verweist auf den Buddha, bekennt aber, daß er ein Neuling sei und deshalb die Lehre noch nicht ausführlich darlegen könne. Zusammenfassend aber drückt er die Lehre des Erhabenen in dem Vers aus: "Welche Dinge von einer Ursache herrühren, deren Ursprung hat verkündigt der Vollendete und auch, was ihr Aufhören ist"[194]. Das bloße Vernehmen dieses Kernspruches bewirkt, daß Shāriputra auf der Stelle "das leidenschaftslose, reine Erkennen der Lehre" von der Vergänglichkeit aller Erscheinungen erlangt.[195]

Als sich nun Shāriputra zu Maudgalyāyana begibt, erkennt dieser schon von ferne, daß auch seine Züge heiter sind und seine Erscheinung rein und lauter ist. Shāriputra berichtet über das Vorgefallene, und als er den gehörten Kernspruch rezitiert, erlangt auch sein Freund sogleich die reine Erkenntnis der Lehre von der Vergänglichkeit, auch wenn sie ihm noch gar nicht im einzelnen expliziert ist. Die beiden beschließen nun, zusammen mit den 300 Schülern bei Sañjayin vorstellig zu werden und ihn zu bitten, zum Buddha mitzukommen. Der Lehrer aber verschließt sich der Bitte, und ihn ereilt das vorher genannte Schicksal.

Als der Buddha Shāriputra und Maudgalyāyana kommen sieht, verkündet er, daß diese "ein ausgezeichnetes Schülerpaar, ... ein Paar des Segens" sein werden.[196] Er nimmt sie sogleich als eigene Schüler an und erteilt ihnen auf der Stelle die Weihe.

Ist auch hier die Unmittelbarkeit des Geschehens Kennzeichen der legendarischen Ausgestaltung eines zweifellos historischen Ereignisses, so haben spätere Kommentatoren und Schreiber (z. B. Kom. zum Dhp. I, 88ff. und zum Aṅg.-Nik. I, 155ff., Pravrajyāvastu des Vinaya von Gilgit)[197] weitere Informationen über Abkunft und Herkommen der beiden Brahmanensöhne geliefert, brachte die spätere Gemeinde diesen Hauptschülern doch ihr besonderes Interesse entgegen. Dennoch spielen sie in der weiteren Vita des Buddha keine besondere Rolle mehr. Trotzdem gestalten die genannten Kommentare die Lebensläufe dieser Jünger und ihre Bekehrungsgeschichten weiter aus. U. a. berichten sie, daß es unter den schon länger dienenden Jüngern des Buddha Unmut darüber gegeben habe, daß die zwei Neulinge sogleich zu Hauptjüngern avancierten. Der Buddha aber habe ihre Einwände durch Verweis auf die in früheren Geburten erworbenen Verdienste der zwei Mönche abgewehrt. Schon früher hätten sie den Wunsch geäußert, zu Hauptjüngern des Buddha zu werden, und dieser Wunsch ginge nun in Erfüllung.[198] Die Unmittelbarkeit der Heilsgewinnung wird in den Kommentaren und in der NK bescheiden abgemildert, wenn von Maudgalyāyana gesagt wird, daß er zur Erlangung der vollkommenen Erleuchtung eine Woche, Shāriputra aber zwei Wochen benötigte.[199]

Shāriputra, "das Haupt jener, die mit Einsicht begabt sind", wird in traditionellen Texten oft als Lehrer junger Mönche hingestellt. Erscheint der Buddha häufig als "universaler (geistiger) König" (cakravartin-rāja) oder als "König der Lehre" (dharma-rāja), so wird ihm der Titel "General der Lehre" (dharmasenapati) zugeschrieben. Dem Maudgalyāyana, "das Haupt jener mit magischen Kräften" (Skr.: ṛddhi), wird dagegen in der späteren Literatur nachgesagt, daß er die jenseitigen Welten besucht habe, um das Schicksal Verstorbener zu erkunden.[200] Zu seinen Reisen in ferne Weltbereiche gehört auch eine, die zum Zwecke hatte, seine verstorbene Mutter zu erretten (Divy. 50ff.).[201]
Im Hinblick auf die großen Zahlen jener, die sich nach der Bekehrung der Sañjayin-Schüler nun in Rājagriha der Lehre des Buddha zuwandten, regt sich bald Unmut in der Bevölkerung (Mahāvagga I, 24; CPS 28f und g). Man wirft dem Buddha vor, er sei verantwortlich für Ehe- und Kinderlosigkeit, ferner dafür, daß Familien auseinandergerissen und Frauen allein zu Hause gelassen würden. Den ehemaligen Anhängern des Sañjayin werden Spottverse zugerufen. Doch teilt ihnen der Buddha einen geeigneten Antwortvers mit, und schon innerhalb einer Woche legt sich der Unmut. Mit diesem Zusatz zur Geschichte der Bekehrung der Hauptjünger, den wir auch in anderen legendarischen Buddha-Viten finden, schließt das CPS.
Die nächste alte, zusammenhängende Buddha-Erzählung betrifft erst die Wochen vor seinem Tod. Dazwischen liegen fast 40 Jahre. Die Ereignisse in dieser Zeit sind erst nachträglich in sekundären und tertiären Werken zu einer einheitlichen Erzählung zusammengefügt worden. Dessen muß man sich bewußt bleiben, wenn wir nun solchen späteren biographischen Abrissen folgen.

3. Die Ausbreitung der Lehre

Nach den Kommentaren, die Buddhas Aufenthaltsorte und die damit verbundenen Ereignisse chronologisch zu fassen suchen, was also eine nachträgliche, an den Schauplätzen seines Wirkens orientierte zeitliche Ordnung der Erzählstoffe beinhaltet,[202] verbrachte der Buddha im Jahr der Erleuchtung zwei Monate in Rājagriha. Anschließend besucht er seine Vaterstadt. Einer der frühesten Berichte darüber findet sich Mahāvagga I, 54.[203] Im Pāli-Kanon ist sonst vom Besuch der Vaterstadt nicht die Rede, aber die Verse des Ältesten Kāludāyin in der Sammlung der Mönchsgesänge (Therag. 527-536) setzen die Erzählung voraus.[204] Im Kommentar dazu werden die Voraussetzungen der Reise legendarisch ausgeschmückt.[205] Hier wird berichtet, daß Kāludāyin Sohn eines Hofbeamten des Shuddhodana war und daß er am gleichen Tage wie Buddha geboren wurde und zusammen mit ihm aufwuchs. Als Buddhas Vater, der König Shuddhodana, davon erfuhr, daß sein Sohn in Rājagriha predigt, habe er einen Hofbeamten mit 1 000 Mann zu ihm geschickt, um ihn nach Hause einzuladen. Als sie ihn aber predigen hörten, wurden sie bekehrt, traten der Gemeinde bei und erlangten sogleich die Arhatschaft. Da sie der Welt gegenüber indifferent geworden waren, gaben sie die Einladung an den Buddha nicht weiter. Das gleiche wiederholte sich neun Mal. Schließlich erklärt sich Kāludāyin bereit, den Buddha zum Kommen zu bewegen, unter der Voraussetzung, daß er auch die Welt verlassen könne. Nachdem er sich zum Buddha begeben hat, wird auch er bekehrt und findet Aufnahme in den Orden. Er trägt dem Buddha erst zwei Monate später die Einladung des Vaters vor, als es Frühling ist und die Bäume in voller Blüte stehen. Es ist nun die beste Reisezeit. In den genannten Versen des Theragāthā wird dieser Umstand ausführlich und poetisch geschildert. In der NK trägt Kāludāyin 60 Verse vor, indem er die Schönheit des Wanderns zu dieser Zeit schildert und Buddha auffordert, seine Vaterstadt zu besuchen.[206]

Nach der NK macht sich Buddha nun mit 20 000 Arhats auf den Weg und legt täglich ein Yojana der 60 Yojanas umfassenden Strecke zurück. Kāludāyin aber eilt ihm, durch die Lüfte fliegend, voraus. Er stellt sich in Kapilavastu als Sohn des Buddha und damit als Enkel des Königs vor und bereitet König und Hof durch eine Predigt auf die Ankunft des Buddha vor. Bei der Ankunft desselben entsteht das protokollarische Problem, ob der Buddha den Vater oder der Vater diesen als Vornehmeren begrüßen solle. Dieses wird dadurch gelöst, daß der Buddha bei der Ankunft, als die Shākya ihm als jüngerem Stammessproß die Verehrung verweigern, sich in die Lüfte erhebt und diverse Wunder ausführt. U. a. vollbringt er das uns schon bekannte "Zwillingswunder", wonach abwechselnd Feuer und Wasser aus seinen Schultern und Füßen hervorgehen. Andere Texte wie der Vinaya berichten von 22 Versionen, in denen er das Mirakel ausführt, ferner davon, daß er eine juwelengeschmückte Promenade in der Luft als Wandelgang errichtet, auf der er meditierend hin- und herwandelt.[207]

Auf diese Wunder hin verneigt der Vater sich vor ihm, und seinem Beispiel folgen auch die anderen Shākyas.
Nun vollbringt der Buddha ein zweites Wunder, das Anlaß für eine Predigt ist. Er läßt einen heftigen Regen niederprasseln, in dem nur die naß werden, die naß zu werden wünschen. Das Wunder ist ein symbolisches Geschehen; daran anknüpfend berichtet die Geschichte von seiner früheren Existenz als freigiebiger König Vessantara (Skr.: Vishvantara), der in großzügiger Weise Gaben und Spenden auf seine Untertanen herabregnen ließ. Die Geschichte verfehlt aber ihre Intention, denn keiner der Zuhörer erweist sich als freigiebig wie Vessantara, keiner bittet ihn auch nur zum Mahl. Als er am nächsten Tag als ehemaliger Prinz in der Stadt betteln geht, erregt dies großes Aufsehen unter den Bewohnern und ruft den Unmut des Vaters hervor. Er weist den Sohn darauf hin, daß keiner der Vorfahren seit der Zeit des ersten Königs Mahāsammata ("Der Hochgeehrte") betteln gegangen sei. Da hält ihm der Buddha entgegen, daß seine wahren Vorfahren die vorausgegangenen Buddhas von dem ersten in der Reihe, nämlich Dīpamkara, bis zum letzten, nämlich Kāshyapa, seien. "Diese und andere Buddhas, viele tausend an Zahl, sammelten Almosen und haben sich nur durch Almosensammeln den Lebensunterhalt erworben," betont er,[208] indem er den König zum heiligen Tugendwandel aufruft. Darauf bekehrt sich der beeindruckte König tatsächlich. Er erreicht im Laufe der Zeit immer höhere Stufen auf dem Weg zur Erlösung, bis er später auf dem Totenbett, als ihn der Buddha wieder belehrt, die völlige Heiligkeit erlangt.[209] Die Bekehrung stellt also einen ersten Schritt zum heiligen Wandel dar.
Die NK gestaltet den Aufenthalt des Buddha in der Vaterstadt durch weitere Erzählungen aus. Sie berichtet, wie am nächsten Tag die Königsweihe für Buddhas Halbbruder Nandā vollzogen wird. Zugleich werden seine Hochzeit und sein Eintritt in den Stand des Hausvaters gefeiert. Buddha erscheint, übergibt ihm seine Bettelschale und spricht einen Segenswunsch aus, indem er ihn zur Weltflucht auffordert. Dann wendet er sich wieder zurück, um zu seiner Behausung zu gehen. Nandā folgt ihm, und auf die Frage des Buddha, ob er auch die Welt verlassen wolle, antwortet er bejahend. Daraufhin wird er in den Orden aufgenommen. So jedenfalls nach der NK (3, 11a).[210] In einer anderen Quelle (Udāna III, 2) erfahren wir allerdings, daß Nandā den sinnlichen Freuden so zugetan war, daß er den Orden bald wieder zu verlassen wünschte.
Es folgt nun in der NK eine Geschichte um Buddhas Sohn Rāhula, die wir auch aus dem Mahāvagga (I, 54) kennen. Seine von der Mutter

angeregte Bitte um sein Erbteil als Prinz gibt dem Buddha Anlaß, auf die Überlegenheit des geistigen Erbes gegenüber dem materiellen hinzuweisen. Er läßt ihn als Novizen in den Orden aufnehmen in dem Gedanken: "Das Geld, das er als Eigentum seines Vaters wünscht, bringt Wiedergeburt mit sich und verursacht Qual. Wohlan, ich will ihm den im Erleuchtungskreis erhaltenen siebenfachen edlen Schatz geben; ich will ihn zum Herren des höchsten Erbteils der Welt machen"[211]. Als der König aber wegen des Fortgangs des Enkels von Schmerz ergriffen wird, erläßt der Buddha auf seine Bitte hin die Verordnung, daß kein Novize ohne Erlaubnis seiner Eltern in den Orden aufgenommen werden solle. Auch hier zeigt sich also das Interesse der späteren Gemeinde, eine Regelung bezüglich des Noviziats auf den Buddha selbst zurückzuführen.

Die ganze Geschichte um den Besuch Buddhas in Kapilavastu ist, wie E. J. Thomas hervorhebt, "nach-kanonisch",[212] aber die Erzählung um die Aufnahme des Rāhula in den Orden findet sich erwartungsgemäß auch im (kanonischen) Vinaya (I, 82), wo die Einrichtung des Noviziats ebenfalls "historisch" begründet werden soll.

Dem Vinaya (II, 180) folgend, wird in verschiedenen anderen Texten[213] von der anschließenden Aufnahme zweier prominenter Schüler des Buddha in den Orden berichtet, nämlich Ānandas, seines späteren Lieblingsjüngers, sowie Devadattas, seines Vetters, des späteren Widersachers in der Gemeinde. Wir erfahren zunächst, daß bei der Geburt des Buddha 80 000 Shākyas ihm je einen ihrer Söhne weihten, um sein Gefolge zu bilden, sollte er ein Universalkönig oder ein Erleuchteter werden. Jetzt war der Buddha zu einem Erleuchteten geworden. Nun hatte ein gewisser Amitodana zwei Söhne, Mahānāma und Anuruddha. Auf Vorschlag des Vaters und auf Drängen des Mahānāma entschloß sich Anuruddha, der wie Siddhārta umpflegt und umhegt aufgewachsen war, die Welt zu verlassen und dem Buddha zu folgen. Die Mutter willigte ein unter der Bedingung, daß sein Freund Bhaddiya, ein "König" (d. h. wohl Kleinkönig) der Shākyas, mit ihm ginge, denn sie hoffte insgeheim, daß dieser seine Herrschaft nicht aufgeben werde. Bhaddiya aber bat um sieben Jahre Bedenkzeit, verkürzte dann aber die Dauer auf sieben Tage. Schließlich brachen die beiden zusammen mit vier weiteren Altersgenossen, nämlich Ānanda, Bhagu, Kimbila und Devadatta sowie dem Barbier Upāli nach Rājagriha auf. Aber schon unterwegs trafen sie den Buddha in Anupiya an, an dem Ort, an dem dieser nach der Weltflucht zunächst geweilt hatte. Sie baten ihn, zuerst den Barbier aufzunehmen, damit ihr Stolz dadurch gebrochen werde, daß ihr Diener eine höhere Seniorität im Orden erlange als sie. Anschließend erlangte Bhaddiya in der Zurückgezogenheit das dreifache Wissen (s. Anhang 3.14) und wurde ein Arhat. Anuruddha erlangte das göttliche Auge, womit er das Entstehen und Vergehen der Wesen sehen konnte (s. Anhang 5.1), während Ānanda "die erste Frucht des Pfades" erreichte, also den ersten Rang in der göttlichen Laufbahn erlangte. Devadatta dagegen erwarb sich nur jene magischen Kräfte, die auch Unbekehrte besitzen können.

Die Erzählungen um Ānandas Ernennung zum persönlichen Begleiter und körperlichen Betreuer Buddhas sowie vom Schisma des Devadatta gehören, wie E. J. Thomas hervorhebt, einer späteren Textschicht an.[214] Das Wachsen der Legende um Ānanda und Devadatta, zwei Hauptakteure in der Geschichte der Urgemeinde, läßt sich geradezu in den Kommentaren verfolgen.[215] Dort werden auch Einzelheiten ihrer Herkunft und Jugend mitgeteilt.

Die Legende um Bhaddiya ist offenbar in Anlehnung an die Buddha-Legende entstanden. An dieser orientiert sie sich bis in Einzelheiten hinein, so wenn er zart aufwächst und wie der Buddha in drei Palästen wohnt, wenn er insgeheim an jenen Ort flüchtet, an dem sich der Buddha nach der Flucht zunächst niederließ, und wenn er sogar - wie der Buddha - seinen abgelegten Schmuck nach der Weltflucht durch seinen Diener an seine Familie zurücksendet. Wenn er als "König" bezeichnet wird, so verweist das wohl eher auf ein königliches Leben als auf die Tatsache, daß er neben Suddhodana geherrscht habe. Wie der Buddha verweist er auf die Freiheit, die er im Wald im Gegensatz zum behüteten, aber beaufsichtigten Leben in der Stadt genießt. Die Buddha-Legende erweist sich also als so normativ, daß die Geschichte von der Weltflucht einer seiner Schüler daran orientiert war.

Als der Buddha nach dem Vinaya und anderen Texten nach Rājagriha zurückkehrte, verweilte er zunächst im Hain Sītavana. In diese Zeit verlegen die Kommentare die Stiftung des berühmten Klosters von Jetavana in Shrāvastī (P.: Sāvatthī).[216] Auch andere Erzählwerke wissen davon zu berichten.[217]

Der Vinaya (II, 154) berichtet, daß sich Sudatta, d. h. Anāthapindika, ein Bürger von Sāvatthī, in Rājagaha bei einer Schwester, der Frau des Gildemeisters, aufhält, als er den Buddha trifft. Bei der Ankunft sieht er, daß dieser ein Mahl für den Buddha vorbereitet, und zwar in einem so großen Rahmen, daß er meint, es werde ein Hochzeitsfest oder eine Bewirtung für den König vorbereitet. Er erfährt jedoch, daß der Buddha als Gast geladen ist, und findet sich am nächsten Tag auch ein. Er wird von dem Buddha belehrt, bekehrt sich spontan und bittet dann seinerseits den Buddha zum Mahl. Nach dem Essen lädt er den Buddha nach Savātthī ein, um einige Zeit an einem ruhigen Ort in der Nähe der Stadt zu verbringen. Der Buddha nimmt die Einladung an, und Anāthapindika läßt Parks und Ruheplätze auf dem Wege dorthin anlegen. In der Nähe von Savathi befindet sich der Park des Prinzen Jeta. Diesen will Anāthapindika für den Buddha aufkaufen. Nach anfänglichem Zögern willigt der Prinz in den Verkauf ein unter der Voraussetzung, daß die gesamte Fläche mit aufrecht aufgestellten Goldstücken bedeckt würde. Anāthapindika läßt Wagenladungen von Goldstücken heranfahren, es fehlt ihm aber noch so viel vom edlen Metall, daß er das letzte Stückchen des Haines nicht damit bedecken kann. Der Besitzer des Parks beschließt dann, dieses Stück selbst dem Buddha zu schenken und errichtet hier das Tor zum Jeta-Hain, wo hernach ein Kloster erbaut wird. Die Kommentare malen weitere Details aus. Sie fügen - wie auch die NK - hinzu, daß dies der Ort sei, wo auch die früheren Buddhas einen Park mit Kloster für die Gemeinde erhalten hätten.

Anāthapindika, der Stifter des Jeta-Haines, erscheint in den buddhistischen Texten immer wieder als Prototyp des freigebigen Laienanhängers. Wenn sein Name in einer Liste von achtzig Hauptschülern erscheint,[218] so ist seine Avancierung zum Mönch sicherlich eine spätere Erfindung.

Eng verbunden mit der Gründung des Jeta-Klosters in Sāvatthī ist die Errichtung des "östlichen Parks" (Pabhārama) in der Nähe derselben Stadt. Die damit verbundene, viel jüngere Legende führt die Gründung auf die Tätigkeit der Kurtisane Visākhā (Skr.: Vishākhā) zurück. Sie bittet den Buddha, der Gemeinde ständig acht Arten von Almosen einschließlich Lebensmittel und Medizin geben zu dürfen, damit sie, wenn ein Mönch sterbe, sich freuen könne, ihm auf dem Wege des Heils geholfen zu haben. Ihre Freude darüber würde ihr zur Beruhigung ihres Herzens gereichen. Wir dürfen die Legende als Aufruf an die Laienanhängerschaft werten, ihrem frommen Beispiel zu folgen und sich somit Verdienst (puṇya) zu erwerben.

Neben der Gründung von Klöstern und dem Aufbau der Mönchsgemeinde wissen die Legenden um die ersten Missionsjahre auch von der Gründung des Nonnenordens zu berichten. Eine diesbezügliche Legende, die mit Ānanda in Verbindung gebracht wird, ist vermutlich später frei erfunden worden, um die Existenz einer Nonnengemeinde zu legitimieren. Der Bericht von der Gründung des Nonnenordens findet sich allerdings schon in den Pāli-Texten Aṅg.-Nik. (IV, 274) und Cullavagga (X, 1-2). Er wird in den Kommentaren[219] mehrfach wiederholt und weiter ausgestaltet. Alle Texte stimmen darin überein,

daß der Buddha nur widerwillig seine Einwilligung gab. Diese Gründung des Nonnenordens wird auch allenthalben zurückgeführt auf die Aufnahme der Pflegemutter Buddhas, Mahāprajāpatī Gautamī (P.: Mahāpajāpatī Gotamī), als erste Nonne in den Orden. In den Kommentaren erfahren wir, daß der Buddha beim Tode seines Vaters in Kapilavastu anwesend war, um ihm vor dessen Verscheiden die Lehre zu predigen. Er starb folglich als Arhat. Nach dem Tode des Königs sei die Witwe Mahāprajāpatī zu ihm gekommen mit der Bitte, als Frau in der Disziplin des Buddha leben zu dürfen. Dreimal habe der Buddha die Bitte abgeschlagen. Als er darauf nach Vaishālī zurückkehrte, sei ihm Mahāprajāpatī zusammen mit anderen Shākya-Frauen mit abgeschnittenen Haaren und in gelbe Gewänder gekleidet gefolgt. Als Ānanda sich ihrer Sache annahm und sie vor dem Buddha vertrat, wurde auch er dreimal abgewiesen. Erst als der Buddha auf Ānandas eindringliche Frage erklärt, daß es grundsätzlich für eine Frau möglich sei, die vier Stufen zur Heiligkeit zu erklimmen, und als der Jünger auf die Verdienste der Pflegemutter um ihn verweist, gestattet der Buddha die Ordination der Frau. Voraussetzung ist allerdings, daß sie acht strenge Regeln beachte. Dies ist nun Anlaß für den Vinaya (II, 253), diese acht Regeln für Nonnen auszuformulieren und durch jene Begebenheit zu begründen. Mahāprajāpatī erklärt sich jedenfalls bereit, die Regeln anzunehmen, und, wie sie sagt, sich damit "zu schmücken" (Aṅg.-Nik. IV, 274).
Trotz der ihm abgerungenen Zustimmung veranlaßt das Ereignis den Buddha zur Feststellung, daß seine Gemeinde ohne Frauen 1 000 Jahre Bestand hätte; nun aber, da Frauen zugelassen seien, würde sie nur die Hälfte dieser Zeit bestehen. Mit einer Reihe von Bildern aus der Landwirtschaft versinnbildlicht der Buddha den Sachverhalt. Es verhält sich mit dem Orden wie z. B. mit einem Reisfeld, das von der Mehltau-Krankheit befallen ist und das nun nicht mehr lange gedeihen wird. Das beste, was er in dieser Situation tun könne, sei es, einen starken Damm zu bauen, damit das Wasser eines großen Reservoirs - ebenfalls Sinnbild der Gemeinde - nicht abfließe; mit dem starken Damm sind die strengeren Regeln für den Nonnenorden gemeint.[220]
In diesen Worten spiegelt sich zweifellos die Skepsis der Mönchsgemeinde gegenüber dem Nonnenorden. Daß solche Skepsis vorhanden war, geht aus dem Umstand hervor, daß Ānanda anläßlich des ersten Konzils veranlaßt wurde, um Vergebung für eine Reihe von Vergehen zu bitten, u. a. dafür, daß er sich für die Gründung des Nonnenordens eingesetzt hatte.

Daß ausgerechnet Buddhas Pflegemutter Mahāprajāpatī zur ersten Nonne erhoben wird, macht den legendarischen Charakter des Berichtes über die Gründung des Nonnenordens offenbar. Spätere Berichte lassen Buddhas Frau und Mahāprajāpatīs Tochter Nandā zur gleichen Zeit in den Nonnenorden eintreten. In den frühen Nonnengesängen, den Therīgāthās, deren Angaben des historischen Charakters keineswegs entbehren, werden über 70 Nonnen genannt, davon zwölf in Zusammenhang mit Mahāprajāpatī. Auch eine Reihe von anderen Frauen, die sich dem Orden zuwandten, werden in den Pāli-Texten erwähnt, doch die Geschichten um sie weisen teilweise deutlich legendarische Züge auf. Dennoch wird es nicht zu bestreiten sein, daß Frauen schon z. Zt. des Buddha zum Orden stießen, wie jene Kisā Gotamī ("Gotamī die Dünne"), die ihren einzigen Sohn verloren hatte. Der Buddha ließ sie sich überzeugen, daß es kaum eine Familie gebe, die keinen Kindertod zu beklagen hätte, und tröstete sie. Andererseits erfahren wir auch von Frauen, die falsche Anschuldigungen gegen den Buddha erheben wie jene Asketin Sundarī, die vorgab, den Buddha regelmäßig im Jeta-Hain zu besuchen. Die Texte aber sind bestrebt zu zeigen, daß die Ausbreitung solcher Unwahrheiten, einmal aufgedeckt, nur zum Ruhme des Buddha beigetragen hätten.[221]

F. Erzählungen aus der Zeit des Umherwanderns und der Verkündigung

Sind schon viele Erzählungen aus der Zeit bis zur Stiftung des Jeta-Hains chronologisch schwer einzuordnen, zumal keineswegs alle Texte sie in ähnlicher Reihenfolge bringen, so gilt dies erst recht von den z. T. legendarischen Erzählstoffen aus der Zeit danach. Erst mit den Parinirvāṇa-Sūtras (MPS/MPP) haben wir wieder ein festes chronologisches Gerüst, wie es in CPS gegeben ist. "Je älter die Urkunden sind, desto unbestimmter sind die Daten der Umstände ..., [unter denen ein Ereignis stattfand,] seien sie mirakulös oder auch nicht", hebt E. J. Thomas hervor.[222]

Die Unmöglichkeit, eine genaue Biographie für die Zeit der Wanderung zu erstellen, geht auch daraus hervor, daß bestimmte Ereignisse offenbar nachträglich mit bestimmten Orten verbunden wurden, an denen der Buddha in den ersten zwanzig Jahren seiner Predigerzeit die Monsunmonate verbrachte. Listen verschiedener Residenzorte sind überliefert, so z. B. im Kommentar zum Buddhavaṃsa, wo 19 sich z. T. wiederholende Stätten angegeben werden, wobei zu den Schauplätzen auch ein mythischer Ort, der Himmel der 33 Götter, zählt. Auch aus der Zuordnung von Ereignissen und Orten läßt sich also, wie schon zuvor betont, kaum eine historische Chronologie rekonstruieren, zumal wir verschiedene Listen dieser Art haben, die von dem Wunsch nach einer nachträglichen Ordnung des Erzählstoffes getragen sind. Dennoch können wir uns an dem erwähnten Kommentar orientieren, um bestimmte Erzählstoffe, die für die spätere Tradition wichtig geworden sind und die sonst als disjecta membra erscheinen, einzuordnen.[223]

1. Ereignisse in den ersten zwanzig Jahren der Predigerzeit

Für das sechste Jahr der Predigerzeit berichtet die Legende, daß der Buddha das "Zwillingswunder" nochmals ausführte. Dem Ereignis ging eine Herausforderung des Gildemeisters Nāgasena von Rājagriha voraus (Vin. II, 110). Um die Arhats mit ihren angeblichen Wunderkräften (ṛddhi, P.: iddhi) auf die Probe zu stellen, hatte dieser eine Schale aus Sandelholz auf einem hohen Bambusstab aufgehängt. Er forderte sie nun auf, sie mit Hilfe ihrer Wunderkräfte herunterzuholen. Sechs Häretiker, Gegner des Buddha und Anführer von sechs Schulen, von denen noch die Rede sein wird, bezweifelten ihre Fähigkeiten, aber der buddhistische Älteste Pindola Bhāradvāja vermochte die Tat auszuführen. Da erschien der Buddha und verbat die Zurschaustellung magischer Kräfte. Als die Häretiker darüber frohlockten und sich alleine mit der Fähigkeit des Wunderwirkens brüsteten, kündigte der Buddha an, daß er selbst ein Wunder ausführen werde. Unter Anspielung auf seine besondere geistige Position erklärte er bei dieser Gelegenheit dem König Bimbisāra, daß er trotz seines Verbotes an die Mönche das Recht habe, ein solches Wunder zu vollbringen. Denn auch der König könne ja selbst Mangofrüchte in seinem Garten essen, aber anderen dieses verbieten.

Nach vier Monaten verkündigte er, daß er nunmehr das Wunder in der Nähe eines Mangobaumes ausführen werde. Darauf rissen die Häretiker alle Mangobäume der Umgebung heraus. Nanda, der Gärtner des Königs, fand jedoch eine reife Mangofrucht und übergab sie dem Buddha. Als er angewiesen wurde, den Samen der Frucht einzupflanzen, wuchs daraus, nachdem der Buddha seine Hände über dieser Stelle gewaschen hatte, sogleich ein 50 Fuß hoher Mangobaum empor. Daraufhin errichtete der Buddha einen Wandelgang in der Luft und führte auf diesem das "Zwillingswunder" aus, so wie er es zuvor in Kapilavastu getan hatte.
Im Anschluß an dieses Ereignis wurde sich Shākyamuni nach einer mehrfach überlieferten Legende (z. B. Dhp. Kom. III, 199; Jāt. IV, 265) dessen bewußt, daß die voraufgegangenen Buddhas nach dieser Tat in den Himmel der dreiunddreißig Götter aufgestiegen waren, um ihren Müttern den Abhidharma (P.: Abhidhamma), also den Kanon der dogmatischen Lehren, zu predigen. Diese zeitlich später entstandenen Schriften werden damit als solche dargestellt, die zunächst nur von den Himmlischen vernommen wurden, um den Menschen erst später bekannt zu werden. Der Buddha, so berichtet die Legende, stieg mit drei großen Schritten in den Himmel und verbrachte dort die siebente Regenzeit. In dieser Periode besuchten ihn seine Hauptjünger Shāriputra und Maudgalyāyana. Nach Ablauf der für den Monsun anberaumten Ruhezeit sei er auf einer "Juwelenleiter" herabgestiegen, die von einer goldenen und einer silbernen, für die Götter Indra und Brahmā bestimmten Stiege flankiert war. Der Ort, wo er - wie alle voraufgegangenen Buddhas - seinen Fuß auf den Boden aufsetzte, hieß Sāmkāshya (P.: Sankassa). Hier wurde ein Heiligtum errichtet, das noch die chinesischen Indienpilger im 5. und 7. Jh. besuchten.[224] Wir haben es hier also mit einer typischen Kultlegende zu tun, die ihre Bedeutung von einem übernatürlichen Ereignis im Leben des Buddha herleitet.
In den Berichten um das zehnte Jahr (Vin. I, 337; Jāt. III, 486; Dhp. Kom. I, 53) ist zum erstenmal von einem Zwist in der Gemeinde die Rede. Es hatte ein ungenannter Mönch aus Kaushāmbī (P.: Kosambī) ein Vergehen begangen, das er als solches nicht anerkennen wollte. Nach buddhistischen Ordensvorschriften ist nur ein anerkannt vorsätzliches Vergehen strafbar. Dennoch wurde der Mönch exkommuniziert, was zu einem heftigen Streit in der Gemeinde führte. Der Buddha mahnte die Mönche zur Eintracht, und als er sein Ziel nicht erreichte, zog er sich in den Wald zurück. Nach drei Monaten kamen sie reumütig zu ihm und baten ihn um Vergebung. Das Kosambiya-Sutta,

"die Lehrrede von Kosambī" (Majjh.-Nik. Nr. 48), und das Upakkilesa-Sutta (Majjh.-Nik. Nr. 128), das einen Versuch zur Schlichtung des Streites schildert und die rechte Meditation lehrt, sollen bei diesen Ereignissen vom Buddha gelehrt worden sein.
Ins 14. Jahr, das der Buddha angeblich in Shrāvastī (P.: Sāvatthī) verbrachte, verlegt die Pāli-Tradition die Aufnahme seines Sohnes Rāhula in den Orden (Vin. I, 78, 93). Nach den Regeln des Vinaya soll die Ordination (upasampadā) zum Vollmönch nicht vor dem 20. Lebensjahr erfolgen. Da dem Buddha beim Verlassen des Palastes ein Sohn geboren worden war und da er sechs Jahre der Suche vor der Erleuchtung zubrachte, hatte sein Sohn nun das Alter von zwanzig Jahren erreicht.
Im 20. Jahr schließlich bekehrte der Buddha den Räuber Aṅgulimāliya (P.: Aṅgulimāla, "der eine Kette von Fingern besitzt"), der seinen zahlreichen Opfern die Finger abzuschneiden und auf eine bei sich geführte Kette aufzureihen pflegte (Aṅgulimāla-Sutta, Majjh.-Nik. Nr. 86; Dhp. Kom. III, 169). Der notorische Mörder wurde nicht nur vom Buddha bekehrt, sondern auch in die Mönchsgemeinde aufgenommen. Als der König Prasenajit (P.: Pasenadi) einst den Buddha von seinem mörderischen Treiben unterrichtete, wies der Buddha auf ihn, der mitten unter den Mönchen in unmittelbarer Nähe saß. Als der König ihn sodann mit Mönchsgewändern und anderen Bedarfsgütern ausrüsten wollte, wies Aṅgulimaliya das Angebot ab mit dem Hinweis darauf, daß er bereits mit drei Mönchsgewändern versorgt sei. Erstaunt äußert sich der König darüber, daß der Buddha den Unbezwingbaren bezwungen habe.
Es war auch im 20. Jahr der Predigertätigkeit des Buddha, daß Ānanda zum persönlichen Dienst an ihm berufen wurde. Die Berichte darüber variieren (Udāna III, 7; Kom. zum MAP; Dīgh.-Nik. Nr. 14). Fest scheint zu stehen, daß der Buddha angesichts seines nun fortschreitenden Alters einen persönlichen Gehilfen für die praktischen Dinge des Lebens benötigte und daß er zunächst das Hilfsangebot verschiedener Mönche ablehnte. Es wird davon gesprochen, daß sich 80 Hauptschüler anerboten hätten, ihm in persönlichen Dingen beizustehen. Ānanda habe seine Dienste nur unter einer Reihe von Voraussetzungen angeboten. Dazu gehörte, daß ihm alle Belehrungen des Buddha zuteil würden, auch solche, die in seiner Abwesenheit vorgetragen würden. Dies wurde ihm zugesagt, und er diente dem Meister nun die folgenden 25 Jahre.

2. Auseinandersetzungen mit den Brahmanen

Zu den Berichten über Buddhas Predigerzeit zählen auch die Erzählungen um seine Auseinandersetzungen mit anderen religiösen Gruppen, die das geistige Milieu im mittleren Gangesbecken zu seiner Zeit bestimmten.

Zunächst waren da die Brahmanen, deren Einfluß im Lebensraum Buddhas allerdings nicht so stark war wie im westlichen Gangesbekken, was zu dieser Zeit zu einer Hochburg ihrer sozialen und religiösen Macht geworden war. Ihr Anspruch auf den obersten Rang in der Gesellschaft wurde in der Welt Buddhas keineswegs allgemein anerkannt, wie wir einem Text im MPS entnehmen können, wo sie in einer Liste sozialer Ränge an zweiter Stelle nach den Kshatriyas, also dem Kriegeradel, genannt werden.[225] Das Brahmanentum war z. Zt. Buddhas erst im Begriff, seinen Einfluß auch im mittleren Gangesbecken zur Geltung zu bringen, wobei es natürlich allenthalben bemüht war, das Königtum für sich zu gewinnen. So wissen wir von brahmanischen Beratern der Herrscher, mit denen es der Buddha zu tun hatte. Daß es schon geschlossene brahmanische Siedlungen gab, erfahren wir z. B. im Tevijja-Sutta (Dīgh.-Nik. Nr. 13). Die wiederholten Auseinandersetzungen mit brahmanischen Vorstellungen von der hierarchischen Ordnung der Gesellschaft, von der kultischen Reinheit, von Opferwesen und Schrifttradition, schließlich auch von der Existenz eines höchsten Gottes zeigen, daß es allerdings genügend Anlaß gab, dem Brahmanentum entgegenzutreten.[226] Dem sozialen Anspruch der Brahmanen stellt der Buddha einen moralischen Anspruch gegenüber, wenn er den "wahren Brahmanen" im ethischen Sinne qualifiziert.

Für die Ausprägung des Brahmanentums in den Ländern Maghadhas und Kosalas, die der Buddha durchwanderte, sind wir allerdings weitgehend auf buddhistische und jainistische Quellen angewiesen, die ja zudem erst nach der Zeit des Meisters niedergeschrieben wurden. Sie stellen die gegnerische Religion in polemischer Sicht dar, wobei Verkürzungen und Entstellungen nicht ausbleiben. Die buddhistischen Auseinandersetzungen mit den brahmanischen Ansichten dienen dann auch eher der Darstellung der eigenen Position als einem kritischen Verständnis brahmanischer Lehren. Es finden sich in den Lehrtexten relativ stereotype Argumente, die häufig wörtlich in verschiedenen Zusammenhängen wiederholt werden. Ein Paradebei-

spiel für diese Brahmanenkritik ist das schon genannte Tevijja-Sutta.[227] Nach diesem Text streiten sich zwei junge Brahmanen, Vāsishtha (P.: Vāsettha) und Bhāradvāja (= P.), beide "kundig in den drei Veden", über den Weg, der zur Gemeinschaft mit dem höchsten Gott Brahmā führt. Jeder beruft sich dabei auf seinen Lehrer. Da beschließen sie, die Sache dem in der Nähe weilenden Buddha vorzutragen. Vāsishtha führt das Gespräch mit dem Buddha und behauptet, daß es verschiedene Pfade zur Gemeinschaft mit Brahmā gebe, wobei er auf diverse alte brahmanische Schulen rekurriert. Er vergleicht diese Pfade mit verschiedenen Wegen, die alle zu einem Dorf führen. Er fragt den Buddha, ob diese Ansicht die richtige sei.
Doch der Buddha stellt seine Voraussetzung in Frage. Er veranlaßt ihn anzuerkennen, daß es keine Brahmanen und keinen Lehrer "bis zur siebenten Lehrerslehrer-Stufe rückwärts" gebe, der Brahmā von Angesicht zu Angesicht je gesehen habe.[228] Die Behauptung der Brahmanen, den Weg zu Brahmā zu weisen, sei also unsinnig. Sie gäben vor: "Den wir nicht kennen und nie gesehen haben, zur Vereinigung mit dem weisen wir den Weg mit den Worten: 'Dies nur ist der gerade und direkte Erlösungsweg ...'"[229]. Die Brahmanen, die sich auf eine vorausgehende Tradition berufen, gleichen eher einer Kette von hintereinander gehenden Blinden, wobei auch der erste in der Kette Brahmā nie gesehen hat.
In einer Reihe von Bildern wird der Sachverhalt weiter veranschaulicht. Sie können zwar Sonne und Mond sehen, aber nicht den Weg dorthin weisen, also erst recht nicht den Weg zu etwas, was sie nie gesehen haben. Sie gleichen einem jungen Mann, der in ein Mädchen in einem fernen Land verliebt ist, das er nie erblickt hat, oder einem Toren, der eine Treppe zu einem Palast bauen will, den er nicht kennt. Im übrigen würden die Kenner der drei Veden gerade das verwerfen, was einen Mann zu einem "wahren Brahmanen" macht, nämlich die Absage an die Sinnenlüste. Das brahmanische Hangen an Haus und Hof, Weib und Kind, widerspreche zutiefst den Eigenschaften Brahmās. Ist er friedfertig, gutmütig und reinen Herzens, so sind sie gehässig, böswillig, unreinen Herzens und unstet in ihrem Willen. Da der Erleuchtete als Pfadvollender das vollkommene Wissen besitzt, kennt er "Brahmā und die Welt des Brahmā und den Weg, der zur Welt des Brahmā führt, und auch, wie man wandeln muß, um in die Welt des Brahmā zu gelangen"[230]. Dementsprechend sind die Mönche, die seiner Lehre folgen, im Gegensatz zu den Brahmanen und in Übereinstimmung mit Brahmā friedfertig, gutmütig, reinen Herzens und steten Willens.

Wir erfahren in diesen schematischen Kennzeichnungen der zwei Positionen nicht viel über die positiven Inhalte der brahmanischen Lehren. Der junge Brahmane führt kein eigenes Argument ins Feld. Die Unterhaltung, die nicht über die spontanen Beifallsbekundungen des Jünglings hinausgeht, dient eher als Folie für die Darlegung der buddhistischen Lehre vom "wahren", d. h. moralisch qualifizierten Brahmanen. Speziell gibt sie Anlaß zur Explizierung der sog. brahmavihāras, einer bestimmten Folge von vier buddhistischen Konzentrationsstufen. Dieser vermutlich ursprünglich brahmanische Begriff, der so viel wie "Wohnen mit Brahmā", dann "Brahmā-Zustand", heißt, wird auch durch einen anderen buddhistischen Terminus wiedergegeben, apramāṇa, "das Unermeßliche" (s. Anhang 4.1). Die vier "Unermeßlichen", die in den weiteren Ausführungen des Buddha dargelegt werden, sind Güte (maitrī), Mitleid (karuṇā), Freude (muditā) und Gleichmut (upekṣā). Der Mönch, der "wahre Brahmane", durchdringt alle vier Himmelsgegenden mit diesen Tugenden, so wie "ein kräftiger Muschelbläser alle vier Himmelsgegenden mühelos mit dem Schall durchdringt"[231].
Hier erweist sich das Gespräch um Brahmā nur als Ausgangspunkt, um hinzulenken zu einer Lehre, in der der Begriff eine ganz andere, eben buddhistische Bedeutung erhält. Der zusammengesetzte Terminus brahmavihāra beinhaltet also eine buddhistische Meditation, die allerdings nach manchen Textstellen die Wiedergeburt in der Brahmā-Welt im Gefolge hat, womit noch ein Anklang an die alte Bedeutung erhalten ist. Eine solche Stelle ist das Makhādeva-Sutta (Majjh.-Nik. Nr. 83), wo diese Meditation als eine alte, allerdings nur zum vorläufigen Ziel der Brahmā-Welt führende hingestellt wird.[232] Ihr wird die höhere Meditation über den edlen, achtfachen Pfad gegenübergestellt, die zur Erleuchtung und zum Nirvāna führt. Bei Buddhaghosa (5. Jh. n. Chr.) allerdings ist die Meditation offenbar schon so bekannt, daß sie unmittelbar vor der Versenkung in die vier Stufen des Formlosen anberaumt wird (Vism. IX) (s. Anhang 8.2).
Eine weitere Unterhaltung mit einem Brahmanen findet sich im Soṇadanda-Sutta (Dīgh.-Nik. Nr. 4). Auch hier geht es um den "wahren Brahmanen". Der mit dem Buddha sprechende Sonadanda erklärt ihm die fünf Dinge, durch die man zu einem Brahmanen wird: 1. hohe Geburt mütterlicher- und väterlicherseits bis zur siebten voraufgegangenen Generation, 2. Rezitieren der drei Veden und verwandter Wissensinhalte, 3. gutes Aussehen, helle Farbe ("Brahmā-Farbe") und der Besitz von "Brahmā-Glanz", 4. Tugend, 5. Gelehrsamkeit und Weisheit. Auf Befragen des Buddha ist Sonadanda bereit, die ersten drei

Bedingungen aufzugeben; Tugend und Weisheit bleiben allerdings notwendige Bedingungen. Der Buddha erklärt ihm nun seiner Lehre gemäß, was dies beinhaltet, und macht dabei deutlich, daß ein jeder diese Tugenden verwirklichen könne.

Die Kastenfrage wird in verschiedenen Lehrschriften behandelt.[233] Der Anspruch der Brahmanen auf die höchste soziale Position wird anschaulich im Madhura-Sutta (Majjh.-Nik. Nr. 84) dargelegt. Da referiert der König von Avanta, Madhura, die Worte der Brahmanen folgendermaßen: "Die Brahmanen [Priester] sind von der besten Farbe ([d. h.] Kaste); die anderen Farben sind niedrig. Die Brahmanen sind von weißer Farbe; [jede] andere Farbe ist [demgegenüber] schwarz. Die Brahmanen sind gereinigt, nicht die Nicht-Brahmanen. Die Brahmanen sind die echten Söhne des Brahmā, aus seinem Munde geboren, von Brahmā geschaffen, Erben des Brahmā."[234] Dieser Ausspruch wird grundsätzlich in Frage gestellt. Der König wird von seinem Gesprächspartner, dem Mönch Kātyāyana (P.: Kacchāna), veranlaßt zu bekennen, daß Kastenränge unbedeutend seien und daß moralische Taten den entscheidenden Ausschlag gäben. Die Kasten sind einander gleich, es gibt keinerlei Unterschiede, und man muß "je nach dem Umstand beurteilen, ob es bloßes Gerede ist unter den Leuten", wenn den Brahmanen die höchste Position zugeschrieben wird.[235] Dennoch wird wiederholt in den buddhistischen Schriften zum Ausdruck gebracht, daß ein Buddha nur in einer der höchsten Kasten, der Kaste der Kshatriyas oder der Brahmanen, geboren wird, was eine entsprechende Hochschätzung dieser Kasten voraussetzt.

Buddha hat die Institution des Kastenwesens nicht insgesamt abschaffen wollen. Aber er hat sie doch dadurch relativiert, daß er jedem, der die nötige Tugend und Weisheit mitbringt, die Möglichkeit zuerkannte, als "wahrer Brahmane" zu gelten. Innerhalb seines Ordens allerdings spielten Kastenunterschiede keine Rolle mehr. Hier galt eher das durch Brüderlichkeit gekennzeichnete Prinzip der Ancienität als Grundlage sozialer Staffelung. Wissen wir doch von einer Reihe von kastenniedrigen Männern und Frauen, die Aufnahme in den Orden fanden. Im Falle des Barbiers Upāli hörten wir sogar, daß sein Meister ihn eher in den Orden aufnehmen ließ als sich selbst, damit er eine größere Ancienität gewinne als er und sein Stolz dadurch zerbreche. In einer Udāna-Strophe (V, 5) vergleicht der Buddha die vier Kasten - es ist die Rede von "Namen" und "Geschlechtern" (gotra) - mit verschiedenen großen Strömen, die ihre Identität aufgeben, wenn sie ins Meer fließen, womit die Aufnahme in den Orden gemeint ist. Die

Aufgenommenen seien nun nur noch als Asketen bekannt, als "Söhne des Shākya".
Zweifellos geht dieser Gedanke auf die frühe Zeit, wahrscheinlich auf den Buddha selbst zurück. Es ist ein Gedanke, der über die Zeiten hinweg lebendig bleibt, denn noch der LV hebt hervor, wie wir gesehen haben, daß Gautama sich nicht um soziale Ränge, sondern moralische Qualitäten gekümmert habe, als er seine Frau erwählte, was sicherlich auch ein Wink für Laien war.
In ähnlicher Weise wie das Kastenwesen werden auch die Speise- und Opfergebote der Brahmanen relativiert, indem die wahre Reinheit und das wahre Opfer als moralische Gegebenheit bzw. Aktion ausgedeutet werden. Die rechte moralische Tat ist höher als ein unblutiges Opfer, und noch höher ist die Befolgung des edlen, achtfältigen Pfades. Die Verehrung der sechs Weltgegenden (einschließlich Nadir und Zenit) ist nicht falsch, soll aber ergänzt werden durch die Beachtung moralischer Pflichten den sechs Klassen von Lebewesen gegenüber.[236] Und die Zuwendung von Opfergaben an die Götter soll ersetzt werden durch die Zuwendung des durch Guttat erworbenen Verdienstes an sie und letztlich an alle Lebewesen.[237] Eine ausgesprochene Tendenz zur Ethisierung und Vergeistigung äußerer Aktionen wird hier also erkennbar, eine Tendenz, die durchaus an Jesu Vergeistigung der Gebote jüdischer Kasuistik erinnert.[238]
Zu den Speisegeboten, die im ethischen Sinne neu gedeutet werden, gehörten Bestimmungen über den Verzehr von Fleisch. Das strenge buddhistische Verbot, zu töten und einem Lebewesen Leid zuzufügen, führt den Buddha dazu, das Essen von Fleisch in den Fällen zu verbieten, in denen der Speisende selbst zum Töten Anlaß gibt. Der Sachverhalt wird im Jīvaka-Sutta (Majjh.-Nik. Nr. 55) dargelegt, in dem der Buddha dem Jīvaka, dem Leibarzt des Königs Bimbisāra, erklärt, daß Fleisch in den Fällen nicht zu essen sei, in denen man sieht, hört oder vermutet, daß es für einen selbst durch Tötung beschafft wurde. In diesem Sinne wird im Pāli Vinaya (I, 218, 237) ausdrücklich festgestellt, daß der Buddha auf Einladung des Generals Siha Fleisch zu sich nahm, weil das Tier nicht ausdrücklich für ihn getötet war, sondern der Gastgeber schon vorhandenes Fleisch zubereiten ließ. Zweifellos sind in vielen Fällen die Grenzen nicht immer scharf zu ziehen, und es ist verständlich, daß der indische Buddhismus zum generellen Verbot des Fleischverzehrs - jedenfalls für Mönche - überging.[239] In der Devadatta-Episode fordert dieser ein allgemeines Fleischverbot, was der Buddha aber ablehnt.

Der Buddha hat sich nicht nur mit den Brahmanen auseinandergesetzt. In den buddhistischen Texten finden wir auch zahlreiche Hinweise auf Auseinandersetzungen mit bestimmten häretischen Schulen und ihren Schulhäuptern, die gewöhnlich zu Gruppen zusammengefaßt werden.[240] Unter diesen ragen die "sechs Häretiker" heraus, von denen es kumulativ heißt, daß sie sich der Allwissenheit brüsteten, ohne allwissend zu sein.[241] Die "sechs Häretiker", die also außerhalb des Brahmanentums stehen, repräsentieren im frühbuddhistischen Schrifttum in prototypischer Weise diverse Richtungen der außerbrahmanischen religiösen Welt. Bis in die letzten Vermächtnisworte hinein grenzt sich der Buddha von ihnen ab. Sie sind sowohl im Pāli-Kanon wie in chinesischen und tibetischen Übersetzungen von Texten anderer buddhistischer Schulen bezeugt.[242]

Zu den sechs Häretikern zählte zunächst Pūrana Kāshyapa (P.: Pūrana Kassapa), der ein Grunddogma indischer Religiosität und Ethik, das auch der Buddhismus teilte, in Frage stellte, indem er behauptete, daß kein Tugendverdienst aus guten Taten und keine Schuld aus bösen Taten, nicht einmal aus den schlimmsten Verbrechen, erwachse. Diese Lehre mußte natürlich der buddhistischen Ethik und der damit verbundenen Verdienstlehre zutiefst widersprechen. Der zweite Häretiker war Maskarin Goshālīputra (P.: Makkhali Gosāla). Dieser hat zwar die Möglichkeit moralischer Verderbtheit anerkannt, er sah aber den Weg zur Reinigung und Sühnung nur in der Wiedergeburt gegeben, nicht in sühnenden, d. h. von "Befleckung" (kleśa) befreienden Taten in diesem Leben. Damit aber wurde jedes Streben nach Vervollkommnung, wie es der Buddha empfahl, sinnlos. Ajita Keshakambalin (P.: Ajita Kesakamblin), der dritte Häretiker, strebte mit seiner Heilsmethode eine Vernichtung des Todes an, der nach buddhistischer Überzeugung nicht nur unausweichlich, sondern sogar zeitlich festgelegt ist. Kakuda Kātyāyana (P.: Pakudha Kaccāyana) vertrat im Gegensatz zur buddhistischen Lehre von der Unbeständigkeit allen Seins die Ansicht, daß es sieben ungeschaffene, fortwährend bestehende Substanzen gebe. An fünfter Stelle ist der Nirgrantha, also Jaina, Jñātiputra (P.: Nātaputta) zu nennen, der lehrte, daß ein Nirgrantha, "einer, der frei ist von Bindungen", bezähmt und beherrscht ist durch selbst auferlegte Beschränkung gegenüber allem in der Welt. Schließlich ist Samjayin Vairatīputra (P.: Sañjaya Belatthiputta)[243] zu nennen, der es ablehnte, irgendeine Lehre in positiver oder negativer Hinsicht zu bekräftigen, was buddhistischerseits als Umgehung der Wahrheit empfunden wurde.

Einige dieser Lehrer waren zweifellos historische Persönlichkeiten, doch wird man den ihnen zugeschriebenen Lehren mit Vorsicht gegenüberstehen müssen. Sicherlich haben die Buddhisten hier - wie im Falle der Brahmanen - manches einseitig oder gar falsch gesehen, denn auch ihre Doktrinen dienen in erster Linie als Folie für die rechte Lehre des Buddha. Dafür spricht der Umstand, daß die Lehren der ersten vier im Sandaka-Sutta (Majjh.-Nik. Nr. 76), einer Lehrrede des Ānanda über verschiedene Häresien, in Bausch und Bogen als "unmoralisch" (abrahmacariya) abgelehnt wird. Darüber hinaus werden nicht überall dieselben Lehren denselben Lehrern zugeschrieben. Unter den Häretikern ist uns Goshālīputra aus den Jaina-Schriften bekannt, der dort aber als Anhänger der asketischen Ājīvikas erscheint. Wir wissen, daß er sich den Jainas anschloß, daß es aber zu Streitereien zwischen ihm und dem Haupt der Jaina-Gemeinde kam und daß er sich dann wieder von ihr trennte.[244] Die besondere Ablehnung des Goshālīputra dürfte damit zusammenhängen, daß er mit den Ājīvikas in Verbindung stand, deren Lehre von Buddha ebenfalls als "unmoralisch" gekennzeichnet wird (Majjh.-Nik. I, 483). Der Buddha erklärt, daß er in den einundzwanzig Zeitzyklen (kalpas), an die er sich erinnere, nur von einem Ājīvika wüßte, der in den Himmel gekommen sei, weil er am Glauben an das Karma-Gesetz festhielt.

Gegenüber der Lehre der Ājīvikas und anderer wurde das System der Jainas nur als "unbefriedigend" erklärt, was eine tolerantere Haltung ihnen gegenüber mit sich brachte. Folglich wird auch Jñātiputra, der den Jainas als Mahāvīra bekannt war, in buddhistischen Schriften häufig weniger kritisch erwähnt. Im Sandaka-Sutta allerdings wird die Position des Schulhauptes der Jainas nicht weiter gekennzeichnet. Dieses Sutta enthält auch eine weitere Liste von vier Systemen, die als "unbefriedigend" klassifiziert werden. Das erste bezieht sich offenbar auf die Jainas, denn es werden Lehrinhalte referiert, wie sie an anderer Stelle (Majjh.-Nik. I, 92) dem Jñātiputra zugeschrieben werden. Im vierten dieser Systeme wird auf die Wahrheitsumgehung eines häretischen Lehrers verwiesen, womit offenbar auf Samjayin angespielt wird.

Die Absetzung von fremden, häretischen Schulen läßt in den buddhistischen Schriften gewöhnlich kein besonderes Bemühen erkennen, die Gegenpositionen objektiv und differenziert darzustellen. Dies ist auch gar nicht zu erwarten, zumal es in ihnen in erster Linie um die

Darlegung der buddhistischen Lehre geht. Daß hierbei andere Positionen nur als Hintergrund erscheinen, von dem sich die Lehre des Buddha positiv abhebt, ist verständlich. Sie ist der alleinige Maßstab für die Beurteilung fremder Dogmen. In diesem Sinne hebt der Buddha im MPS (40b)[245] hervor, daß sich eine fremde Lehre danach messen lassen muß, ob der edle achtfache Pfad in ihr Platz habe oder nicht. Es wird aber deutlich, daß das letztlich nur für seine Lehre gilt.

4. Die Devadatta-Episode

Zu den Auseinandersetzungen, die Buddhas eigene Gemeinde betrafen, gehört nach einstimmiger Aussage aller betreffenden Zeugnisse die drohende Ordensspaltung, die von dem Jünger Devadatta ausging. Dieser entstammte der Familie des Buddha und war dessen eigener Vetter. E. Waldschmidt hat in seiner vergleichenden Analyse eines Sanskrit-Textes zur Devadatta-Episode darauf aufmerksam gemacht, daß Devadatta ursprünglich ein durchaus angesehenes und prominentes Gemeindemitglied war. "Aus den Legenden, die sein Auftreten umranken", so hebt er hervor, "ersieht man ... noch deutlich, daß er nicht immer nur Bösewicht war, sondern zunächst in hohem Ansehen unter Laien und Mönchen stand; nur darum konnte er - was historisch zu sein scheint - zu einem ernsthaften Konkurrenten des Meisters innerhalb der Gemeinde werden."[246] Verschiedene altbuddhistische Schulen berichten sowohl im Sūtra- wie im Vinaya-Teil ihres Kanons, speziell in dem Vinaya-Abschnitt "Gemeindespaltung" (Saṃghabheda) über das Treiben des Devadatta (Culavagga VII im Pāli-Kanon). In so ausgeprägtem Maße wird er zum Schurken stilisiert, daß schon die Ereignisse um die Jugend des Buddha vom frevelhaften Tun seines Vetters begleitet sind; ja sogar Vorgeburtsgeschichten werden konzipiert, die von Devadattas früherem Gegensatz zum Buddha und von seinem bösen Treiben berichten.[247] All solche Berichte sind eindeutig erst spätere Hinzufügungen zur ursprünglichen Devadatta-Episode.

Nach der Pāli-Tradition tritt Devadatta schon zu Beginn der Lehrtätigkeit des Buddha in den Orden ein. In einer Liste von elf wichtigen Jüngern (Udāna I, 5) wird er ohne irgendwelche diskreditierenden

Kennzeichnungen neben anderen genannt. Im Gegenteil, sie werden alle vom Buddha als "Brahmanen" angeredet. Auch hier klingt nun das Thema vom "wahren Brahmanen" an; der Buddha erklärt, daß moralische Vorzüge und jene Erleuchtung, die von Fesseln befreit, einen zum Brahmanen machen. Als ein solcher erscheint hier also auch Devadatta. Im Saṃy.-Nik. (II, 156) erklärt der Buddha allerdings, daß Devadatta und jene, die bei ihm seien, üble Wünsche hätten. Im Aṅg.-Nik. (II, 73; III, 123, 402; IV, 160) erfahren wir schon von Devadattas Abkehr vom Buddha. Die Geschichte von der von ihm verursachten Ordensspaltung wird allerdings erst im Vinaya (Vin. II, 196; Culavagga VII) und in späteren Texten (Jāt. V, 333; Dhp. Kom. I, 133) berichtet. Nach den älteren Pāli-Texten beeindruckte er den König Ajātashatru durch seine magischen Kräfte und Fähigkeiten. Dieses habe seinen Stolz erhöht, und er habe nun nach der Führungsrolle in der Gemeinde getrachtet. Gleich darauf seien aber seine magischen Kräfte geschwunden. Als dem Buddha dies zugetragen wurde, lehnte er es ab, darüber zu sprechen, denn ein Tor werde sich schon selbst zu erkennen geben.

Als Buddha einst, so berichten unsere Pāli-Quellen weiter, in Rājagriha predigte, habe ihn Devadatta angesichts seines fortgeschrittenen Alters aufgefordert, die Gemeindeleitung an ihn zu übergeben. Als er dies ablehnte und der Devadatta auf seiner Forderung beharrte, habe der Buddha erklärt, daß er die Leitung der Gemeinde nicht einmal den führenden Jüngern Maudgalyāyana und Shāriputra übergeben würde, geschweige denn ihm, dem Bösen. Darauf erfolgte praktisch ein Ausschluß aus der Gemeinde. Buddha veranlaßte den Orden, in einer Bekanntmachung kundzutun, daß alles, was Devadatta tue, nur auf eigene Initiative erfolge und in keiner Weise im Namen des Buddha, der Lehre oder des Ordens geschehe.

Wir erfahren sodann, daß Devadatta mit Unterstützung des Königs Ajātashatru einen Anschlag auf das Leben des Buddha verübte. Er setzte zunächst sechzehn vom König bereitgestellte Bogenschützen auf den Buddha an. Aber angesichts der Hoheit der Gestalt des Meisters hätten sie alle nacheinander von ihrem Vorhaben abgelassen, ihre Schuld bekannt und seien vom Buddha bekehrt worden.

Devadatta entschließt sich nun, den Buddha selbst zu töten. Doch alle seine Anschläge mißlingen. Als sich der Buddha im Schatten eines Berges aufhält, läßt er einen riesigen Stein herabrollen. Dieser wird jedoch von Unebenheiten im Gelände aufgehalten, zerspringt dabei in zahlreiche Stücke, und Splitter davon verletzen den Fuß des Erhabenen. Der Buddha erklärt dem Devadatta darauf, daß er großes Unheil auf sich geladen habe, da er das Blut eines Tathāgata habe fließen lassen. Als die Mönche den Buddha nun bewachen wollen, lehnt er dies mit der Erklärung ab, keiner könne ihn seines Lebens berauben, denn Tathāgatas würden auf natürlichem Wege ins Nirvāna eingehen, also eines natürlichen Todes sterben.

Devadatta veranlaßt nun einen Elefantenhüter, den wilden Elefanten Nālāgiri, den er zudem noch trunken macht, auf den Buddha loszulassen. Als der Elefant auf ihn zustürzt, durchdringt er das wilde Tier mit liebendem Wohlwollen (maitrī), was es sogleich zur Ruhe bringt. Zweifellos soll mit der Erzählung die Kraft der vollkommenen maitrī als eine der vier brahmavihāras veranschaulicht werden.

Devadatta, der jetzt Ehre und Ansehen eingebüßt hat, versucht nun, zusammen mit drei Genossen ein Schisma in der Gemeinde herbeizuführen. Sie bitten den Buddha, fünf strenge Regeln zu erlassen, allen voran die Regel, daß Mönche ihr ganzes Leben im Wald zu verbringen hätten. Der Buddha erklärt, daß er es nicht erlauben könne, daß sich ein Mönch in der Regenzeit am Fuße eines Baumes niederlasse (was zweifellos in der durch Schlangen drohenden Gefahr begründet ist). Ansonsten könnte man diese von Devadatta vorgeschlagenen Regeln, zu denen auch ein absolutes Fleischverbot gehört, einhalten, sie seien aber nicht verpflichtend. Das aber veranlaßt den Devadatta, dem Buddha nachzusagen, er lebe in Luxus und Überfluß.

Die eigentliche Ordensspaltung hebt damit an, daß Devadatta dem Ānanda erklärt, daß er die Beichtzeremonie (upoṣadha, P.: uposatha) ohne den Buddha abhalten werde. Er gewinnt 500 kürzlich erst ordinierte Mönche aus Vaishālī, zu diesem Zweck mit ihm zum Gayāshīrsha (P.: Gayāsīsa)-Berg zu ziehen. Der Buddha sendet Shāriputra und Maudgalyāyana, die fehlgeleiteten Mönche zurückzugewinnen. Diese lauschen zunächst der bis in die Nacht währenden Predigt des Devadatta. Als dieser, vom Schlaf übermannt, einschläft, wenden sie sich selbst an die 500 Mönche und veranlassen sie zur Rückkehr. Als Devadatta, von einem Genossen geweckt, dessen gewahr wird, was geschehen ist, quillt ihm in der Erregung heißes Blut aus dem Mund. Der Buddha aber nimmt die abgefallenen Mönche wieder auf, ohne eine erneute Ordination zu fordern oder gar dergleichen zur Regel zu machen. Es genüge, wenn sie ihr Vergehen bekennten. Dem Devadatta aber droht er Höllenstrafen für ein Zeitalter (kalpa) an.

Ein Kommentar (Dhp. Kom. I, 147) weiß zu berichten, daß Devadatta nach seiner Niederlage neun Monate lang krank dalag. Er wünschte, den Buddha zu sehen, doch dieser erklärt, daß es in diesem Leben nicht mehr möglich sein werde, mit ihm zusammenzutreffen. Als Devadatta sich auf einer Tragbahre zum Jeta-Hain bringen ließ, wo der Buddha weilte, tat sich die Erde auf, und er fiel in die tiefste aller Höllen. Dazu erklärte der Buddha, Devadatta werde nach 100 000 Zeitaltern als Pratyekabuddha (ein Buddha, der die Lehre nicht verkündet) namens (P.) Atthissara wiedergeboren werden. Die alten Texte wissen allerdings nichts von einer körperlichen Höllenfahrt des Devadatta.

Ein Sanskrit-Fragment zur Devadatta-Episode stammt aus dem Vinaya der Sarvāstivādins. Die hier berichteten Ereignisse stimmen mit dem chinesischen Text dieses Vinaya-Abschnitts weitgehend überein. Es liegen aber einige Abweichungen gegenüber dem Pāli-Text vor. Das, was wir als Ausschluß aus der Gemeinde gekennzeichnet haben, nennt Waldschmidt, der Herausgeber des Fragments, eine "Inverruferklärung Devadattas".[248] Dieser wird auch hier durch einen offiziellen Gemeindebeschluß herbeigeführt, der vom Buddha veranlaßt ist. Aber die Begebenheiten sind im Skr.-Text etwas anders angeordnet. Nach Devadattas Attentat auf den Buddha folgt erst die Distanzierung vom Bösewicht. Hier ist wohl dem Pāli-Text der Vorzug zu geben. Wie in ihm dürfte "die ursprüngliche Tradition" den Ausschluß Devadattas vor seinen Attentatsversuchen angesetzt haben.[249]

Devadatta wird in der wichtigen Sūtra-Sammlung Dīgh.-Nik. nirgends erwähnt, aber zweimal im Majjh.-Nik. genannt. Diese Stellen setzen die Kenntnis des Geschehens voraus.[250] Dennoch bleibt die Frage, ob die Erzählung vom Schisma tatsächlich auf einen historischen Kern zurückgeht oder ob es sich hier um die Ausspinnung eines alten Berichtes um einen rebellischen Mönch handelt. Mit Oldenberg sieht Thomas den geschichtlichen Kern des Berichtes in der Verkündigung von fünf Regeln bzw. Verboten für Mönche, was einen tatsächlichen Disput in der Mönchsgemeinde voraussetzt.[251] Uns will es scheinen, daß hier speziell die Regeln des Suttavibhaṅga (Vinaya I),[252] aber auch eine ganz bestimmte dogmatische Begriffsreihe, die in spezifischen Verboten besteht, legendarisch begründet wird. Es sind dies die "fünf unmittelbar Sühne hervorrufenden Taten" (ānantarya), ein Sachverhalt, der durch Devadattas Sturz in die Hölle veranschaulicht wird. Diese sind 1. Muttermord, 2. Erschlagen eines Arhat, 3. Vatermord, 4. Ordensspaltung und 5. "das Blut eines Tathagata in boshafter Gesinnung zu vergießen" (s. Anhang 5.2). Zumal die letzten zwei Verbote erhalten in der Devadatta-Episode ihre Illustrierung, was aber zweifellos in entsprechenden historischen Ereignissen begründet gewesen ist.

Die späteren Jahre des Buddha waren überschattet durch die Rivalitäten fürstlicher Höfe, die gerne seine Autorität für sich in Anspruch nahmen. Buddha, der so erfolgreich Vornehme, Fürsten und Könige für seine Sache gewonnen hatte, drohte nun selbst zum Spielball politischer Mächte zu werden. Vielleicht ist seine Wanderung nach dem Norden, in die Gebiete jenseits des Ganges und östlich des Kosala-Reiches, von dem die Mahāparinirvāṇa-Texte berichten, von dem Wunsch getragen, den politischen Machenschaften zumal im Magadha-Land zu entgehen. Hier hatte der junge König Ajātashatru seinen Vater Bimbisāra ermordet, um selbst auf den Thron zu gelangen; er wird uns als einer dargestellt, der sich relativ spät der Buddha-Lehre zuwandte. Allerdings können wir davon ausgehen, daß er sich davon auch politischen Nutzen versprochen hat.
Jedenfalls verläßt der Buddha sein Herrschaftsgebiet bald nach seiner "Bekehrung". Das Ziel seiner Wanderung lag im Gebiet der Mallas am östlichen Rand des mächtigen Kosala-Reichs, wo allerdings der König Prasenajit seiner Sache wohlgesonnen war.
Politische Machenschaften unter Einbeziehung des Buddha kennzeichneten allerdings auch die Szene im nördlich des Ganges liegenden Kosala. Um das Vertrauen der offenbar einflußreichen buddhistischen Mönche zu gewinnen, hatte Prasenajit eine Eheverbindung mit dem Geschlecht der Shākyas angestrebt. Als er um ein Shākya-Mädchen als Ehefrau bat, lehnten dies die stolzen Shākyas zwar ab, andererseits aber fürchteten sie die Vergeltung des mächtigen Kosala-Reichs. Also boten sie ihm unter Vortäuschung falscher Tatsachen ein Mädchen an, das aus der Verbindung des Shākya Mahānāma mit einer Sklavin hervorgegangen war. In der Meinung, sie sei von hoher Kaste, wurde sie akzeptiert, und sie gebar dem König Prasenajit einen Sohn, Virūdhaka (P.: Vidūdabha).
Als Virūdhaka aufwuchs und seine Verwandten im Shākya-Land besuchte, wurde er der niederen Geburt seiner Mutter gewahr. Durch die List eines verärgerten Generals seines Vaters gewann er den Thron und ersann Rache gegen die Shākyas. Trotz mehrmaliger Mahnungen Buddhas führte er seine Pläne zur Zerstörung der Shākyas auf schreckliche Weise durch, indem er ein furchtbares Blutbad unter ihnen anrichtete. Angeblich überlebte keiner der Führenden (vgl. Dīgh.-Nik. II, 165; Jāt. IV, 144). Das steht im Gegensatz zu MPS

(50aff.) und MPP (46aff.), die davon berichten, daß die offenbar noch regierenden Shākyas einen Teil der Reliquien des Buddha nach dessen Tod forderten und erhielten.[253] Der Bericht von der völligen Zerstörung des Shākya-Klans hat somit etwas Legendarisches an sich. Um die Gegensätze zwischen den Erzählungen auszugleichen, berichtet z. B. der Dhp. Kom. (I, 344), wie sich ein Rest der Shākyas rettete, um eine neue Herrschaft in einem Grenzgebiet zu errichten. Nach dem chinesischen Indienpilger Hsüen-tsang fand ein Shākya-Prinz seinen Weg in die spätere buddhistische Hochburg Udyāna im nordwestlichen Indien, wo er ein Königreich begründete.[254]

Das Massaker unter den Shākyas, seinen eigenen Blutsverwandten, dürfte dem Buddha nahegegangen sein. Auch wenn berichtet wird, er habe das Unheil nicht abwenden können, weil die Shākyas in ihren Streitereien mit den Nachbarn zu viel Schuld auf sich geladen hätten, wird hier doch offenbar, daß seine zweifellos aktive und anfänglich auch erfolgreiche Anteilnahme am politischen Geschehen durch Kontakt zu maßgeblichen Persönlichkeiten des öffentlichen Lebens zu einer Verflechtung mit politischen Interessen führte, die auch Unheil im Gefolge hatte. Zweifellos diente der Kontakt zu führenden Herrscherhäusern in entscheidender Weise der Förderung seiner Gemeinde, die wie kaum eine andere Asketengruppe der Zeit einen atemberaubenden Aufschwung nahm und eine breite Unterstützung erfuhr. Aber die Desillusionierung, die sich aus politischem Paktieren ergeben kann, blieb nicht aus. So wandert er nach seiner Überquerung des Ganges keineswegs ins Kosala-Reich, sondern zieht über das westlich davon gelegene Vaishālī nach Kushinagara, ins Gebiet der Mallas. Vielleicht war seine Heimat im Shākya-Lande sein Ziel. Es drängt sich der Verdacht auf, daß er den großen politischen Mächten, die ihn nun ihrerseits zu instrumentalisieren bemüht waren, entgehen wollte. Wenn es nach seinem Tode fast zu einem Streit der Könige und Reiche im mittleren Gangesbecken um seine Reliquien gekommen wäre, so erhellt das nochmals seine einflußreiche Rolle im politischen Leben, dem er grundsätzlich distanziert, aber nicht teilnahmslos gegenüberstand.

G. Die letzten Wochen des Buddha, seine Abschiedsreden und sein Tod

Auf die letzten Lebenswochen des Buddha werfen eine Reihe von Texten Licht. Mußten doch die zum Tod des Meisters führenden Ereignisse, vor allem aber seine letzten Belehrungen und Anweisungen, von größter Bedeutung für die junge Mönchsgemeinde sein. Wie in der Buddha-Vita allgemein sind auch hier die Berichte vom Legendarischen und Wunderhaften durchzogen. Dennoch lassen sich die Hauptetappen des Geschehens in den letzten Wochen relativ klar erkennen.

Wir sind in der glücklichen Lage, bei der Rekonstruktion der Ereignisse wie auch bei der Herausstellung der letzten Reden und Ansprachen nicht nur auf die Pāli-Überlieferung angewiesen zu sein. Ein bedeutender Sanskrit-Text, das Mahāparinirvāṇa-Sūtra ("Das große Sūtra vom Parinirvāṇa (des Buddha)" = MPS), das von den letzten Ereignissen im Leben des Meisters ausführlich berichtet, ist in Zentralasien gefunden und von E. Waldschmidt unter Heranziehung der Pāli-Entsprechung wie auch chinesischer Parallelen ediert und zusammengefaßt worden. Das MPS entstammt der Schule der Mūlasarvāstivādins und ergänzt in wertvoller Weise den entscheidenden Text der Pāli-Tradition, das Mahāparinibbāna-Sutta (= MPP, Dīgh.-Nik. Nr. 16). H. Oldenberg sagt von diesem Text: "Die äußeren Umstände dieser Erzählung tragen zum großen Teil, wenn auch nicht ausnahmslos, das Gepräge wirklicher Erinnerung ... Man wird in diesem Sūtra einen ... sonst fremden warmen Hauch empfinden, wie er der Erinnerung an die weihevollen letzten Tage des Beisammenseins von Meister und Jüngern wohl entströmen möchte"[255].

In Waldschmidts vergleichender Untersuchung hat er die Ereignisse, von denen MPP und MPS berichten, in 51 "Vorgänge" eingeteilt und diese zu sechs Vorgangsgruppen zusammengefaßt.[256] Ehe wir diese besprechen, noch einiges zu den Vergleichstexten.

Es stehen uns zum Vergleich vor allem chinesische und tibetische Texte zur Verfügung. Dazu gehört zunächst der 412/13 n. Chr. ins Chinesische übersetzte Dīrghāgama der Schule der Dharmaguptas (Nanjio Nr. 545). An zweiter Stelle ist ein Parinirvāṇa-Sūtra zu nennen, das von Po Fa-tsu (290-306 n. Chr.) ins Chinesische übersetzt worden ist (Nanjio Nr. 552). Drittens ist ein Parinirvāṇa-Sūtra eines unbekannten Übersetzers aus der Zeit der östlichen Chin (317-420 n. Chr.) zu nennen (Nanjio Nr. 119). An vierter Stelle kommt für die vergleichende Betrachtung ein vom chinesischen Indienpilger Fahsien 417 n. Chr. übersetztes Mahāparinirvāṇa-Sūtra in Frage (Nanjio Nr. 118). Fünftens schließlich gibt es eine Entsprechung zu einem Mahāparinirvāṇa-Sūtra im Vinaya der Schule der Mūlasarvāstivādins. Dieser Text ist vom Indienpilger I-tsing 710 ins Chinesische übersetzt worden (Nanjio Nr. 1121). Der Text liegt auch in einer tibetischen Übersetzung im Vinaya derselben Schule im Kanjur vor und ist von W. W. Rockhill eingehend analysiert worden.[257]

Der Sanskrit-Text MPS steht nicht nur dem Pāli-Text MPP, sondern auch den damit inhaltlich verwandten chinesischen Vinaya-Texten nahe, auch wenn er nicht dem Korb der Ordenszucht, sondern dem der Sūtras entstammt. Obwohl der Pāli-Text einen altertümlichen Charakter hat, weist Waldschmidt darauf hin, daß er neben antik anmutenden Passagen und Aussprüchen auch viele Abschnitt enthält, "die kaum als alt und ursprünglich gelten könnten", daß der Text also keineswegs einheitlich und gleichwertig ist.[258] Der Sanskrit-Text, der in vielen Einzelheiten wie auch in der Komposition der Einzelerzählungen zahlreiche Abweichungen vom Pāli-Text zeigt, macht häufig den Eindruck einer besseren und getreueren Überlieferung und steht inhaltlich wie sprachlich der ursprünglichen Tradition näher als das MPP. Mit seiner Hinzuziehung ist also eine verläßlichere Grundlage gegeben, als wenn wir nur auf die Pāli-Tradition mit ihren Parallelen angewiesen wären.[259]

Folgen wir also den Vorgängen, wie sie Waldschmidt unterschieden hat.[260] Jedes Ereignis bzw. jeder Vorgang hat seinen eigenen Schauplatz, wobei freilich eine Reihe von Ereignissen an einem Schauplatz spielen kann.

1. Von Rājagriha bis zum Ganges

Der Zyklus der Erzählungen um die letzten Lebenswochen des Buddha setzt in MPS und MPP mit einer Begebenheit ein, die in Rājagriha spielt, wo sich der Buddha auf dem Berge Ghridrakūta befindet. Der König von Magadha, Ajātashatru, sendet seinen Minister Varshā-

kāra zu ihm, denn er beabsichtigt, die benachbarten Vrijis zu unterwerfen, und er möchte vom Buddha erfahren, wie er die Aussicht dieses Unternehmens einschätzt. Der Buddha antwortet, er habe den Vrijis einst sieben Bedingungen für die Sicherung des Bestandes des Staates genannt; dazu gehört die Beachtung ethischer Gebote und die Hochschätzung von Tradition, Gesetz und Religion. Da die Vrijis diese Bedingungen erfüllten, sei ihre Niederlage ausgeschlossen. Varshākāra erkennt, daß der Kampf zwecklos ist und verabschiedet sich.
Dieser Bericht ist wie so häufig nur eine erzählerische Folie und gibt den Verfassern Anlaß, den Buddha über die Bedingungen für die Sicherung des Bestandes der Mönchsgemeinde sprechen zu lassen. Diese sind den vorhergenannten vergleichbar, werden aber ausführlicher dargelegt. Neben generellen Anweisungen wie der Aufforderung zum Aufgeben der Lebensgier stehen hier auch speziellere, gemeindebezogene Verordnungen wie die Achtung von Mitbrüdern usw. Diesen Darlegungen schließt sich eine allgemeine Predigt des Buddha über sittliche Zucht, Versenkung und Einsicht sowie die daraus resultierende Befreiung von sündigen Einflüssen (āśrava) an (nur im MPP). Es folgt sodann eine weitere Predigt außerhalb Rājagrihas über die vier edlen Wahrheiten, offenbar ein alter Bestand der Parinirvāṇa-Erzählung, der im Skr.-Text am authentischsten wiedergegeben wird.
Der nächste Schauplatz ist der Ort Pātaligrāmaka, ein Ort, der als Pātaliputra (das heutige Patna) bekannt werden sollte. Hier predigt der Buddha über die fünf Nachteile der "Nachlässigkeit" (pramāda) und die fünf Vorteile der "Nichtnachlässigkeit" (apramāda). Eine weitere Begebenheit in Pātaligrāmaka ist die Weissagung über die zukünftige Größe des Ortes. Der Buddha prophezeit den Ausbau der Stadt zu einer Festung. Die Weissagung wird im Rahmen eines Gesprächs mit Ānanda gemacht, der ihm berichtet, daß der Minister Varshākāra die Stadt bereits ausbaue. Buddha, der mit seinem himmlischen Auge die mächtigen Schutzgottheiten des Ortes sieht, verheißt nicht nur der Stadt eine große Zukunft, sondern trifft auch die grundsätzliche Feststellung, daß mächtige Leute ihre Stadt dort errichteten, wo mächtige Schutzgottheiten wohnten. Dies ist zweifellos eine Rechtfertigung für den später immer bedeutsamer werdenden Kult von Lokal- und Schutzgottheiten.
Eine weitere Begebenheit in Pātaligrāmaka ist eine Bewirtung des Buddha durch den Minister Varshākāra (bzw. nach MPP durch die Minister Sunīdha und Vassakāra). Auch hier ist der MPS-Text länger und verständlicher. Er teilt ausführlich die in Strophen vorgetragene Dankesrede des Buddha an den Minister mit, in der er den Segen der

Götter für jenen in Aussicht stellt, der einen "Befolger des Keuschheitswandels" bewirtet, und er ruft dazu auf, das daraus erwachsene Verdienst den Göttern zuzuwenden. "Die Götter sind für den Buddha ... reale Faktoren", hebt Waldschmidt hervor, "die in das Leben des Menschen eingreifen und mit denen gerechnet werden muß ... der Sterbliche tut wohl daran, sich mit ihnen gut zu stellen, um ihres Schutzes teilhaftig zu werden."[261] Der später bis nach China hin verbreitete Brauch, Schutz- und Ortsgötter durch Zuwendung von Verdienst (puṇya, dakṣiṇa) zu kräftigen, konnte somit von diesem Ereignis her begründet werden. Denn der Buddha bekräftigt sogar, daß solche Verehrung der Gottheiten seinen Anweisungen entspräche und von allen Buddhas gepriesen würde.

Pātaligrāmaka lag am Südufer des Ganges, und da der Buddha auf einer Wanderung nach Norden begriffen war, war der mächtige Strom hier zu überqueren. MPS, MPP und die chin. Paralleltexte berichten einhellig von einer wunderbaren Überquerung des Flusses. Buddha habe sich samt seinen Mönchen auf übernatürliche Weise ans Nordufer versetzt. Eine genauere Untersuchung der Einzelheiten der Erzählung in den verschiedenen Versionen läßt hierbei einen legendarischen Wachstumsprozeß erkennen. Nach MPS 7 geleitet Varshākāra den Buddha durch das nördliche Stadttor und zum Ufer des Flusses in der Absicht, Tor und Furt nach ihm zu benennen. Am Flußufer sieht der Buddha, wie die Menschen sich abmühen, um den Strom mit Flößen und in anderer Weise zu überqueren. Er versetzt sich in tiefe Meditation und gewinnt dadurch die Macht, augenblicklich ans andere Ufer zu gelangen. Varshākāra bleibt zurück und benennt das Nordtor und das Flußufer nach dem Gautama. Ein Mönch spricht nun drei Verse, die formal und inhaltlich einer alten Tradition angehören.[262] Er setzt dabei nämlich voraus, daß der Buddha durch seine Meditationskraft den Strom überquert, die Mönche ihm schwimmend folgen und sodann die Hörer auf einem Floß über den Strom gelangen, während der Minister, ein Brahmane, am Ufer zurückbleibt. Die Begebenheit wird zum Sinnbild für die Überquerung des Stromes bzw. Ozeans der Leidenschaften und damit des Leidens, wobei auch noch die Kategorie jener genannt wird, die vergeblich versuchen, eine Brücke über das Wasser zu errichten. Die verschiedenen Formen der Stromüberquerung veranschaulichen die verschiedenen Bemühungen, den Daseinsstrom zu überwinden. Kennzeichnend für das buddhistische Verständnis ist, daß hierbei der Brahmane zurückbleibt.[263]

Im MPP ist vom Eintritt des Buddha in die Versenkung keine Rede; er versetzt sich dort ohne große Vorbereitung zusammen mit seinen

Mönchen ans andere Ufer und spricht dann selbst die genannten Verse. Obwohl die Fassung eine Weiterentwicklung der Legende spiegelt, ist auch hier das Bild von der Überquerung des Leidensstromes die eigentliche Pointe der ganzen Erzählung.
Im Bericht von der Gangesüberquerung geht der Vinaya der Mūlasarvāstivādins eigene Wege. Hier ist die Rede von zwei Bootsbrücken, die über den Strom führen. Der Buddha überläßt es den Mönchen, welche Brücke sie benutzen wollen. Während sie sich auf die zwei Brücken aufteilen, nimmt er zusammen mit Ānanda einen Steg aus Schlangenköpfen in Anspruch, der sich gebildet hat, weil hilfreiche Wasserschlangen, um gute Verdienste zu erwerben, sich ihm zur Verfügung stellen. Der anschließend von einem Laienanhänger verkündete Vers unterscheidet zwischen den Weisen, die ein Boot benutzen (d. h. sich eines geistlichen Fahrzeuges bedienen), und den Törichten, die eine Brücke im Meer bauen wollen. Er stellt den Buddha beiden Klassen gegenüber. Seine Anhänger vermögen ihm nach dem Grad ihrer Vollkommenheit über den Strom zu folgen, zweifellos eine Anspielung auf unterschiedliche geistliche Rangklassen.
Ein im Divyāvadāna erhaltener Bericht über die Gangesüberquerung schließt sich diesem Bilde an.[264] Grundsätzlich gilt auch hier in der geistlichen Ausdeutung des Geschehens, daß der Buddha das Meer des Leidens unvermittelt überquert und seine Anhänger ihm nach dem Grade ihrer Vollkommenheit zu folgen vermögen, während der Brahmane als Sinnbild des "gewöhnlichen Menschen" zurückbleibt.
Mit der Überquerung des Stromes und ihrer geistlichen Ausdeutung ist die erste Gruppe von Vorgängen abgeschlossen. Es folgt nun die zweite Gruppe, die von Ereignissen auf dem Weg nach Vaishālī berichtet.[265]

2. Auf dem Weg nach Vaishālī

Die Ereignisse am anderen Gangesufer beginnen mit Predigten des Buddha über die vier edlen Wahrheiten, die Trias Zucht, Versenkung und Einsicht und die "vier unheilvollen Einströmungen" (āśravas) (s. Anhang Nr. 4.4). Eine weitere Darlegung in der Stadt Nādikā wird eingeleitet durch einen erzählerischen Rahmen (MPS 9), der berichtet, daß zu dieser Zeit eine Seuche in der Stadt herrscht, der eine Reihe von Laienanhängern zum Opfer gefallen ist. Auf die Frage der Mönche, was das Schicksal der Verstorbenen sei, antwortet der Buddha mit der Unterscheidung von drei Gruppen von Hörern. Er gibt die Zahl der verstorbenen Laienanhänger einer jeden Gruppe genau an, möchte dann aber mit dem Schicksal der Verstorbenen nicht weiter behelligt werden und verweist auf das unabänderliche Gesetz des Entstehens in Abhängigkeit und seine Aufhebung. Sodann predigt er über den "Spiegel des Gesetzes". Dies beinhaltet die Aussage, daß die wesentlichen Grundlagen der Erlösung der Glaube, genauer das Vertrauen (śraddhā), zum Buddha, zur Lehre und zur Gemeinde sowie das Halten der sittlichen Gebote (śīla) seien. Wir können auch hier das Bemühen erkennen, bestimmte dogmatische Konzeptionen historisch auf die letzten Lehrpredigten des Buddha zurückzuführen.

Der Schauplatz des nächsten Geschehens ist der Hain der Hetäre Āmrapālī bei Vaishālī, dem ersten Zielort auf der nördlichen Wanderung. Als der Buddha mit seinen Mönchen im genannten Hain rastet, ermahnt er sie nach MPP (10) ohne ersichtlichen äußeren Anlaß, besonnen und bewußt zu sein. Die Ermahnung wird erst im MPS (10a) verständlich, wonach sich die geschmückte Hetäre mit ihren Dienerinnen gerade zum Buddha begibt. Dieser ist in einer Predigt begriffen, und erst als er die Frauen kommen sieht, mahnt er sie zur Wachsamkeit und zu ernstem Streben, wobei er ausdrücklich vor Zuchtlosigkeit warnt.[266] Es folgen Betrachtungen über die Unreinheit und Unbeständigkeit des Körpers und die Ermahnung, sich vom Hängen am Körperlichen zu befreien.[267]

Nun folgt die Belehrung der Hetäre. Sie zeigt sich für die Botschaft aufgeschlossen und lädt den Buddha und seine Mönche für den nächsten Tag zu sich zum Mahl ein. Die auf Chinesisch erhaltenen Texte gehen ausführlich auf die Belehrung der Āmrapālī ein, nach dem Dīrghāgama wird sie sogar Nonne.[268]

Vor der Bewirtung durch die Hetäre ist nun in MPS und MPP ein Bericht über den Besuch der Licchavis beim Buddha eingeschoben. Sie haben von seinem Aufenthalt im Hain gehört und suchen ihn auf. Nach MPP begegnen sie unterwegs der Hetäre und versuchen vergeblich, ihr das Bewirtungsrecht abzukaufen. Ihre Begegnung mit einem jungen Brahmanen, Paiṅgika Mānava, der in Strophen das Erscheinen und Wirken des Buddha preist, gibt dem Erzähler im MPS Anlaß, auf die wunderbaren Begleiterscheinungen beim Auftreten eines Buddha zu verweisen.

Nach diesen Ereignissen wenden sich unsere Texte wieder der Āmrapālī-Geschichte zu. Es wird berichtet, wie sie den Buddha und seine Mönche bewirtet und die Gemeinde mit ihrem Park, dem Mangohain, beschenkt.[269] Die Bewirtung veranlaßt den Buddha, das Verdienst des Schenkens (dāna) zu preisen (MPS 12).
Die nun folgenden Ereignisse spielen in einer Örtlichkeit, die MPS und MPP "Bambusdorf" (Venugrāmaka, P.: Beluvagāmaka) nennen. Hier erläßt der Buddha Anweisungen an die Mönche über das Verbringen der Regenzeit. In der folgenden Monsunperiode erkrankt der Buddha schwer. Aber diese Erkrankung vermag er durch "Energie" (vīrya) zu überwinden, denn er ist entschlossen, nicht ohne Abschied von seiner Gemeinde dahinzuscheiden.
Die Texte berichten, daß der Buddha in seinen Gesprächen mit dem über die Erkrankung bestürzten Ānanda betont, daß er seine Lehre hinreichend verkündigt habe. Anlaß ist (nach MPS 14b) die Erwartung Ānandas, daß der Buddha noch vor seinem Dahinscheiden eine besondere Botschaft zu verkündigen habe. Doch der Buddha macht ihm deutlich, daß er keine Geheimnisse besitze und die Lehre vorbehaltlos mitgeteilt habe. Dies wendet sich zweifellos gegen später entstehende Lehren, die sich unter dem Anschein uralter Beurkundung auf den Buddha zurückführen und von denen gesagt wird, daß die Zeit für ihre öffentliche Verkündigung noch nicht reif gewesen sei. Derartige Geheimoffenbarungen hat es später im Buddhismus immer wieder gegeben. Ihre Abwehr ist also hier durchaus verständlich. Der Buddha verweist in seinem Gespräch mit Ānanda im übrigen auf die Notwendigkeit, sich einmal vom Liebgewonnenen zu trennen, wie er dies schon immer gepredigt habe. Nach seinem Tode solle man statt zu ihm zu seiner Lehre Zuflucht nehmen und ansonsten sich selbst Zuflucht und Leuchte sein.[270] Damit ist die zweite Gruppe von Vorgängen abgeschlossen.

3. Vorgänge in und um Vaishālī

Die nächste Gruppe von Ereignissen spielt wieder bei Vaishālī. Der Buddha preist die Lieblichkeit der Stadt (MPS 15) und die in der Nähe gelegenen Heiligtümer (MPP 15). Unter dem Eindruck der Schönheit der Natur macht er den Lieblingsjünger auf seine Fähigkeit zur Lebensverlängerung aufmerksam, da er im Besitz von übernatürlichen Kräften sei. Dies ist ein Wink an Ānanda, dieser möge ihn um solche Lebensverlängerung bitten, doch Ānanda versteht den Wink trotz dreimaliger Wiederholung nicht, woraus der Buddha schließt, Māra habe seinen Geist verwirrt. Später beim Konzil zu Rājagriha, etliche Jahre nach dem Tode des Buddha, muß sich Ānanda dieses Versäumnis vorhalten lassen, und er entschuldigt sich auch damit, daß der Böse ihn mit Verblendung geschlagen habe.[271]

In der Mehrzahl der Überlieferungen folgt nun eine Aufforderung des Māra an den Buddha, ins höchste Nirvāṇa einzugehen. MPS und MPP (16) berichten in Übereinstimmung, daß Māra den Buddha an ein Gespräch nach der Erleuchtung erinnert, wonach dieser versprochen habe zu verscheiden, sobald er seine Lehre verkündet und seine Gemeinde gefestigt habe. Dies sei nun geschehen. Darauf verspricht der Buddha, nach drei Monaten ins höchste Nirvāṇa einzugehen. Māra geht erfreut davon. Der Buddha aber tritt in tiefe Meditation ein, gibt den Willen zu längerem Leben auf - es ist die Rede von einem Aufgeben der "Lebensprädisposition" (jīvita-saṃskāra) - und schafft damit die entscheidenden Voraussetzungen für sein baldiges Dahinscheiden. Darauf erbebt die Erde mehrfach (MPS 16). Der Buddha erhebt sich sodann von seiner tiefen Meditation und verkündet seinen Entschluß zu verscheiden.

Die Reaktion des Ānanda ist zunächst die, daß er nach dem Grund des Erdbebens fragt. Der Buddha erklärt ihm (MPS 17, MPP 17a), daß es für ein Erdbeben acht Gründe gebe, nämlich 1. Stürme im Luftraum, 2. übernatürliche Machtentfaltung eines Religiösen, 3. der Herabstieg des Bodhisattva vom Tushita-Himmel, 4. die Geburt des Bodhisattva, 5. die Erleuchtung des Bodhisattva, 6. die erste Predigt des zum Buddha gewordenen Bodhisattva, 7. die Aufgabe des Willens zu längerem Leben durch den Buddha und 8. der Eingang des Buddha ins Parinirvāṇa. Die Liste ist insofern bemerkenswert, als sie von einer frühen Periodisierung des Buddhalebens zeugt. Waldschmidt macht auf Grund vergleichender Betrachtungen wahrscheinlich, daß diese Achterreihe aus einer Dreierreihe hervorgegangen ist (so in Vorgang 23), die nur die Punkte 1, 2 und 7 umfaßte, wobei mit der Aufgabe des Lebenswillens die Ankündigung des Parinirvāṇa verbunden ist. Die Achterreihe hat sich erst "im Zusammenhang mit der Ausbildung einer festen Tradition über die Hauptereignisse im Leben des Buddha entwickelt"[272] und spiegelt bereits eine Buddhologie, die idealtypische Ereignisse in einer Reihe von Stadien kennt, die *einem*

und damit *jedem* Bodhisattva bzw. Buddha zugeschrieben werden. Ein früheres Stadium der Buddhalegende bzw. der Buddhologie ist somit erkennbar, aber nicht mehr textlich greifbar.[273]
Auch die nächsten Vorgänge (17b-d), die nur im MPP erhalten sind, lassen einen Wachstumsprozeß in der Buddhologie im Sinne der Konzeption vom Buddha erkennen. Der Buddha schildert hier seine Anpassungsfähigkeit an seine Hörer.[274] In diesem Zusammenhang werden drei Achterreihen aufgezählt. In der ersten, die allein uns hier zu interessieren braucht, geht es um die Kreise von Zuhörern, denen sich der Buddha in der Predigt so anpaßt, daß er jeweils als einer der ihren erscheint. Genannt werden die "Versammlungen" (parişad) 1. der Krieger (Kshatriyas), 2. der Brahmanen, 3. der Haushälter, 4. der Asketen und 5. - 8. von vier Götterklassen. Auch dies ist Ergebnis eines literarischen Wachstumsprozesses;[275] ursprünglich dürfte die Zuhörerschaft nur die drei ersten "Versammlungen" umfaßt haben, womit der Buddha nur als "Menschenlehrer" angesprochen war, ehe er zu einem "Lehrer von Menschen und Göttern" avancierte.
Die nächste Begebenheit in Vaishālī läßt Ānanda begreifen, daß der Buddha tatsächlich ins Parinirvāṇa eingehen will. Als Ānanda dies zu Bewußtsein kommt, bittet er den Buddha unter Hinweis auf seine besonderen Wunderkräfte, sein Leben zu verlängern (MPS 18b; MPP 18b). Doch der Buddha hält ihm vor, er habe ihn vorher bei entsprechender Andeutung nicht darum ersucht. Nun aber stünde sein Entschluß zum Verscheiden fest.
Daraufhin folgt die letzte Predigt des Buddha in Vaishālī. Er läßt die Mönche in eine Empfangshalle rufen und predigt ihnen über die Vergänglichkeit aller Gestaltungen (saṃskāras). Zugleich ermahnt er sie, die von ihm nun aufgezählten Leitbegriffe seiner Lehre zu beherzigen und zu verkündigen. Die Äußerungen sind in den chinesischen Texten durch Aufzählung weiterer dogmatischer Begriffsreihen stark erweitert. Bei Fa-hsien wird die gesamte Lehre in 37 Leitsätzen zusammengefaßt, in der Formel "der zur Erleuchtung führenden Gegebenheiten" (bodhipakşya dharma, vgl. Anhang Nr. 37.1). Nun weist der Buddha die Mönchsgemeinde zum erstenmal offen auf seinen bevorstehenden Tod hin (MPP 19b); er verbindet damit die Ermahnung, sich an seine Lehre und Ordenszucht zu halten und fortwährend nach dem Ende des Leidens zu streben. Damit schließt die dritte Vorgangsgruppe.

Die Vorgänge der vierten Erzählgruppe ereignen sich auf dem Wege von Vaishālī nach Kushinagara (P.: Kushinara), dem Ort, an dem der Buddha sein Leben aufgeben wird, wie er Ānanda beim Aufbruch von Vaishālī bei einem letzten Blick auf die Stadt erklärt (MPS 20, MPP 20). Die erste Station auf dem weiteren Weg nach Norden ist das Dorf Kushthagrāmaka (so MPS). Hier hält der Buddha nochmals eine Predigt über die uns schon bekannte Trias Zucht, Versenkung und Einsicht und die daraus folgende Erlösung von den drei Giften Leidenschaft (Gier), Haß (Zorn) und Verblendung (Unwissenheit). Andere "Schema-Predigten" werden mit anderen Dörfern auf dem Weg in Verbindung gebracht.

In der Ortschaft Bhoganagaraka angelangt, ereignet sich ein Erdbeben, das auf das bevorstehende Parinirvāṇa des Buddha verweist (MPS 23). Dies gibt dem Buddha Anlaß, wiederum über die Ursachen von Erdbeben zu reden, wobei allerdings im Gegensatz zu Vorgang 17 nur die drei vorher erwähnten aufgezählt werden.

Eine weitere Begebenheit in Bhoganagaraka (MPS 24, MPP 22) ist insofern interessant, als sie aus der Sicht der späteren Schrifttradition verfaßt ist. Der Buddha legt dar, daß die Lehren und Vorschriften, die unter Berufung auf ihn und auf ältere und gelehrte Mönche vorgetragen werden, anhand ihrer Schriftgemäßheit zu überprüfen seien. Diese Aussage spiegelt zweifellos die Verhältnisse in einer Zeit der Fortbildung oder gar Weiterwucherung der Lehre, als es keine normative Instanz in Lehrfragen gab und man sich angesichts der vielfältigen Lehren nur an das nun schriftlich fixierte Wort des Kanons halten konnte.

Eine besondere Stellung nimmt im Parinirvāṇa-Zyklus die Geschichte vom letzten Mahl des Buddha ein (Vorgang 26a-c). MPS und MPP berichten zunächst übereinstimmend, daß die Bevölkerung der Stadt Pāpā (P.: Pāvā) den Buddha aufsucht, als sie von seiner Ankunft in der Stadt erfährt. Er predigt ihr und wird anschließend von dem in MPP als Schmied gekennzeichneten Canda für den nächsten Tag zum Essen eingeladen. Er bereitet dem Buddha und seinen Mönchen ein großes Mahl, zu dem nach MPP ein als "Schweineweich" bezeichnetes Gericht gehört.[276] Darauf erkrankt der Buddha so ernsthaft, daß er dem Tode nahekommt (MPP 24b), der damit seine Schatten sichtbar vorauswirft.

Kaum ist der Buddha wiederhergestellt, da wandert er mit Ānanda nach Kushinagara weiter. Nach dem MPS (27) und seinen chin. Parallelen macht er in der Nähe des Flusses Kukustā halt, da er sich nicht wohl fühlt. Er bittet Ānanda, Wasser zum Trinken und Waschen zu holen. Ānanda findet aber das Wasser des Flusses getrübt vor, da gerade eine Reihe von Wagen durch den Bach gezogen ist. Dennoch bringt er dem Buddha etwas von dem verschmutzten Wasser mit der Bemerkung, es sei nur zum Waschen, nicht zum Trinken geeignet. Er verweist auf einen größeren klaren Fluß in der Nähe, die Hiranyavatī. Der Buddha wäscht sich mit dem gebrachten Wasser die Füße und fühlt sich dann wohler. Dieses Ereignis ist in MPP und seinen Parallelen (Dīrghāgama, Fa-hsien) wunderhaft ausgestaltet. Danach sträubt sich Ānanda, Wasser aus dem verschmutzten Fluß herbeizubringen. Erst nachdem der Buddha seinen Befehl dreimal wiederholt hat, begibt er sich zum Strom, der plötzlich rein dahinfließt, als er daraus schöpfen will. Im Dīrghāgama ist es gar eine Gottheit aus dem Himalaya, die dem Buddha klares und kühles Gebirgswasser bringt. Die Legendenbildung kann hier also geradezu schrittweise verfolgt werden.[277]

Als nächster Vorgang schließt sich die Bekehrung des Malla Putkasa (P.: Pukkusa) an. Putkasa zeigt sich von Buddhas Geisteskonzentration so beeindruckt, daß er zum Laienanhänger wird. Er übergibt dem Buddha sodann zwei goldene Tücher, von denen der Erhabene eines anlegt und das andere dem Ānanda weiterreicht (MPP 26c). Da aber überstrahlt der goldene Glanz seines Körpers das Tuch, das demgegenüber zu einem fahlen Gelb verblaßt. Auf Ānandas Verwunderung über diesen Sachverhalt erklärt der Buddha, daß sich diese Erscheinung sonst nur in der Nacht der Erleuchtung und beim Eingehen ins Parinirvāṇa zeige (MPS 28d). Die Erzählung zielt also auf die Tiefe der zum Nirvāṇa führenden Meditation des Buddha ab, die sich äußerlich im goldfarbenen Körper manifestiert. Die goldene Körperfarbe ist Verweis auf die Erleuchtung, auf das Nirvāṇa, auf die Transzendenz. Der golden strahlende Buddha ist der des Heils Teilhaftige. Ein solcher überstrahlt sogar das Gold weltlicher Farben. Die Erzählung von der Darbringung des goldenen Gewandes ist für diesen Sachverhalt wiederum nur eine Folie.

Nun erfahren wir, daß er auf seiner letzten Wanderung nach Kushinagara einen Schwächeanfall erleidet (MPS 30a). Er bittet Ānanda, ihm ein Lager zu bereiten und ihm, dem Meister, die Reihe der sieben "Glieder der Erleuchtung" (bodhyaṅga) zu verkünden. Diese umfassen diverse geistige Stufen oder Zustände, die vom "Gedenken" (smṛti) an

die Lehre über die Aufwendung von Energie (vīrya) bis hin zum "Gleichmut" (upekṣā) führen (vgl. Anhang Nr. 7.3). Buddha hebt nun die besondere Bedeutung der "Energie" hervor; sie sei es, die zur höchsten Erleuchtung führe. Das Geschehen veranlaßt einen Mönch, die Bedeutung der sieben "Glieder der Erleuchtung" zu rühmen und auf ihre heilende Kraft aufmerksam zu machen, ein in dieser Situation durchaus angebrachtes Wort. Bei Po Fa-tsu knüpft der Buddha daran ein Gleichnis. Er vergleicht Geist und Körper mit einem Baugrund und einem Haus. Das erstere ist für ihn als Fundament Sinnbild eines unzerstörbaren Geistes, das zweite, das Haus, aber gleicht dem Körper, der alt werde und verfalle. Nur sein Körper, nicht sein Geist, sei krank und müsse wie alles Geborene vergehen.[278]
Die Vergänglichkeit des Leibes wird nun anschaulich in der folgenden Begebenheit (MPS 31) demonstriert. Es werden die besonderen Kräfte des Buddha veranschaulicht, um anschließend deutlich zu machen, daß selbst ein so außergewöhnlicher Körper, der andere an Kraft um ein Vielfaches überragt, der Vergänglichkeit unterworfen ist. Der Bericht ist in einem Skr.-Sondertext enthalten, der allerdings chinesische Parallelen hat; er wurde dem MPS zweifellos nachträglich eingegliedert.[279] Der erzählerische Rahmen ist der, daß die Mallas von Kushinagara einen festlichen Empfang für den Buddha vorbereiten. Junge Leute ziehen ihm feierlich entgegen, doch entdecken sie auf der Straße einen riesigen Felsblock. Sie holen Hilfe aus der Stadt, um ihn beiseite zu räumen, und sämtliche Mallas kommen mit Pferden, Kamelen, Stieren und Elefanten, um ihn zu entfernen. Aber alle Versuche, ihn zu bewegen, schlagen fehl. Erschöpft und ratlos stehen die Mallas da. Dann erscheint der Buddha, erkundigt sich nach ihrem Vorhaben und schleudert den Fels eigenhändig hoch in die Luft. Dort zerbirst er und fällt als Staub zur Erde. Sodann aber läßt er den Felsblock wieder seine ursprüngliche Gestalt annehmen.
In einer Erklärung seiner Wunderkräfte weist der Buddha darauf hin, daß er aufgrund der ererbten, also von Vater und Mutter erworbenen Kraft (mātapaitṛkabala) den Felsblock in die Luft geworfen, aufgrund seiner übernatürlichen Kraft (ṛddhibala) denselben zermalmt und ihn durch seine "Aufbaukraft" (bhāvanābala) wieder zusammengefügt habe. Nun legt er zunächst die Größe seiner erworbenen Kraft dar, indem er, ausgehend von der Kraft von zehn Ochsen, in einer vergleichenden Stufenfolge von 29 Gliedern die von den Eltern erworbene Macht seines Leibes veranschaulicht. Anschließend erklärt er die "Kraft der Verdienste" (puṇya-bala), die ihm eigen ist, wiederum mit Hilfe einer Kette von ähnlichen Vergleichen, wobei er ausgeht vom

Verdienst aller Wesen in Jambudvīpa (d. h. Indien). Sodann verdeutlicht er, von der hohen Einsicht seines Hauptschülers Shāriputra ausgehend, die alles überragende Kraft seiner Einsicht (prajñābala). In ähnlicher Weise wird seine aus der Einsicht erwachsene Wunderkraft (ṛddhibala) veranschaulicht. Diese ins Maßlose führenden Analogien sollen die alles überragende "Kraft der Unbeständigkeit" (anityatābala) vergegenwärtigen, die auch den Körper des mit fünf Kräftekategorien begabten Buddha nicht verschone. Dieser Unbeständigkeit werde in der kommenden Nacht sein Körper zum Opfer fallen. Die Vorhersage löst bei den Mallas Betroffenheit und Klage aus.

Im MPS folgt eine abermalige Predigt über die Vergänglichkeit aller Dinge, die von einem dreimaligen Beben des gesamten Weltsystems begleitet wird. Schließlich erscheinen die Götter Brahmā und Indra mit großem Gefolge, um dem Buddha die letzte Aufwartung zu machen. Nach ihrer Verabschiedung hält der Buddha eine letzte Predigt über die vier heiligen Wahrheiten, woraufhin sich viele Mallas zu seiner Lehre bekehren. Damit ist die vierte Gruppe von Vorgängen abgeschlossen.

5. Am Sterbelager des Buddha

Die fünfte Vorgangsgruppe beinhaltet eine Fülle von Einzelbegebenheiten von der Herrichtung des Sterbelagers durch Ānanda bis hin zur Bekehrung des Subhadra. Wir können diese Begebenheiten relativ rasch zusammenfassen.

Es herrscht in den Texten Einstimmigkeit darüber, daß der Buddha sein Sterbelager zwischen zwei Shāla (P.: Sāla)-Bäumen herrichten ließ. Nach MPS (32a) weist er Ānanda an, ihm das Lager so herzurichten, daß das Kopfende nach Norden weist; dann legt er sich auf die rechte Seite nieder, wobei ein Fuß auf dem anderen ruht "nach Art eines Löwen", wie es im MPP (28a) heißt, und ruft die Vorstellung vom Nirvāṇa hervor.

Die Ausrichtung des Lagers nach Norden, der Richtung der Götter, im Gegensatz zur sonst üblichen Ausrichtung nach Süden, der Richtung der Manen, ist bezeichnend. Sie zeigt, wie Waldschmidt bemerkt, daß der Buddha "nach Ausweis solcher Textstellen zur Zeit der Kom-

position der Sūtras mehr als Gott denn als Mensch angesehen worden" ist.[280] Die Erklärung des Dīrghāgama und des Ekottaragama, die darin ein Vorzeichen für die Ausbreitung der Lehre nach dem Norden sehen, ist sicherlich sekundär.
Das MPP (28b) und zwei Paralleltexte (Dīrgh., Fa-hsien) berichten nun von einem Wunderereignis, an das der Buddha eine religiöse Aussage knüpft. Obwohl es nicht die Zeit des Blühens ist, stehen die Shāla-Bäume plötzlich in voller Blüte. Die Blüten fallen zusammen mit himmlischen Mandarva-Blumen und göttlichem Sandelpuder unter dem Erklingen überirdischer Musik zuhauf herab und bedecken den Leib des Buddha über und über. (Das MPS verlegt den Vorgang in die Zeit kurz vor dem Eingang ins Nirvāṇa.) Der Buddha äußert sich Ānanda gegenüber dahingehend, daß ihm nicht durch die Darbringung von Blumen Verehrung gezollt werde, sondern durch Befolgung seiner Lehre. Im MPP sagt er nach der Beschreibung des Blumenregens in einer bemerkenswerten Relativierung des Kultes um seine Person:

> "Aber nicht auf diese Weise, Ānanda, wird der Vollendete geehrt, hochgeehrt, geachtet, verehrt und ausgezeichnet; sondern welcher Mönch, Ānanda, oder welche Nonne oder welcher Laienbruder oder welche Laienschwester nach den grösseren und kleineren Geboten lebt, seine Pflicht erfüllt, nach der Lehre wandelt, der ehrt den Vollendeten, der verehrt ihn, achtet ihn, ehrt ihn hoch und zeichnet ihn aus"[281].

Ganz im Gegensatz zur Intention dieses Textes steht nun ein ihn wieder relativierender Abschnitt - sicherlich ein Einschub -, der ausgesprochenermaßen vom kultischen Interesse bestimmt ist. Hier machen sich zweifellos wieder ganz andere Anliegen geltend, wenn der Buddha den Kult an verehrungswürdigen Stätten ausdrücklich rechtfertigt. Ausgangspunkt ist die Feststellung des Ānanda, daß nach Buddhas Tod Mönche von weiter entfernten Gegenden keine Gelegenheit zur Ehrung des Meisters mehr haben würden. Darauf nennt der Buddha vier für Gläubige besuchenswerte und verehrungswürdige Orte, nämlich die Stätte seiner Geburt, seiner Erleuchtung, seiner ersten Predigt und seines Eingangs ins Parinirvāṇa. Dieses Schema spiegelt noch eine relativ frühe Periodisierung des Buddhalebens nach Hauptschauplätzen, was sicherlich angeregt war von der faktischen kultischen Praxis. Die Vielzahl der Hauptorte hat nicht nur die Literatur, sondern auch die Kunst bestimmt, die die wesentlichen Ereignisse in vier

Szenen zusammenfassen konnte. Der Buddha fordert (MPP 30) zum Besuch dieser Kultorte auf und bekräftigt das Verdienst der Wallfahrt zu ihnen. Hier erfährt also eine spätere Kult- und Wallfahrtspraxis ihre Rechtfertigung, auch wenn sie in auffallendem Gegensatz zur vorausgehenden Ermahnung zur geistlichen Nachfolge steht.
Die nächste Begebenheit im Shāla-Wald ist eine kurze Anweisung an die Mönche, wie sie sich Frauen gegenüber verhalten sollten. Sie wird durch eine Frage des Ānanda ausgelöst. Der Buddha antwortet, die Mönche sollten Frauen möglichst nicht ansehen; wenn dies unvermeidlich sei, sollten sie nicht mit ihnen reden. Wenn auch dies nicht umgangen werden könne, sollten sie sich bedachtsam und besonnen verhalten. Der kurze, prägnante Text im MPP (31a), der keine Entsprechung im MPS hat, erklärt sich zweifellos aus dem Interesse der späteren Mönchsgemeinde an einer autoritativen Regelung dieser in der buddhistischen Literatur mehrfach thematisierten Frage.[282]
Im MPP (31b) folgt nun eine Anweisung des Buddha, die wiederum von einem kultischen Anliegen geleitet ist. Ihm werden an dieser Stelle Worte in den Mund gelegt, die die Verehrung von Stūpas, also Grabmälern, rechtfertigen. Aufgezählt werden die Wesen, die eines Stūpa würdig sind, nämlich l. ein Buddha, 2. ein Pratyekabuddha (d. h. ein "Einzelbuddha", der die Erleuchtung für sich gewinnt und anderen nicht mitteilt), 3. ein Hörer (śrāvaka) bzw. Arhat und 4. ein Weltbeherrscher (cakravartin). Der Stūpa-Kult wird interessanterweise nicht im Hinblick auf den Bestatteten, sondern mit Rücksicht auf die Verehrung begründet, denn solche Verehrung, so heißt es, führe zur Seelenruhe hier und zur himmlischen Seligkeit nach dem Tode.[283]
Als nächste Begebenheit im Shāla-Wald folgt eine Klage des Ānanda über das bevorstehende Verscheiden des Erhabenen und seine Tröstung durch den Buddha. Die Klage des Ānanda ist allen Traditionen gemeinsam. Der Buddha fordert den Lieblingsjünger nach dem MPS auf, das Jammern und Weinen einzustellen. Er, Ānanda, habe sich durch seinen persönlichen Dienst am Buddha ganz besondere Verdienste erworben ebenso wie die persönlichen Betreuer der voraufgegangenen Buddhas. Er verweist wiederum auf die Unbeständigkeit aller Dinge und darauf, daß man sich einmal von allem Liebgewonnenen trennen müsse. Die gemeinsame Überlieferung von der Tröstung Ānandas mündet ein in die Feststellung des Buddha, Ānandas Wirkung auf die vier Klassen von Gemeindegliedern (Mönchen, Nonnen, Laienanhängern, Laienanhängerinnen) entspreche der wunderbaren Wirkung eines Weltherrschers auf die verschiedenen Volksschichten.[284]

Die nun folgenden Vorgänge (33a-34) dienen dazu, die ehemalige Bedeutung des Sterbeortes Kushinagara hervorzuheben. Als Ānanda die Stadt unbedeutend nennt und sich wundert, daß der Buddha hier ins Parinirvāṇa eingehen wolle, verkündet der Buddha (MPS) das Mahāsudarśana-Sūtra, das im Pāli-Kanon als Anhang zum MPP erscheint. In seinen Darlegungen führt er aus, daß die Stadt einst die Residenz eines mächtigen Weltbeherrschers mit Namen Mahāsudarshana (P.: Mahāsudassana) war.
Nach der Darlegung über die vergangene Größe Kushinagaras finden sich in unseren Texten (MPS 36a, MPP 31b) Anordnungen des Meisters über seine Bestattung. Erst auf Drängen Ānandas gibt der Buddha genauere Auskunft. Es solle mit seinem Leichnam so verfahren werden wie mit dem eines Weltherrschers. Im Hinblick auf die Unterschiede zwischen MPS, MPP und den chinesischen Parallelen hebt Waldschmidt hervor: "Der Vergleich der Versionen läßt die Tendenz erkennen, den Aufwand bei den Feierlichkeiten immer weiter zu steigern und den Vorgängen den Charakter des Wunderbaren zu verleihen. Jedoch sind besonders in den Texten, deren Schilderungen einfacher gehalten sind und die wir schon aus diesem Grunde für altertümlicher ansehen dürfen, die Grundelemente der altindischen Toten- und Bestattungsgebräuche ... noch gut erkennbar"[285]. Dies gilt insbesondere für das MPS, das uns später den tatsächlichen Hergang der Bestattung ausführlich schildert.
Nach einem Einschub im MPS (36b), in dem der Buddha einen Ausblick auf die Entwicklung seiner Gemeinde in den tausend Jahren nach seinem Tode gibt, erfahren wir (MPS 37, MPP 35), daß Ānanda die Mallas vom bevorstehenden Verscheiden des Buddha unterrichtet. Nach MPP löst dies großes Jammern und Weinen unter ihnen aus. Sie begeben sich nun zum Shāla-Wald, lauschen der Predigt des Buddha (MPS 38a) und bezeugen dem Sterbenden ihre Verehrung (MPS 38b). Angesichts ihrer großen Zahl - bei Po Fa-tsu kommt der König gar mit 140 000 Personen - läßt sie Ānanda familienweise vortreten. Die Mitglieder einer Familie nehmen nach Nennung ihrer Namen gemeinsam die Gebote für Laien entgegen und verabschieden sich dann ehrfurchtsvoll (MPS 38b).[286]
Es folgt nun eine Erzählung von der Bekehrung des Subhadra (MPS 40a-b, MPP 37a-b). Es handelt sich um einen hochangesehenen, 120 Jahre alten Bettelmönch (parivrājaka), der unter den Mallas lebt und vom bevorstehenden Verscheiden des Buddha erfahren hat. Er möchte ihn aufsuchen, um einige Glaubenszweifel zu äußern. Trotz dreimaliger Bitte will ihm Ānanda aber nicht Zugang zum Buddha gewähren.

Das aber hört der Buddha mit seinem göttlichen Ohr, und er weist Ānanda an, ihn vorzulassen. Subhadra möchte die Meinung des Buddha über die sechs Sektenhäupter erfahren, die in der buddhistischen Gemeinde als die "sechs Häretiker" bekannt sind. Der Buddha aber lehnt es ab, sich mit ihren Lehren auseinanderzusetzen. Er hebt die Einzigartigkeit seiner Lehre hervor, in der allein es wahre Mönche gebe. Ein entscheidendes Kriterium sei, ob der edle achtfältige Pfad in einem religiösen System Platz habe oder nicht. Dies gelte nur für seine eigene Lehre.

Nach dieser Belehrung bekehrt sich Subhadra und wird vom Buddha in einem vereinfachten Aufnahmeverfahren in den Orden aufgenommen. Sogleich wird Subhadra vom eifrigen Streben nach dem höchsten Ziel erfaßt, und er erlangt in kürzester Zeit die Arhat-Würde. Dann geht er noch vor dem Buddha ins Parinirvāṇa ein (MPS 40d). Der Abschnitt im MPP (37c) schließt mit der das Interesse an der Mönchsgemeinde spiegelnden Bemerkung, Subhadra sei der letzte Schüler, den der Buddha zu Lebzeiten in den Mönchsorden aufgenommen habe.

Im Anschluß an die Subhadra-Episode finden wir Regelungen für die Ordination von Anhängern fremder Sekten, die alle bis auf bestimmte Ausnahmen eine viermonatige Probezeit durchmachen müssen (MPS 40e, MPP 37c). Es ist dies sicherlich eine Verordnung, die erst aus der späteren Zeit stammt und hier auf einen der letzten Aussprüche des Buddha zurückgeführt wird. Auch die Geschichte von Subhadra erweist sich somit als erzählerische Hinführung zu diesen angeblich vom Buddha erlassenen Verordnungen. Damit ist die fünfte Vorgangsgruppe abgeschlossen.

6. Letzte Anordnungen, Tod und Bestattung Buddhas

Die sechste und letzte Gruppe von Vorgängen reicht von den letzten Anordnungen des Buddha bis zur Verbrennung seiner Leiche, der Verteilung seiner Reliquien und der Errichtung von Gedenkstūpas zu seiner Erinnerung und Verehrung.

Wie schon mehrfach hervorgehoben, ist es durchaus verständlich, wenn die frühe Mönchsgemeinde in ihrer Gestaltung des Erzähl- und

Redestoffs im Parinirvāṇa-Sūtra und seinen Parallelen, sonderlich im Vinaya, besonderes Interesse an Ordensvorschriften und Regelungen des Mönchslebens erkennen läßt. Eine der brennendsten dieser Fragen war die der Stellvertretung Buddhas nach seinem Tode, hat er doch keinen Nachfolger für die Leitung seiner Gemeinde benannt. Auf dieses Problem der geistlichen Leitung der Gemeinde geben MPS (41a) und MPP (38a) eine Antwort. In einem bekannten und vielzitierten Text im MPP heißt es hier:

> "Es könnte sein, Ānanda, dass ihr dächtet: 'Ihres Lehrers beraubt ist die Lehre; wir haben keinen Meister mehr.' So sollt ihr nicht denken, Ānanda. Die Lehre [dharma] und die Disziplin [vinaya], die ich euch gelehrt habe, die sollen auch nach meinem Hinscheiden als Lehrer dienen"[287].

Auch im MPS verkündet der Buddha, die Jünger sollten nach seinem Tode nicht denken, sie hätten keinen Meister und keine Zuflucht mehr. Als eine vollwertige Vertretung und Zuflucht der Mönche wird hier aber die halbmonatlich zu rezitierende Beichte (prātimokṣa) genannt. Wenn darauf der ganze Nachdruck gelegt wird, so erscheint der Buddha hier "besonders als Hüter der Ordenszucht."[288] Darüber hinaus wird deutlich, wieso im zentralasiatischen Buddhismus die Beichte für Mönche - und dann auch für Laien - eine so zentrale Rolle gewinnen konnte.[289] Darin spiegelt sich zweifellos das Weiterwirken der Sanskrit-Tradition an der Seidenstraße. Hier ist der Blick auf die chinesischen Paralleltexte interessant und aufschlußreich. Während im chinesischen Dīrghāgama (37c) wie im MPP die Lehre und die Ordenszucht als Zuflucht der Mönche nach dem Tod des Buddha genannt werden und Po Fa-tsu (40a) dementsprechend Sūtra und Vinaya nennt, verweist unbek. Übersetzer (39a) auf die Lehren und Unterweisungen des Buddha und insbesondere auf die im Zusammenhang mit der Beichtzeremonie darzulegenden Gebote sowie auf die Lehrtexte, die anläßlich der sechs vom Buddha angeordneten Fastentage vorgetragen werden. Bei Fa-hsien (33a) wird allgemein auf den Vinaya, die Beichtzeremonie (prātimokṣa) und die übrigen Lehren des Meisters verwiesen.

Zu den letzten Anordnungen gehört nach MPP (38c) auch die Erlaubnis zur Aufhebung von nebensächlichen Vorschriften und Geboten, was auch in diversen Berichten über das erste Konzil nach Buddhas Tod überliefert wird. Allerdings wird in diesen Konzilsberichten hervorgehoben, daß vom Vorsitzenden jenes Mönchstreffens, Mahākāshyapa, dem Ānanda als Empfänger der gen. Anordnung der Vorwurf gemacht wurde, er habe den Buddha nicht gefragt, welche Vorschriften er für unwichtig erachte.[290]

Daß der Buddha durch seine letzten Worte alle Fragen und Zweifel der Mönche restlos geklärt hat, wird anschaulich zum Ausdruck gebracht, wenn MPS (42a) berichtet, er habe die versammelten Mönche ermahnt, ihm noch offene Fragen über seine Person, die Lehre und die Gemeinde vorzutragen. Er wolle evtl. noch bestehende Unklarheiten beseitigen. Als Ānanda ihm mitteilt, daß kein einziger Mönch noch irgendwelche Zweifel hegt, gibt ihm der Buddha zu verstehen, er wisse dies bereits aufgrund seiner intuitiven Einsicht (jñānadarśana). Das Motiv, daß der Buddha seine Hörer befragt, obwohl er bereits die Antwort kennt, ist, wie wir sahen, ein ausgesprochener Zug der "doketischen" Buddhologie, wie sie von den Lokottaravādins vertreten wurde. Doch taucht das Motiv auch in den Schriften anderer Schulen auf. In einem zentralasiatischen prātimokṣa-, also Beicht-Text der Sarvāstivādins wird ausdrücklich gesagt, daß die Buddhas "fragen, obwohl sie um die Antwort wissen."[291]

Als letztes Wort des Buddha überliefern die Texte einhellig die Mahnung, nach Vervollkommnung zu streben. Waldschmidt stellt dazu fest: "Aus der Abwägung der verschiedenen Versionen gegeneinander schien sich mir folgender historischer Kern der Vorgänge in der Todesstunde des Buddha zu ergeben: Der Buddha nahm von seinen Jüngern Abschied, indem er seinen Körper vor ihnen entblößte und ihnen die Vergänglichkeit alles Irdischen am Verfall seines eigenen Körpers vor Augen führte. Er schloß dann mit einer Ermahnung, sich um Vervollkommnung zu bemühen, für immer die Augen. Dieser menschlich ergreifende Vorgang wurde später, als man das Leben des Buddha über irdische Maßstäbe hinaushob und seinem Körper unvergängliche Schönheit zuschrieb, umgedeutet; die Körperentblößung, soweit sie überhaupt noch erwähnt wird, hat jetzt den Zweck, den Mönchen einen überaus seltenen Anblick - selten wie eine Blüte am Udumbara-Baum - zu gewähren"[292]. Im MPP (39b) spricht der Buddha dagegen unvermittelt die Worte von der Vergänglichkeit aller Dinge. Von der Körperentblößung ist keine Rede mehr. Der Pāli-Text gehört also auch hier keineswegs zu den frühesten Dokumenten.

Der Tod Buddhas, d. h. sein Eingehen ins Parinirvāṇa, gibt den Verfassern unserer Texte Anlaß, nochmals die Meditationsstufen und Bewußtseinszustände aufzuzählen, die der Buddha vor dem Eingehen ins völlige Nirvāṇa durchläuft. Damit ist zweifellos eine ausgesprochen didaktische Intention verbunden. Es sollen dem Leser bzw. Hörer die

Stufen des Heilsweges vergegenwärtigt werden. Das Bemerkenswerte bei dieser Beschreibung ist, daß die Texte den Buddha mehrheitlich zunächst die vier Stufen der noch formgebundenen Versenkung (dhyāna) und anschließend der "Bewußtseinszustände des Formlosen" (arūpa) durchlaufen lassen, und zwar bis zur fünften Stufe des Auslöschens von Bewußtsein und Empfindung (s. Anhang Nr. 8.2). Anschließend geht er alle Zustände bis zur ersten formgebundenen Meditationsstufe schrittweise zurück, ehe er sich gleichsam in einem zweiten Anlauf sukzessive auf die vierte Meditationsstufe erhebt und von hier direkt ins Parinirvāṇa eingeht.
In MPS (42c) und entsprechend in MPP (39c) wird der geistige Stufenweg genau beschrieben. Diese Texte lassen Ānanda den Aniruddha bei der fünften Bewußtseinsstufe der formlosen Versenkung fragen, ob der Meister nun ins Parinirvāṇa eingegangen sei, was jener verneint. Die Texte schildern genau, wie der Buddha im zweiten Durchgang die Versenkungsstufen bis zur vierten durchläuft, auf der vierten regungslos verharrt und dann ins höchste Nirvāṇa eingeht. Anschließend ereignet sich ein großes Erdbeben, begleitet von kosmischen Wundererscheinungen wie das Fallen von Meteoren, das Erglühen des Himmels und das Ertönen von Donner im Luftraum. Nach dem chinesischen Dīrghāgama (38c) löst dies unter Menschen und Göttern Erschrecken aus. Der Glanz des Buddha dringt in die entferntesten Orte, selbst in die Gegend ewiger Finsternis, diese erleuchtend. Wir können das Licht als Hinweis auf das Heil - oder genauer: auf die potentielle Heilsmöglichkeit - deuten, die mit diesem entscheidenden Ereignis verbunden ist und die in ihrer Bedeutung den gesamten Kosmos betrifft.
Betrachten wir nun einzelne Ereignisse beim Parinirvāṇa in den erhaltenen Texten. Da ist zunächst ein tibetisch-chinesischer Sondertext aus dem Vinaya der Mūlasarvāstivādins, der in Zentralasien bekannt gewesen sein muß, da der Inhalt dort mehrfach künstlerisch dargestellt wurde.[293] Der Text hat in der ceylonesischen Literatur eine Teilentsprechung.[294] Nach dem Sondertext hält sich der Jünger Mahākāshyapa beim Tode des Buddha nicht am Sterbelager, sondern in der Stadt Rājagriha auf. Als sich das große Erdbeben ereignet, weiß er, daß der Buddha ins Parinirvāṇa eingegangen ist. Der König von Magadha, Ajātashatru, dessen Residenz in Rājagriha liegt, hat sich nach dieser Erzählung erst kürzlich zum Buddha und zu seiner Lehre bekannt, und er verehrt ihn mit Inbrunst. Mahākāshyapa befürchtet, der König werde bei der Nachricht vom Tode des Buddha außer sich geraten und an Blutsturz sterben. Er schlägt daher seinem Minister

Varshakāra vor, dem König die Nachricht schonend beizubringen und Vorsichtsmaßnahmen für den Fall zu ergreifen, daß er bewußtlos wird. Der Minister solle in einem im Gartenpalast aufzustellenden Gemälde die Hauptereignisse im Leben des Buddha bis hin zu seinem Verscheiden darstellen lassen.

Im Text ist von sechs Szenen die Rede, die z. T. mehrere Ereignisse vergegenwärtigen und die jene Begebenheiten erkennen lassen, denen man besondere Bedeutung zugemessen hat, nämlich 1. die Empfängnis, 2. die Geburt, 3. die erste Predigt, 4. das große Wunder von Shrāvastī, 5. den (vor dem Parinirvāṇa vollzogenen) Besuch des Himmels der 33 Götter[295] und 6. das Parinirvāṇa selbst. In den zentralasiatischen Malereien werden gewöhnlich jedoch nur vier Szenen dargestellt, 1. die Geburt, 2. die Erleuchtung, 3. die erste Predigt und 4. das Parinirvāṇa. Der Mönch weist den Minister an, acht menschengroße Gefäße in der Nähe des Bildes aufzustellen. Die ersten sieben sollten mit frischer Butter, das achte mit parfümiertem Wasser gefüllt werden. Wenn der König die Szenen sehe, werde er bei der Betrachtung der Todesszene das Bewußtsein verlieren. Er sei dann nacheinander in die Gefäße zu setzen, zum Schluß in das Gefäß mit duftendem Wasser. Dann werde er wieder zu sich kommen.

Der Minister handelt nach den Anweisungen des Mahākāshyapa. Es kommt so, wie es der Mönch vorausgesagt hat, und erst die vorgeschlagene Prozedur bringt den König nach der Bestätigung der Todesnachricht wieder zu Bewußtsein. Wir dürfen diese Legende als Ausgestaltung des Motivs der Ergebenheit eines vornehmen Laienanhängers werten.

Einig sind sich die kanonischen Parinirvāṇa-Texte darin, daß anläßlich des Todes des Erhabenen Götter und Menschen das Ereignis mit beschreibenden Versen begleiten und anschließend in Klage ausbrechen. Nach dem MPS (44a) überstreuen zunächst die Blüten des unzeitgemäß blühenden Shāla-Baumes den Leib des soeben verstorbenen Buddha. Dieses Ereignis war von MPP (28b) vorgezogen worden, um daran die moralisierende Betrachtung des Buddha über die rechte Verehrung durch Gehorsam und Nachfolge zu knüpfen. Die Szene hat aber hier ihren logischen Platz in der Hagiographie. Ein Mönch preist das Ereignis in einer Strophe, und daran schließt sich eine Strophe des Götterkönigs Shakra (Indra) über die Unbeständigkeit der Gestaltungen an. Es folgt eine Strophe des Gottes Brahmā. Schließlich spricht der ehrwürdige Mönch Aniruddha, später immer wieder ob seines standhaften Geistes gerühmt, drei Strophen und

stellt das Zur-Ruhe-Kommen des Erhabenen fest. Er vergleicht die Erlösung seines Geistes mit dem Erlöschen eines Lichts.
Ist die Klage der Mönche abhängig von dem Maß der Beherrschung ihrer Leidenschaften (MPS 44b, MPP 40b), so sind ihnen die Götter, die nach MPS im Umkreis von 12 Meilen (yojanas) dicht gedrängt versammelt sind, gewöhnlich auf dem Heilsweg nachgeordnet, so daß ihre recht ungöttlich anmutende Klage - sie wälzen sich am Boden und recken die Arme empor (MPS) - breiten Raum auch in den chinesischen Parallelen einnimmt. Bei Fa-hsien (35a) strömen ihre Tränen geradezu wie ein Regenguß herab. Bei wem sollten sie nun Zuflucht nehmen? Ihre Ratlosigkeit angesichts des Leides aller Lebewesen gewinnt hier eine besondere Note und offenbart ihre sekundäre Stellung gegenüber dem Buddha.
In fast allen Überlieferungen ermahnt der standfeste Aniruddha die Mönche, von der Klage abzulassen und sich im Gedenken an die Worte Buddhas zu fassen. Der Aufruf zur Selbstbeherrschung angesichts aller Vergänglichkeit ist also der Fluchtpunkt in dieser so mannigfaltig ausgestalteten Klageszene.
An die Klageszene schließt sich in den Parinirvāṇa-Sūtras die Beschreibung der Bestattungsfeierlichkeiten an. Wir haben schon an früherer Stelle gehört, daß der Buddha selbst Anweisungen dazu gegeben habe, wie mit seinem Leichnam nach seinem Tode zu verfahren sei. Diese Anweisungen entsprechen weitgehend dem altindischen Bestattungsritual.[296] Der Buddha hat fünferlei angeordnet: 1. Verpackung des Leichnams in Stoff, 2. Einsargung bzw. Konservierung in einer mit Öl gefüllten Wanne, 3. Verbrennung, 4. Sammlung der Gebeine und 5. Beisetzung der Gebeine in Grabhügeln (stūpas).
Die Verpackung des Leichnams in Stoff oder Watte hatte im altindischen Totenritual eine schlichte Entsprechung in der nach einer letzten Körperreinigung vollzogenen Bekleidung in einem ungebrauchten, weißen Totengewand. Wenn wir in unseren Texten erfahren, daß daraus eine Verpackung des Leichnams in Stoff bzw. Watte wird, so diente das der besseren Konservierung. Zu diesem Zweck wird der Leichnam auch in eine mit Öl gefüllte Wanne gelegt. Ein solches Vorgehen war im alten Indien für den Fall vorgesehen, daß der Tote nicht sogleich bestattet werden konnte, sei es, weil Hauptleidtragende nicht anwesend waren, sei es, daß er außerhalb der Heimat starb und sein Leichnam in konserviertem Zustand nach Hause überführt werden mußte. Alle Versionen sind sich in der Beschreibung der Konservie rung einig, so daß es sich fragt, weshalb eine Verzögerung der Verbrennung eintrat. Diese erfolgte erst am siebenten Tag nach dem To-

de. Der Grund war sicherlich der, daß ein Hauptleidtragender, der die Totenriten auszuführen hatte, nicht anwesend war. Diese Aufgabe fiel nämlich jenem Mahākāshyapa zu, der nach allen Texttraditionen beim Verscheiden des Meisters abwesend war. Auf seine Ankunft mußte also gewartet werden. Daß er eine führende Rolle in der Gemeinde spielte, geht aus dem Vinaya der Mahāsaṃghikas hervor, wo er sich als "ältesten Sohn" des Erhabenen bezeichnet[297]. Auch ist darauf zu verweisen, daß er beim ersten Konzil zu Rājagriha eine leitende Rolle spielen sollte. Jedenfalls erfahren wir (MPS 49a, MPP 45a), daß durch das Eingreifen der Götter das Ausbrechen des Feuers am Scheiterhaufen bis zu seinem Erscheinen verhindert wurde.
Wenden wir uns nach diesem Ausblick wieder dem Gang der Ereignisse zu. Nach MPS 45 (= MPP 41) erteilt Aniruddha dem Ānanda den Auftrag, den Mallas von Kushinagara das Verscheiden des Buddha zu vermelden. Ānanda, von einem weiteren Mönch begleitet, trifft diese im Beratungshaus an und richtet seinen Auftrag aus. Die meisten Mallas sind so bestürzt, daß sie klagen und weinen, sich am Boden wälzen, die Arme ausstrecken usw.
Episoden, die nicht in unseren indischen Texten erhalten sind, sind die Waschung des Leichnams des Buddha und die Klage der Frauen am Totenbett. Vor allem die chinesischen Texte, sonderlich die Konzilsberichte, sprechen davon. Im Hinblick auf diese Erzählungen stellt Waldschmidt fest: "Die zahlreichen Berichte über eine Beschmutzung der Füße des eben verstorbenen Buddha durch weinende Frauen und über eine Enthüllung seines Körpers vor Frauen gewinnen einen Sinn, wenn wir ... darin Reste und Umgestaltungen alter Überlieferungen über eine Totenklage der Frauen am Sterbebette des Buddha und über eine Waschung des Leichnams des Buddha durch die Frauen sehen"[298]. Im Dīrghāgama und im Vinaya der Dharmaguptas wird ausdrücklich von einer solchen Waschung des Leichnams berichtet.
Aber auch in einem anderen Text, wo dies gar nicht zu erwarten ist, finden wir einen Hinweis darauf, nämlich im mahāyānistischen Parinirvāṇa-Sūtra. Es handelt sich um einen umfangreichen Text, der auf Chinesisch und Tibetisch überliefert ist und von dem einige Bruchstücke auf Sanskrit in Zentralasien gefunden wurden.[299] Hier wird zwar das Parinirvāṇa aus der Sicht des großen Fahrzeugs dargelegt, doch sind im Werk verschiedene jüngere und ältere Traditionen miteinander verwoben. Obwohl das mahāyānistische Sūtra bei jeder sich bietenden Gelegenheit die Herrlichkeit des Buddha-Leibes preist, hat sich in ihm der altertümliche Zug der Leichenwaschung (und sogar einer beginnenden Leichenverwesung) erhalten. "In den Parinirvāṇa-

Texten des Hīnayāna", betont Waldschmidt, "sehen wir solche allzu menschlichen Züge nach Möglichkeit unterdrückt oder mit einer anderen Sinngebung versehen. Als der Buddha mehr und mehr vergöttlicht wurde, erschien eine Waschung seines überirdisch herrlichen Leibes unnötig oder gar entwürdigend, genau wie die Aufbewahrung des Leichnams in einer ölgefüllten Wanne zum Schutz vor Verwesung."[300]
Eine weitere, freilich legendarische Episode, die nur chinesische Texte erhalten haben, ist seine Beweinung durch seine aus dem Himmel hervortretende Mutter Māyā. Davon berichtet das Mahāmāyā-Sūtra ("Großes Sūtra von der Māyā": Nanjio Nr. 382). Nach diesem Text stieg Aniruddha nach dem Tode des Buddha zum Himmel auf und überbrachte der Māyā die Nachricht vom Parinirvāṇa ihres Sohnes. Im chinesischen Text aus dem 5. Jh. heißt es:

> "Darauf stieg Mahā Māyā (die Mutter Buddhas) vom Himmel herab und begab sich eilends zum Ort der Zwillings-Shālas. Als sie den Shāla-Hain erreicht hatte und aus der Ferne den Sarg des Buddha sah, wurde sie von großer Trauer überwältigt. Nachdem die Götter sie wieder zu sich gebracht, indem sie ihr Wasser auf das Gesicht gesprengt hatten, begab sie sich sofort zum Sarg und beugte ihr Haupt in Verehrung darüber ... Darauf befahl der Weltenerlöser, seine übernatürlichen Kräfte einsetzend, dem Sarg aus mehreren Schichten, sich zu öffnen. Und er selbst erstieg daraus, beide Hände aneinandergelegt wie ein Löwenkönig, der aus seiner Höhle hervorspringt, während aus jeder Haarpore seines Körpers tausend Lichtstrahlen erglänzten, jeder angefüllt mit tausend erschaffenen Buddhas"[301].

Der nächste Vorgang in MPS (46) und MPP (42) berichtet, wie die Mallas mit Wohlgerüchen, Kränzen, Blumen, Musikinstrumenten usw. zum Shāla-Wald hinausziehen, um den verstorbenen Buddha zu verehren. Sie fragen Ānanda, wie sie mit dem Leichnam des Erhabenen verfahren sollen. Er erklärt ihnen dies in wörtlicher Übereinstimmung mit den vorhergehenden Anweisungen des Buddha; er solle wie ein Weltenherrscher bestattet werden (MPS 36a).
In den verschiedenen Texten werden unterschiedliche Begründungen für die nun erfolgte Verzögerung der Bestattung angegeben. Alle Erklärungen haben aber etwas Gesuchtes und Sekundäres an sich.[302]
Der wahre Grund wird, wie schon hervorgehoben, das Fehlen des Mahākāshyapa gewesen sein, der erst eine Woche später eintrifft.

Gemeinsamer Besitz aller Traditionen ist die nun freilich unterschiedlich ausgeschmückte Mahākāshyapa-Episode. Weitgehend übereinstimmend berichten MPS (48a) und MPP (44a), daß sich Mahākāshyapa zum Zeitpunkt des Todes des Meisters zusammen mit 500 begleitenden Mönchen auf dem Weg von Pāpā nach Kushinagara befindet. Da kommt ihm ein Anhänger der Sekte der Ājīvikas entgegen, der eine himmlische Mandara-Blume in der Hand hält. Von Mahākāshyapa befragt, ob er seinen Meister kenne, antwortet der Asket, der Buddha sei vor sieben Tagen ins Parinirvāṇa eingegangen. Seine Blume habe er von der Totenfeier mitgebracht.
Auch andere Texte (Vinaya, MV) lassen Mahākāshyapa an einem weit entfernten Ort vom Hinscheiden des Buddha erfahren. Die Nachricht vom Tode des Meisters löst unter den Mönchen in seiner Gefolgschaft tiefe Klage aus. Dies veranlaßt Mahākāshyapa, ihnen eine Predigt über die Unbeständigkeit der "Gestaltungen" (saṃskāras) zu halten und anschließend zum raschen Aufbruch nach Kushinagara zu mahnen (MPS 48b, MPP 44b).
Der folgende Bericht im MPS (49a) rückt nun wieder den Blick auf den Verbrennungsort. Wie vorher MPP berichtet er von der Einsargung, der Errichtung des Scheiterhaufens und dem vergeblichen Versuch, diesen in Brand zu setzen. Aniruddha erklärt, die Götter hätten beschlossen, das Verbrennungsfeuer zu verhindern, weil sie Mahākāshyapa und seiner Gefolgschaft Gelegenheit geben wollen, den Leichnam des Erhabenen zu verehren.
Die Szene vom Erscheinen des Mahākāshyapa ist im MPS (49b) ausführlich geschildert. Eingetroffen öffnet er den Sarg, befreit den Körper von seinen Binden und verehrt den dann sichtbaren, unversehrten Leichnam. Nun entschließt er sich, die Rolle der Mallas zu übernehmen und die letzten Riten selbst auszuführen.[303] Mahākāshyapa umwandelt den Scheiterhaufen dreimal und macht anschließend die Füße des Buddha von den Umhüllungen frei. Diese verehrt er, und die 500 Begleiter folgen ihm in der Ehrerweisung.
Aufgrund eines Vergleichs der Parinirvāṇa- und der Vinaya-Texte, die nichts von dem wunderhaften Eingreifen der Götter und dem vergeblichen Verbrennungsversuch der Mallas wissen, stellt Waldschmidt fest: "Wir können verfolgen, wie die Geschehnisse bei Mahākāsyapas letzter Verehrung des Buddha von einzelnen Texten mehr und mehr ins Wunderbare gesteigert werden, während andererseits die zugrundeliegenden einfachen Begebenheiten sich ... aus den altertümlicheren Texten noch ohne Schwierigkeit herauslesen lassen"[304].

Diese Steigerung setzt sich selbstverständlich in den nach-kanonischen Texten fort. So schmückt der Kommentator Buddhaghosa in seiner Sumaṇgalavilāsinī[305] das Geschehen weiter aus; Mahākāshyapa enthüllt hier die Füße nicht mehr selbst; vielmehr befreit der verstorbene Buddha diese auf übernatürliche Weise aus den Umhüllungen und streckt sie ihm sogar aus dem Sarg entgegen. Dies geschieht auf Wunsch Mahākāshyapas, als sich dieser in tiefer Meditation befindet. Im Text heißt es:

> "Zugleich mit der Konzentration auf diesen Wunsch durchbrachen die Füße, wie der Vollmond zwischen Wolken (hervorbricht), die Gewandpaare ... und traten heraus. Der Thera [Mahākāshyapa] streckte seine Hände ... aus, erfaßte die goldfarbenen Füße des Meisters bis zu den Enkeln fest und legte sie auf sein herrliches Haupt"[306].

Es wird nun weiter geschildert, wie das Volk staunend die Füße des Erhabenen verehrt, aber ein großes Jammern anhebt, als sie sich wieder in den Sarg zurückziehen. Diese Begebenheit ist zum Gemeingut diverser Traditionen geworden. Wir können in dem Geschehen die legendarische Legitimierung der späteren vorrangigen Stellung des Mahākāshyapa sehen.

Nach MPS (49c) und MPP (45c) sowie einigen chinesischen Parallelen entzündet sich das Feuer des Scheiterhaufens von selbst, nachdem Mahākāshyapa den Leichnam des Buddha zum letzten Mal verehrt hat. Nach MPS geschieht dies durch die Macht des Buddha und der Götter. In anderen Versionen fehlt das Wunder der Selbstentzündung. Im Konzilsbericht der Mahāsaṃghikas tritt Mahākāshyapa in den Vordergrund. Er beansprucht als "ältester Sohn des Erhabenen" das Recht und die Ehre des Anzündens des Feuers, was ihm auch zugestanden wird.

Auf die Verbrennung des Leichnams - nach MPP (45c) verbrennt der Körper restlos bis auf die Knochen - folgt das Löschen des Scheiterhaufens, was nach einigen Texten (MPS, Po Fa-tsu) durch Milch geschieht. Während in den gen. Texten die Mallas bzw. Brahmanen und Haushälter die Löscharbeiten durchführen, ist es im Vinaya wieder Mahākāshyapa. Bei Fa-hsien bewirken die Götter die Auslöschung der Flammen durch einen Regenguß vom Himmel, und im Dīrghāgama ist es die Gottheit eines Shāla-Baumes, die die Flammen zur Ruhe bringt. Beide Motive sind miteinander verwoben, wenn dies im Pāli-Text (MPP 45c) das Werk der Mallas ist; sie begießen den Scheiter-

haufen mit wohlriechendem Wasser, wobei sie durch Wasserströme aus der Luft und vom Shāla-Baum unterstützt werden.
Das anschließende Einsammeln der Knochen ist in den meisten Versionen überliefert. In der Mehrzahl der Texte verrichten die Mallas bzw. die Brahmanen und Haushälter auch diesen Dienst. Im Vinaya der Sarvāstivādins ist es wiederum Mahākāshyapa, der als Zeremonienleiter die Gebeine persönlich einsammelt und den Mallas überreicht, die sie in eine goldene Urne legen. Wie das MPS (49c) berichten auch die meisten anderen Texte übereinstimmend, daß die Urne mit den Reliquien in feierlichem Geleit in die Stadt Kushinagara gebracht wird, wo sie bewacht und verehrt wird.
Das immer weiter ausgestaltete Motiv der Bewachung ist durchaus verständlich, denn der weitere Gang der Ereignisse ist bestimmt durch den Streit um die Reliquien. Benachbarte Länder erheben Forderungen an die Mallas und verlangen die Aushändigung der Gebeine des Buddha. In den meisten Texten ist von sieben Ländern oder Parteien die Rede, die ihre Forderungen unter Hinweis darauf geltend machen, daß der Buddha unter ihnen geweilt habe und ihnen lieb und teuer gewesen sei.[307]
Die Darstellung der Auseinandersetzung um die Reliquien ist im Skr.-Text (MPS 50a) wesentlich lebendiger als im MPP (46a).[308] Hier sind es zunächst die nächsten Nachbarn, die Mallas von Pāpā, die einen Teil der Gebeine fordern, wobei sie ihre Forderung mit dem Aufmarsch ihres Heeres unterstreichen. Nach dem MPS (50b) verlangt nun auch König Ajātashatru von Rājagriha einen Anteil an den Gebeinen des Verstorbenen. Der Bericht läßt den König vom Auftreten der Mallas von Pāpā und fünf weiteren Staaten hören. Doch ist er unfähig, sein Heer anzuführen, als er der wunderbaren Eigenschaften des Buddha gedenkt. Also schickt er den Minister Varshakāra mit dem Heer nach Kushinagara. Doch die Mallas von Kushinagara lehnen alle Forderungen ab. Die Situation spitzt sich zu. Vorbereitungen zum Kampf werden getroffen.
Auf dem Höhepunkt der Auseinandersetzungen tritt nach MPS (51a) der Brahmane Dhumagotra (MPP: Dona = Skr.: Drona) auf und schlägt eine friedliche Teilung der Reliquien vor.[309] Dies ist gemeinsame Überlieferung aller Versionen, auch wenn sein Name in manchen Texten anders angegeben wird. Der Brahmane richtet sich zunächst an die Mallas und erwirkt von ihnen das Einverständnis zur Aufteilung der Reliquien (MPS, Fa-hsien, Konzilsbericht). Der Vorschlag wird gebilligt. Dann führt er die Teilung in acht Teile durch und erhält selbst als Geschenk die goldene Urne. Ebenso wie die acht

Parteien über den Reliquien Stūpas in ihrer Heimat errichten, so läßt er auch die Urne in seinem Heimatdorf Dronagrāmaka feierlich in einem Stūpa beisetzen.
In den Schlußversen (MPP 47e, MPS 51d: hier sind nicht alle Verse erhalten) wird zunächst zum Ausdruck gebracht, daß es acht Metzen Reliquien des Buddha gegeben habe; sieben davon seien von Menschen in Jambudvīpa, also Indien, einer von Schlangenkönigen verehrt worden. Für diesen Stūpa gibt das MPP auch die Örtlichkeit an: Rāmagāma (Skr.: Rāmagrāma), die Hauptstadt der Koliyas (Skr.: Kraudyas). Ein weiterer Vers begründet den Reliquienkult außerhalb der genannten Orte durch Anspielung auf weitere Legenden.[310] Der dritte Vers bezieht sich auf eine Geschichte, die wir aus dem Divyāvadāna (Aśokarājavadāna) kennen. Danach beraubte der spätere König Ashoka die Stūpas, um die Reliquien weiter aufzuteilen und 84 000 Stūpas in ganz Indien zu errichten. In einem vierten Vers hebt das MPS hervor, daß nicht nur die Könige der Menschen, sondern auch die Gebieter über Götter, Schlangen und Yakshas den Reliquien des Buddha Ehre erwiesen. Der Vers ruft sodann zur Verehrung der Reliquien des Buddha auf, da ein solcher nur selten auf Erden erscheine. Er begründet also den später immer bedeutsamer werdenden Reliquienkult.[311] Der fünfte Vers faßt nochmals die Hauptereignisse im Leben des Buddha zusammen.

7. Das Weiterleben des Buddha nach dem Tod

Blicken wir nun zurück auf die Erzählungen im Parinirvāṇa-Zyklus und fragen wir nach der sich darin aussprechenden Buddhologie und ihrer Entwicklung. Diese wird nirgends so deutlich greifbar wie in der Mahākāshyapa-Episode, wo es um die Verehrung der Füße des Verstorbenen geht. Waldschmidt kann eine für die gesamte Entwicklung der Buddhologie kennzeichnende "Stufenfolge der Geschehnisse" in den uns vorliegenden Texttraditionen feststellen.[312] Die schlichteste und einfachste Stufe ist durch den Skr.-Text des MPS repräsentiert: 1. Mahākāshyapa enthüllt den Leichnam des Buddha. 2. Nach dem MPP enthüllt er ihn "von den Füßen her". 3. Im Vinaya der Sarvāstivādins sind es die Götter, die den Leichnam des Buddha enthüllen. 4. Bei

Buddhaghosa erfolgt das Ereignis aufgrund der in der Meditation entwickelten übernatürlichen Kraft des Mahākāshyapa. 5. Im Vinaya der Dharmaguptas öffnen sich die ineinandergeschachtelten Särge des Buddha von selbst, und er läßt seine Füße sehen. 6. Nach einer großen Reihe weiterer Textzeugen einschließlich des mahāyānistischen MPS ist es der Buddha, der selbst seine Füße hervorstreckt, womit ihm noch Leben nach dem Tod zugeschrieben wird.

Ist das Interesse Waldschmidts bei dieser Analyse in erster Linie ein historisch-kritisches - will er doch den wahrscheinlich historischen Kern der Erzählung herausschälen -, so geben uns seine Erkenntnisse allerdings auch Aufschluß über die wesentliche Frage der Entwicklung des Buddha-Verständnisses, die im fünften Stadium der Legendenbildung am weitesten fortgeschritten ist. Mit ihm stehen wir an der Schwelle zum Mahāyāna mit seiner voll ausgebildeten "Drei-Körper-Lehre". Diese unterscheidet den irdischen Leib als vergänglichen "Wandlungsleib" (nirmāṇakāya) von einem überirdischen, in der Meditation zu erfahrenden "Leib des Genusses" (sambhogakāya) und spricht darüber hinaus von einem transzendenten, absoluten "Leib der Lehre" (dharmakāya) als "Essenz" des Dharma. Schon von den Vorstufen dieser Konzeption ist ein Weiterwirken des verstorbenen Buddha in seinem irdischen Leib verständlich.

Das schon zuvor genannte mahāyānistische MPS läßt Mahākāshyapa mit seinen Schülern den geschlossenen Sarg siebenmal umwandeln. Auf ein von ihm angestimmtes Klagelied hin streckt der Buddha ihm "aus Mitleid", wie es da ausdrücklich heißt, die Füße aus dem Sarg zu und wendet sie ihm sogar entgegen, damit er sie verehren kann. Nachdem Mahākāshyapa und seine Schüler die mit den Symbolen eines Universalherrschers geschmückten, strahlenden Füße verehrt und den Leichnam abermals feierlich siebenmal umwandelt haben, stimmt er zusammen mit seinen Mönchen ein langes Preislied auf den Buddha an. Die zugrundeliegende, voll ausgebildete Buddhologie ist in einem erhaltenen Sanskrit-Fragment des Textes klar ausgesprochen. Hier sagt der Buddha ausdrücklich, man solle niemals "die Vorstellung von Vergänglichkeit" (anitya-saṃjñā) in bezug auf ihn bilden. "Wie die Vorstellung vom Tod (mṛtyu-saṃjñā) sollte man nicht meinen, 'Heute wird der Tathagata ins Parinirvāṇa eingehen'. Der Tathagata wohnt im Hause jener, die stets im Sinn behalten: 'Der Tathagata ist unvergänglich (nitya), bleibend (dhruva) und ewig (śāśvata)'".[313]

Im tibetischen Paralleltext wird die Aussage über die Unvergänglichkeit und Ewigkeit des Buddha unter Anspielung auf ein Gleichnis im Lotos-Sūtra weiter expliziert.[314] In diesem mahāyānistischen Sūtra ist die Rede von einem Vater, der vorgibt, verstorben zu sein, damit seine erkrankten Söhne, auf sich alleine gestellt, seine Medizin zu sich nehmen, also seine Lehre beherzigen. Als sie diese aber zu sich genommen haben, erscheint er wieder vor ihren Augen, denn er ist nicht wirklich gestorben.[315] Diese Idee der unbegrenzten Lebensdauer des Buddha wird in einem ganzen Kapitel des Lotos-Sūtra ausführlich abgehandelt.[316]

Der Gedanke von der überzeitlichen Lebensdauer des Buddha klingt auch schon in den hīnayānistischen Parinirvāṇa-Sūtras an. Die Wundererscheinungen bei den Verbrennungen zeugen bereits von dem Weiterwirken der Kraft des Buddha. Dazu gehört auch die Unversehrtheit von zwei Leichentüchern nach dem Brand, nämlich des äußersten und des innersten Tuchs.[317] Dies wird nicht nur im MPS, sondern auch in den chinesischen Parallelen hervorgehoben. Im Konzilsbericht der Sarvāstivādins ist es Mahākāshyapa, der diesen Umstand in einem Vers zum Ausdruck bringt, wobei er ausdrücklich auf die übernatürliche Kraft des Buddha rekurriert. Beachtenswert ist auch ein von Ānanda gesprochener Doppelvers beim unbek. Übersetzer, in dem es heißt:

> "Infolge innerer und äußerer Reinheit besitzt der Buddha einen Körper der Brahmawelt. Ursprünglich in Vergeistigung herabgestiegen, hat er (den Körper) jetzt hier beiseite gelegt."

Der Vers drückt eine Buddhologie aus, die ein Stadium auf dem Weg zur Ausgestaltung der vorher genannten mahāyānistischen Vorstellung vom Buddha als ewig lebendem und transzendentem Wesen darstellt. Daß er "ursprünglich in Vergeistigung herabgestiegen" sei, kennzeichnet den Sachverhalt paradigmatisch. Waldschmidt sieht darin zu Recht im Gefolge Przyluskis "einen Protest der Anhänger fortschrittlicher Anschauungen von der Überweltlichen Natur des Buddhaleibes gegen die Verfechter der alten Tradition",[318] die ihn noch als bloßen, vergänglichen (wenn auch überragenden) Menschen darstellten und dies durch eine entsprechend schlichte Erzählung um seinen Tod zum Ausdruck brachten.

Die in unseren Texten schon aufkeimende Buddhologie, die ihre volle Entfaltung im großen Fahrzeug findet, ist folglich auch im mahāyānistischen MPS ausführlich expliziert. Dort hebt der Buddha in einer Belehrung des Kāshyapa die Unendlichkeit seiner Lebensdauer hervor und legt dar, daß er zugleich Inbegriff und Ziel allen Lebens ist. Er ist das Absolute, zu dem letztlich alles hinstrebt. So heißt es da:

> "Alle großen Ströme des Lebens aller Menschen, der Himmel, die Erde und das Himmelsgewölbe, münden ein in das Meer des Lebens des Tathāgata ... Wisse deshalb, daß der Tathāgata eine ewige und unveränderliche Existenz hat."[319]

Der locus classicus, der diesen Gedanken von der Ewigkeit und Absolutheit eines zum Vater aller Wesen gewordenen Buddha zum Ausdruck bringt, ist der berühmte Schlußhymnus des Kapitels von der unendlichen Lebensdauer des Tathāgata im Lotos-Sūtra. Wesentliche Grundgedanken des mahāyānistischen Buddha-Verständnisses zusammenfassend, sagt hier der Buddha von sich unter Anspielung auf sein Parinirvāṇa:

> "Aber in Wahrheit bin ich nicht erloschen und hinübergegangen.
> Beständig bin ich hier und predige das Gesetz.
> Ich bin beständig hier
> Und mit meiner überirdisch durchdringenden Kraft
> Veranlasse ich die Lebewesen, die verwirrt sind,
> Daß sie mich, obwohl ich nahe bin, nicht sehen.
> ...
> Wie der gute Arzt mit dem geschickten Mittel,
> Um die verwirrten Söhne zu heilen,
> In Wirklichkeit lebt, aber sagt, daß er gestorben ist,
> Und niemand sagt, daß er lügt,
> So sage auch ich, der Vater der Welt,
> Der alle aus Leid und Not rettet,
> Um der verdrehten Weltleute willen,
> Daß ich erloschen bin, obwohl ich in Wahrheit lebe."[320]

Es versteht sich aus der Bedeutung des Erhabenen für seine Gemeinde, wenn sich Ansätze zu dieser Sicht schon in den Texten des frühen Buddhismus finden.

III. Die Lehre des Buddha

A. Die Leidenschaft und der Pfad zur Erkenntnis

Der Buddha, der uns in den Erzählungen um seine Wander- und Predigerjahre und in seinen letzten Lebenswochen entgegentritt, ist für seine Zeitgenossen und späteren Nachfolger zunächst der Lehrer eines von ihm in der Erleuchtung erkannten Heilspfades. Dieser ist zumal für den frühen Buddhismus so wichtig, daß die Lehre (dharma) bzw. ihre spezielle Explizierung in den Anweisungen zur Beichtzeremonie (prātimokṣa) und in den Bestimmungen für das mönchische Leben (vinaya) an seine Stelle zu treten haben, wenn er verschieden ist, wie wir aus seinen letzten Gesprächen mit Ānanda erfahren.
Die Quintessenz der Lehre, so stellt der Buddha in seinem Gespräch mit dem Asketen Subhadra fest, sei der von ihm verkündete edle, achtfältige Pfad. Der vierfache Satz vom Leiden, der wiederholt als "die vorzüglichste Lehre der Erwachten" bezeichnet wird, gipfelt in diesem achtgliedrigen Pfad. In der ersten Predigt von Benares, "in der mit der Verkündigung dieses Satzes zum erstenmal die Grundlinien der von Buddha gelehrten 'Norm' deutlich bezeichnet werden"[1], wird zunächst der achtfältige Pfad als rechte Norm für das Begehen des "mittleren Pfades" hingestellt, jenes Pfades, der zwischen den zwei Extremen der Hingegebenheit an die Sinnengenüsse und der übertriebenen Askese liegt (CPS 11, 14ff.). Dieser Pfad ist es, so hebt er dort hervor, "der zu Einsicht, Verstehen und Geistesruhe führt; indem er zur Geistesruhe führt, gibt er Anlaß zu hohem Wissen, zur Erleuchtung und zum vollkommenen Nirvāṇa." (CPS 11, 15). Der edle vierteilige Satz vom Leiden wird dann erst in zweiter Linie verkündet, selbst wenn erst die vierte Aussage des Leidenssatzes den achtgliedrigen Pfad beinhaltet. Auch in anderen Unterweisungen stellt ihn der Buddha nicht an den Anfang seiner Belehrung, sondern an das Ende der Darlegung des Pfades, "weil", wie H. Beckh hervorhebt, "nur der innerlich entsprechend vorbereitete Hörer ihm fähig schien, jener höchsten 'Wahrheit' des Buddhismus den rechten Empfang in seiner Seele zu bereiten"[2].
Es gilt, den Satz vom Leiden zunächst als Glaubenssatz, als "rechte Glaubensansicht" (P.: sammādiṭṭhi, Skr.: samyagḍṛṣti), zu akzeptieren,

um seine innere Berechtigung am Ende des Weges gleichsam aus der Meditationserfahrung heraus zu erkennen. Ist er somit als Glaubenssatz Propädeutikum, so kommt ihm nach Durchlaufen der nötigen Erkenntnisstufen auch eine krönende Bedeutung zu. Denn diese Wahrheit erschließt sich voll erst auf der höchsten Stufe des Pfades, der der Erkenntnis (prajñā), wie das Samaññaphala-Sutta ("Lehrschrift von der Frucht des Lebens des Asketen") des Dīgh.-Nik. Nr. 2 (= SphS) betont, auch wenn wiederholt von Fällen plötzlicher Erleuchtung berichtet wird.

Der zu begehende Pfad, der zur höchsten Erkenntnis und damit zur inneren Einsicht in den Leidenscharakter des Seins führt, ist, wie H. Beckh zu Recht betont,[3] nicht ein Weg der Logik oder philosophischen Rationalität, sondern ein Pfad der Meditation, der in manchem mit dem Weg des Yoga zu vergleichen ist: gipfelt doch der achtgliedrige Pfad in der "rechten Meditation" (P.: sammāsamādhi, Skr.: samyaksamādhi), und begegnet doch in den buddhistischen Schriften wiederholt das Bild von der Zügelung der Rosse durch einen geschickten Wagenlenker als Metapher für die in der Meditation vorzunehmende Zügelung des Geistes, wobei der Wagenlenker geradezu als "Meister der Anschirrung" (P.: yogācariyo in Aṅg. Nik. III, 28) bezeichnet wird. Es ist ein Bild, das wir vielfach in dem indisch-asketischen Milieu finden[4] und das dort die Gewinnung höherer Erkenntnis und höherer Fähigkeiten veranschaulicht.[5] Während die Philosophie in den Bewußtseinsformen bleibt, die mit logischen Begriffen operieren, sucht die buddhistische Meditation ebenso wie der Yoga den Bereich von "Name und Form" (nāma-rūpa) zu überwinden und zu Erkenntnissen zu gelangen, die über alles phänomenal Benennbare hinausführen. Dabei unterscheidet der Buddha diverse, immer höher hinaufführende Versenkungsstufen und Bewußtseinszustände, die gleichsam wie eine Stufenleiter zur höchsten Stufe hinaufführen (s. Anhang Nr. 8.2). "Alle Belehrung Buddhas hat ... nur den Zweck, den Hörer aus seinem Alltagsbewußtsein herauszuführen, die seelische Wandlung in ihm zu erwecken. Daher die Ablehnung metaphysischer Fragen nach Endlichkeit oder Unendlichkeit, Ewigkeit oder Nichtewigkeit der Welt, nach der Seele und dem Fortleben nach dem Tod".[6]

Derartige Fragen und Antworten bleiben im Bereich des Vorläufigen, Phänomenalen, Sinnlichen, das es ja gerade zu überwinden gilt, so wie der Asket durch Askese (tapas) und heiligen Wandel (brahmacārya) über weltliche Lebensformen hinausgeht. Diese ursprünglich brahmanischen Begriffe tauchen tatsächlich in den buddhistischen Texten auf (z. B. Therag. 64), wobei das Ziel solcher Übung - wie im Hinduismus - allgemein als "Unsterblichkeit" (P.: amata, Skr.: amṛta) bezeichnet werden kann. Bei allen Parallelen zum Yoga, die sich hier ergeben, liegt aber ein wesentlicher Unterschied darin, daß dem theoretischen Yoga das Samkhya-System mit seinem Dualismus von Geist und Materie zugrunde liegt, während der Buddha jedem Dualismus dieser Art abhold ist.

Wenn wir uns nun den einzelnen Stufen des buddhistischen Heilspfades zuwenden, so behalten wir das Ziel im Sinn, das auch als das Ziel des achtfachen Pfades genannt wird, nämlich die Versenkung oder Meditation (samādhi), dergegenüber alle anderen Glieder nur "Vorstufen" und "Hilfsmittel" sind (z. B. Aṅg.-Nik. IV, 40; V, 236). Aber auch die Meditation ist nicht nur um ihrer selbst willen da. So wird verschiedenenorts darauf verwiesen (z. B. Aṅg.-Nik. IV, 236ff.), daß diese zur "rechten Erkenntnis" (P.: sammāñāṇa, Skr.: samyagjñāna) und dann zur "Befreiung" (vimukti) führt. Das ist natürlich die Befreiung und Erlösung vom Kreislauf des Seins, vom Saṃsāra, innerhalb dessen selbst es keine Befreiung geben kann. Erst späteren, zumal mahāyānistischen Denkern war es vorbehalten, von einer Befreiung *im* Saṃsāra zu sprechen, zumal der Begriff Saṃsāra als unheilvoller Geisteszustand interpretiert werden konnte, den es zu überwinden galt. In der Lehre des Buddha selbst sind freilich Ansätze dazu vorhanden, zumal er die Befreitheit des Geistes inmitten der Welt vorgelebt hat. Daß es ihm letztlich auch immer um "Befreiung" (mokṣa, mukti) ging, davon zeugen die wiederholten Ansprachen über die Trias Sittlichkeit (śīla), Meditation (samādhi) und Erkenntnis (prajñā) in MPS und MPP. Im Begriff "Sittlichkeit" aber sind all jene Vorstufen zusammengefaßt, die zur Meditation führen. Diese aber ihrerseits gibt zum vierten Glied, der "Befreiung" (vimukti), Anlaß. Der enge Zusammenhang wird im MPP achtmal mit denselben Worten hervorgehoben. Da heißt es jedesmal: "Segensreich und fruchtbringend ist Meditation, wenn sie von rechtem Verhalten getragen ist, segensreich und fruchtbringend Erkenntnis, wenn sie auf Meditation beruht, und von solcher Erkenntnis durchdrungen, wird die Seele frei von allem Wahne der Weltlust, des Weltenseins und des Irrtums"[7].

Der Pfad zur Befreiung, der in den vier genannten Hauptstadien zusammengefaßt ist, wird ausführlich in allen wichtigen Sūtren des Dīgh.-Nik. in derselben Weise beschrieben; er ist prototypisch im SphS dargelegt,[8] dem wir nun in erster Linie folgen werden. Wir können davon ausgehen, daß es sich hierbei um eine sehr alte, auf den Buddha selbst zurückgehende Lehre handelt.

Ehe wir die erste Stufe, das rechte ethische Verhalten (śīla), erörtern, ist auf eine wesentliche Voraussetzung des Betretens des Heilsweges zu verweisen. Es ist dies der Glaube oder das gläubige Vertrauen (P.: saddhā, Skr.: śraddhā), das dem Buddha und seiner Lehre entgegengebracht wird, ein "vorausgehendes gefühlsmäßiges Erfassen der buddhistischen Heilswahrheit, insbesondere der Leidenswahrheit,"[9] längst ehe eine innere Erkenntnis derselben aufgeht. Engstens verbunden damit ist der Wille zur Aufgabe der bisherigen Lebensweise, um in den "heiligen Lebenswandel" (brahmacārya) einzutreten. Angesprochen ist hier weniger der Laie als der angehende Jünger, der bereit ist, sich vom Weltlichen zu trennen und, wie die Standardformel lautet, "aus der Heimat in die Heimatlosigkeit zu gehen", d. h. Besitz und Familie aufzugeben, um das Leben eines Mönchs im Gefolge des Buddha zu führen. Die Geschichte von Buddhas Verlassen des Palastes hat hierfür geradezu wegweisende Funktion.

Die erste Stufe des edlen achtfältigen Pfades drückt diese Voraussetzung in eigener Weise aus. Sie ist die Stufe der "rechten Glaubensansicht", auf die alle anderen Stufen folgen. Freilich ist es vornehmlich die leidvolle Lebenserfahrung selbst, die zum Glauben an die Botschaft des Buddha führt, und folglich wird wiederholt hervorgehoben, daß die Götter zu wonnetrunken seien, um die Leidenslehre des Buddha aufzunehmen. Insofern stehen sie den Sterblichen in ihren Heilsmöglichkeiten nach. Im Saṃy.-Nik. (II, 31) wird im Sinne des zwölfgliedrigen Kausalnexus gesagt, welche Rolle der Glaube spielt. Da ist zunächst davon die Rede, daß sich aus der Geburt Leiden (P.: dukkha, Skr.: duḥkha) ergibt. Dann aber heißt es beachtenswerterweise: Aus dem Leiden folgt Glaube, aus Glaube Beseligung, aus Beseligung Freude, aus Freude innere Ruhe, aus innerer Ruhe seliges Behagen, aus Seligkeit die Versenkung, aus Versenkung die rechte schauende Erkenntnis, aus der Erkenntnis Leidenschaftslosigkeit, aus der Leidenschaftslosigkeit die Befreiung.

Erst der sich aus der konkreten Leidenserfahrung ergebende Glaube ermöglicht das Betreten des Pfades, der zur Erlösung führt. Wenn im späteren ostasiatischen Buddhismus der Glaube fast im Sinne einer sola fide-Theologie zur unmittelbaren Voraussetzung der Erlösung wird, so ist das letztlich im obigen Schema begründet. Im älteren Buddhismus hat der Glaube aber nicht diese überragende Bedeutung, den er erst in den chinesischen Kommentaren zu den klassischen mahāyānistischen Werken gewinnt. Aber der Glaube hat doch große Signifikanz für den Laien, der die folgenden Stufen in dieser Existenz nur teilweise gehen kann und die weiteren Schritte einem späteren Leben vorbehalten muß. Ja, der Glaube und die sich daran anschließende Sittlichkeit sind geradezu die wesentlichen Grundlagen der Erlösung für den Laien, da hier die Voraussetzungen für den später zu gehenden Weg liegen. Der Weltentsager hat nun allerdings auch die nächsten Schritte zu tun, um vom Glauben zum Erkennen zu gelangen.

1. Die erste Stufe des Pfades: das rechte sittliche Verhalten

Nach dem Dīgh.-Nik. bildet das rechte sittliche Verhalten die erste Stufe des Heilspfades. Es umfaßt die Glieder vom zweiten bis zum siebten in der Formel vom achtgliedrigen Pfad, also rechtes Wollen (oder rechter Entschluß: P.: sammāsaṅkappa, Skr.: samyaksaṃkalpa), rechte Rede (P.: sammāvācā, Skr.: samyagvāc), rechtes Handeln (P.: sammākammanta, Skr.: samyakkarmānta), rechtes Leben (P.: sammājīva, Skr.: samyagājīva), rechtes Streben (P.: sammāvāyāma, Skr.: samyagvyāyāma), rechte Achtsamkeit (oder Besinnung: P.: sammāsati, Skr.: samyaksmṛti). Die beiden zuletzt genannten Glieder führen zur rechten Meditation (oder Sammlung: P.: sammāsamādhi, Skr.: saṃyaksamādhi) und werden zuweilen schon dazu gerechnet. Die ethischen Anweisungen, die durch diese Glieder ausgesprochen und genauer im SphS und in anderen Texten des Dīgh.-Nik. expliziert werden, werden also nicht nur um ihrer selbst willen verkündet, sondern weil sie wesentliche Voraussetzung jener Meditation sind, die schließlich zur "Aufhebung des Leidens" führt. Für den Laien freilich sind diese sittlichen Gebote, wie betont, wesentlich und konstitutiv, zumal er nicht die Möglichkeit hat, dem Mönch auf dem Heilsweg bis zur höchsten Stufe zu folgen, und so kann es in einer Zusammenfassung der Lehre des Buddha in einem altbuddhistischen Spruch heißen: "Meiden des Bösen, Tun des Guten und wachsames Behüten des Geistes ist die (ganze) Ermahnung der Erwachten"[10]. Aber auch hier wird bereits neben dem ethischen Verhalten eine Geisteshaltung verlangt, die Voraussetzung der Meditation ist. Darüber hinaus bleibt auch diese zusammenfassende Anweisung eingebettet in den Heilsweg. Konkret umfaßt nun die ethische Zucht verschiedene Gebote bzw. Verbote, die z. B. in den Suttas des Dīgh.-Nik. expliziert werden. Zunächst ist das Nichtverletzen von Lebewesen zu nennen. Da alle Gebote mit Körper, Rede und Geist zu beachten sind, beinhaltet dies mehr als nur die äußere Schonung; auch die positive geistige Haltung des Mitleids gegenüber allen Wesen gehört dazu, aus der das äußere Nichtverletzen erwächst. Folgerichtig wird in diesem Zusammenhang das Meiden harter und unfreundlicher Rede genannt, die gleichsam ein geistiges Verletzen des Gesprächspartners mit sich bringt. Die grundlegende Haltung des Mitleids ist in der Lehre von den vier brahmavihāras oder apramāṇas eingebettet in eine umfassende Grundhaltung, die Liebe oder Freundlichkeit (P.: metta, Skr.: maitrī), Mitleid (karuṇā), Mitfreude (über die guten Taten anderer: muditā) und Gleichmut gegenüber allen, auch den Bösen und Unreinen (P.: upekkhā, Skr.: upekṣā), umfaßt. Mit diesen vier Empfindungen soll man die Welt in der genannten Übung - wie auch im täglichen Leben - gleichsam durchstrahlen (Tevijja-Sutta 76ff.), und die Macht derselben wird durch zahlreiche Erzählungen in der Buddha-Vita veranschaulicht, so im Bericht vom Zähmen des wilden Elefanten oder der Gewinnung des Mörders Angulimāla durch den Buddha.

Das Gebot des Nichtverletzens bzw. der Lebensschonung ist grundsätzlich auch dem alten Brahmanismus bekannt (z. B. Bṛhadāranyaka-Up. 1, 5, 14), es wird hier aber von seiner dortigen kosmologischen und metaphysischen Einbettung gelöst und in einer zur Heilslehre gehörenden Universalethik begründet.

Das zweite buddhistische Gebot besagt, daß man nicht nehmen soll, was nicht freiwillig gegeben wird. Im Hinblick auf die Trias Denken, Reden und Tun beinhaltet dies nicht nur das Verbot des äußeren Diebstahls, sondern jeder Begehrlichkeit, die sich auf fremdes Gut richtet. In positiver Hinsicht impliziert dieses Gebot vor allem für Laien die Freigebigkeit (dāna), über die der Buddha vielfach im Anschluß an die allgemeinen Pflichtgebote sprach und die wiederholt als eine der vornehmsten Tugenden der Laien gepriesen wird (z. B. Mahāvagga 19).

Das dritte Gebot, das Gebot der Keuschheit (brahmacārya), hat der Buddhismus mit fast allen asketischen Richtungen des Hinduismus gemeinsam, und folglich finden wir es wiederholt in der Spruchweisheit ausgesprochen.[11] Der "Brahmawandel", wie brahmacārya wörtlich heißt, ist eine Grundhaltung heiligen Lebens, die über bloße Keuschheit hinausgeht. Sie bezieht sich auf "das Ganze der Jüngerschaft, das gesamte auf den Pfad gerichtete praktische Bestreben", so daß dieses geradezu brahmacārya genannt wird.[12] Folglich wird die Erkenntnis, die am Ende des Weges erlangt wird, als "Vollendung des heiligen Wandels" bezeichnet. Hier wird erstmals ein Unterschied zwischen Laien und Anhängern der Gemeinde gemacht. Von den ersten wird nur Meiden des Ehebruchs und Keuschheit im allgemeinen Sinne verlangt, von letzteren aber ein heiliger Wandel, der eben eine körperlich und geistig reine Lebensführung verlangt. Wiederholt wird dabei von der notwendigen Reinheit des Geistes gesprochen, d. h. seiner Befreiung von allen Befleckungen (kleśas), als da sind Begierde, Zorn und Haß, und eine der wichtigsten buddhistischen Symbole, die Lotosblüte, veranschaulicht diese Reinheit, die letztlich auch mit dem Wort brahmacārya gemeint ist. Sie ist wesentliche Voraussetzung der rechten Meditation, denn sie beinhaltet jenes Zügeln der Sinne, das die unerläßliche Voraussetzung der geistigen Konzentration ist.[13]

An vierter Stelle steht das Gebot der Wahrhaftigkeit (P.: sacca, Skr.: satya). Naturgemäß bezieht sich dies vor allem auf die Rede. Ihr ist besondere Achtsamkeit entgegenzubringen. Wer die geistige Konzentration anstrebt, soll nicht nur jede unwahre, sondern auch jede unüberlegte Rede meiden, ist das Ziel doch die Befreiung von jedem Irrtum (avidyā). Denn die unwahrhaftige Rede fällt auf den Redenden selbst zurück. Im Udānavarga (VIII, 2) heißt es, es entstehe im Munde des Menschen bei seiner Geburt eine Axt, durch die sich jener verletzt, der törichte und schlechte Rede führt.

In diesem Zusammenhang ist aber auch wiederum auf die positive Seite des Verbots der Unwahrhaftigkeit zu verweisen. Diese beinhaltet ein Abstandnehmen von aller groben und unfreundlichen Rede, ja mehr noch, das Gebot der Freundlichkeit in der Rede. Im SphS wird in Übereinstimmung mit vielen anderen Stellen vom Anhänger der Lehre gefordert, er solle Worte reden, die "harmlos, angenehm zu hören, liebenswürdig, zu Herzen gehend ..., gediegen ... und den Menschen wohltuend" sind.[14] Vor allem wird die Zurückhaltung in der Rede gerühmt, das "vornehme Schweigen". Das Schweigen gehört zu den trefflichsten Eigenschaften, die ein Mensch haben oder sich anerziehen kann, und Buddha selbst wird ja als Meister des Schweigens dargestellt.[15] Im Abhayarājakumāra-Sutta des Majjh.-Nik. (Nr. 58) heißt es: "Nie spricht der Tathāgata Worte, die unwahr, nicht zum Heile und anderen unlieb sind, ebensowenig Worte, die zwar wahr, aber nicht zum Heile und anderen unlieb sind, oder Worte, die zwar anderen lieb zu hören, aber unwahr und nicht zum Heile sind, auch nicht Worte, die wahr und anderen lieb, aber nicht zum Heile sind; hingegen spricht er Worte, die wahr und zum Heile sind, auch wenn der andere sie nicht gern hört, und um so lieber spricht er Worte, die wahr und zum Heile und dem Hörer lieb sind"[16]. Als Grund wird das Mitgefühl des Tathāgata angegeben. Das rechte Reden und Schweigen - das zeigt das Beispiel Buddhas - dient nicht nur der eigenen spirituellen Entwicklung, sondern auch dem Heil der Welt und dem Wohl aller Wesen (z. B. Itivuttaka 84).

Das fünfte Gebot beinhaltet die Meidung berauschender Getränke. Dieses Gebot ist zwar in unserem SphS nicht enthalten, wohl aber in anderen Texten (z. B. Soṇadaṇḍa-Sutta [Dīgh.-Nik. Nr. 4], 20; Kūṭadanta-Sutta [Dīgh.-Nik. Nr. 5], 26). Das Gebot gilt allgemein, nicht nur für Mönche, und hat wohl seinen Grund darin, daß der Rausch die rechte Besonnenheit und Konzentration unmöglich macht, geht es doch um die Erlangung eines glasklaren, hellen Bewußtseins, das allein zur Erreichung der höchsten Stufen der Meditation befähigt. Wie Beckh hervorhebt, hängt das klare Bewußtsein auch mit der Unbekümmertheit um Besitz und die Dinge des täglichen Lebens zusammen, mit der inneren Loslösung von der Welt (P.: apariggaha, Skr.: aparigraha)[17] (vgl. Tevijja-Sutta 80).

In diesen Zusammenhang gehören dann auch die über die Laiengebote hinausgehenden besonderen Jüngergebote wie das Einnehmen einer Mahlzeit am Tag, das Meiden von Tanz, Musik und Schauspielaufführungen, von Kränzen, Wohlgerüchen und Schmucksachen, eines hohen und weichen Lagers und die Verweigerung der Annahme von Gold und Silber. Alles, was mit Geschäftigkeit, Zerstreuung und Gewinnsucht zu tun hat, ist vom Jünger im Sinne der inneren Loslösung von der Welt zu meiden. Dadurch wird er frei von Sorgen und von dem daraus resultierenden Drang, den Geist zu betäuben. Denn dieser weist dann die besten Bedingungen zur höchsten Erkenntnis auf, wenn er unbedrängt in sich ruht, von keinen Mitteln eingeschränkt oder getrübt ist, rein von "Befleckungen", zufrieden und heiter. Diese Forderung nach Zufriedenheit und heiterem Gleichmut klingt wiederholt in den buddhistischen Schriften an. Die Beruhigung und "Reinigung" des Geistes durch positive Werte wie diese, vor allem aber durch die Liebe, wird wiederholt als Forderung zum Ausdruck gebracht. So heißt es im hohen buddhistischen Lied der Liebe (Itivuttaka 27), daß das Verdienst, das aus allen äußeren Handlungen erwächst, nicht ein Sechzehntel der Liebe wert sei. Und in diesem Zusammenhang kann schließlich auf Buddhas Unterredung mit dem Asketen Kassapa (Skr.: Kāshyapa) verwiesen werden, der vom Erhabenen darauf hingewiesen wird, daß alle Askese und äußere Observanz nicht heranreiche an geistige Selbstzucht und jene Liebe, die Haß und Feindschaft in sich überwunden habe. Wer dieses verwirklicht, befindet sich auf dem Weg zur Befreiung (Kassapa-Sīhanāda-Sutta [Dīgh.-Nik. Nr. 8], 15).

Das Verbot, berauschende Getränke zu sich zu nehmen, hat also seine Ergänzung in der Forderung nach wachsamer Besonnenheit. Der Buddha selbst ist das Vorbild für solche Besonnenheit. Und so hat auch der Jünger in allen seinen Verrichtungen und Handlungen, im Sitzen, Stehen, Reden und Schweigen, in allen Werken und selbst im Schlaf diese Besonnenheit zu bewahren (SphS 65). In diesem Sinne erklärt auch der Text Majjh.-Nik. III, 525 die siebte Stufe des achtgliedrigen Pfades, die "richtige Aufmerksamkeit" (oder Bewußtheit/Besonnenheit: P.: sammasati, Skr.: samyaksmṛti), die vor allem zum Ziel hat, die unbewußten "Bildekräfte" oder "geistigen Gestaltungen" (saṃskāras), die eine Wiedergeburt bewirken, zu beherrschen.[18] Der Jünger muß bestrebt sein, all diese gestaltenden Kräfte im Unterbewußten in den Bereich des Bewußtseins zu rücken, das deshalb hell und klar sein muß, sowohl im normalen Wachzustand wie in der Meditation. Wer dies vermag, ist den Schlingen des Māra entzogen, wer es nicht vermag, fällt ihm anheim (Majjh.-Nik. III, 94). Erst die rechte Besinnung ist also die Voraussetzung für das Erklimmen der nächsten Stufe, der der Meditation (samādhi).

2. Die zweite Stufe des Pfades: die Meditation

Die unbedingte Notwendigkeit, die geschilderten Stufen sittlicher Zucht zu beachten, ehe man sich auf den Weg der Meditation begibt, wird in den buddhistischen Texten immer wieder hervorgehoben. Der Weg über die Meditation zur Erkenntnis und zur Befreiung setzt die geschilderten Vorstufen voraus, da nur nach ihrem Betreten der Geist zur Meditation bereit ist. Es kann sogar von der Gefährlichkeit der Meditation ohne entsprechende Vorbereitung gesprochen werden.

Diese Gefährlichkeit wird veranschaulicht in einem Gleichnis, das der Buddha berichtet (Aṅg.-Nik. IV, 418). Es ist hier die Rede von einer unbändigen Gebirgskuh, die von jugendlichem Drang getrieben, vor allem von Begierde veranlaßt, ohne ausreichende Kenntnis der gefährlichen Bergpfade und ohne die nötige Erfahrung unbekannte Almen aufsuchen will, um ungewohnte Kräuter zu fressen und sich an unbekannten Gewässern zu laben. Wenn sie den Weg zu diesem Ziel nicht Schritt für Schritt und besonnen zurücklegt und sich ungestüm durch Neugier in die Ferne treiben läßt, wird sie weder ihr Ziel, die ersehnte Alm, erreichen noch heil zu ihrem Ausgangspunkt zurückkehren. "Und warum dies, ihr Jünger? Weil sie eben die jugendliche, unreife, nicht ortskundige Gebirgskuh ist, die es nicht versteht, rauhe Bergespfade zu wandeln"[19]. Ebenso, erklärt der Buddha, erginge es dem Jünger, der sich ohne Kenntnis des Pfades auf die Stufen der Meditation begeben wollte. Er würde nicht nur die ersehnten geistigen Höhen nicht erreichen, sondern auch den Weg zurück zum früheren Bewußtseinszustand verlieren und "nach beiden Richtungen hin" (d. h. sowohl für das gewöhnliche Weltleben wie für das höhere geistige Leben) alle Chancen verlieren.[20]

"Hinter der Nüchternheit und scheinbaren Trivialität solcher Gleichnisse Buddhas," betont Beckh, "verbergen sich oft bemerkenswerte Tiefen, wie hier der Vergleich des Emporstrebens zu den geistigen Höhen der Meditation mit dem Wandeln rauher Bergespfade, ... was dem oberflächlichen Hörer durch die gewählte groteske Ausdrucksform des Gedankens vielleicht gerade mit Absicht verschleiert werden sollte. Nur wer ganz und gar fest steht im ethischen Verhalten, in der sittlichen Zucht, und genau die vorgezeichneten Wege kennt und beachtet, hat im Sinne Buddhas die Möglichkeit, schon in diesem gegenwärtigen Leben zu dem zu gelangen, was im Buddhismus die 'rechte Meditation' genannt wird."[21]

Die Voraussetzung zur Beschreitung der Meditationsstufen ist also die unbedingte Läuterung des Geistes durch sittliche Zucht; verweist der Buddha (etwa in MPS und MPP) doch wiederholt auf die Trias Zucht, Versenkung, Erkenntnis.

Konkret hat der Jünger sich nach dem Meditationsabschnitt des Dīgh.-Nik. und parallelen Stellen vor Eintritt in die Meditation von fünf störenden Affekten frei zu machen, die als die "fünf Hindernisse (des Heilvollen)" (nīvaraṇa) bezeichnet werden. Es sind dies 1. alle evtl. noch vorhandenen sinnlichen Begierden, 2. Schadenswille und Haß, 3. Trägheit und Verschlafenheit, 4. Eitelkeit und Geringschätzung anderer, 5. Zweifel über den richtigen Weg.[22] Die Reihe wird nach den Sanskrit- und tibetischen Texten folgendermaßen angegeben: 1. Sinnenlust, 2. Bosheit, 3. Apathie und Schläfrigkeit, 4. Frivolität und Gewissensunruhe und 5. Zweifel[23] (s. Anhang Nr. 5.6). Der Buddhismus, und d. h. wohl schon der Buddha, hat eine ganze Reihe von Begriffsgruppen konzipiert, die auf jene Widerstände verweisen, die der Adept innerlich überwunden haben muß, will er den Stufenweg der Meditation betreten. Ebenso werden aber auch die positiven Voraussetzungen thematisiert, die ein Beschreiten des meditativen Weges ermöglichen (z. B. Anhang Nr. 3.16 u. 4.1).

Es ist interessant, daß die negativen Gemütsaffekte Kräfte sind, mit denen schon der Buddha vor seiner Erleuchtung zu ringen hatte. Die fünf "Hindernisse (des Heilvollen)" erscheinen in der Buddha-Legende konkret veranschaulicht als das Heer des Māra, das ihn angreift, das er aber in die Flucht schlägt, ehe er sich unter dem Bodhi-Baum zur ersten Stufe der Meditation erhebt. Auch die Jünger müssen also die inneren Feinde überwinden, und für diesen Kampf werden positive Geistesregungen empfohlen. Der Geist soll geläutert werden durch wachsame Besinnung, durch inneres Zur-Ruhe-Kommen, vor allem aber durch den positiven Wert des Mitgefühls mit allen Wesen.

Das Ergebnis der Beruhigung des Geistes durch die Aufhebung der "fünf Hindernisse" wird durch verschiedene Gleichnisse veranschaulicht. Diese zusammenfassend heißt es im SphS: "Und wie das Abtragen einer Schuld, Genesung von Krankheit, Entlassung aus dem Gefängnis, Freilassung aus der Sklaverei, Erreichung eines sicheren Asyls, so betrachtet ein solcher Bhikkhu [d. h. Mönch] das innere Freiwerden von jenen fünf Hemmnissen."[24] Aus dem Bewußtsein, von diesen Hindernissen frei geworden zu sein, so heißt es weiter, erwächst ein Gefühl von Befriedigung, daraus Freude, daraus Ruhe des Körpers und daraus Wohlbehagen. Damit ist die Voraussetzung für die Konzentration gegeben. Der Adept kann nun die verschiedenen Stufen der Versenkung oder Meditation (dhyāna) nacheinander erklimmen. Ihre ausführliche Schilderung finden wir in dem genannten Meditationsabschnitt (SphS) des Dīgh.-Nik., aber auch an zahlreichen anderen Stellen des Kanons (z. B. Aṅg.-Nik. III, 25f.; IV, 410, 419ff.). Sowohl die frühen Texte des Sanskrit-Kanons wie auch die späteren Werke der buddhistischen Sanskrit-Literatur (MV, LV usw.) stimmen in ihren Schilderungen der vier Stufen damit weitgehend überein. So entspricht die Schilderung der Meditation des Buddha unter dem Bodhi-Baum im LV im wesentlichen der Schilderung der dhyānas im Pāli-Kanon. In diesem erfahren wir folgendes über die vier Stufen der Meditation:

Auf der ersten Stufe erreicht der Meditierende die Abgeschiedenheit von allen Begierden, er hat aber noch eine Vorstellung von Objekten und ein entsprechend objektbezogenes Denken. Im LV wird berichtet, wie der Buddha nach dem Sieg über Māra, d. h. nach der Unterdrükkung aller inneren Feinde, "die von Begierden wie von sündigen und schlechten Elementen befreite, aus der richtigen Einsicht geborene, erste Stufe der Meditation" erreicht und darin verweilte.[25] Auf dieser Stufe aber, so heißt es da weiter, "gab es noch Überlegung, Erwägung und die Empfindung für Freude und Glück"[26]. Wiederholt wird beschrieben, wie ein Gefühl freudigen Behagens den ganzen Körper auf dieser Stufe umgibt und durchdringt, ein Gefühl, das aus der Abgeschiedenheit entspringt.

Auf der zweiten Meditationsstufe hört die Vorstellung von Objekten und Gegenständen auf. Der vollkommen beruhigte Geist konzentriert sich auf "Einswerdung", d. h. Integration. Auch jetzt umgibt und durchdringt ein seliges Behagen den Körper, ein Behagen, das aus der Konzentration entspringt. Es wird mit einem aus einem kühlen Teich entspringenden Strom verglichen. Im LV heißt es: "Dann unterdrückte er Überlegung und Erwägung und erreichte durch vollkommene innerliche Beruhigung und durch Konzentration des Geistes auf ein einziges Ziel die aus der Selbstversenkung geborene zweite Stufe der Meditation, auf der es keine Überlegung und Erwägung mehr gibt, auf der man aber noch Freude und Glück empfindet. Darauf verweilte er"[27].

Auf der dritten Versenkungsstufe schwindet auch das Gefühl seligen Behagens. Der Geist ist gekennzeichnet durch Gleichmut und besonnene Bewußtheit, der Körper ist durchdrungen von einer Seligkeit, die über alle Freude erhaben ist. Dieser Geisteszustand wird mit dem einer Lotosblume verglichen, die sich über der Oberfläche eines kühlen Gewässers entfaltet. Im LV heißt es: "Weiter machte er sich frei von dem Gefühl der Freude und wurde gleichmütig. Die Erinnerung ging ihm auf, und er erwachte zu vollem Bewußtsein. Sein Leib empfand noch allein das Gefühl des Glücks. Das ist es, was die Edlen 'gleichmütig', 'erinnerungsvoll', 'im Glücke weilend' nennen. So erreichte er die dritte Stufe der Meditation, die die Empfindung der Freude nicht mehr kennt, und er verweilte darauf"[28].

Auf der vierten Stufe endlich überwindet der Meditierende alle Regungen und Empfindungen von Lust und Leid; sein Geist gewinnt völligen Gleichmut (P.: upekkha, Skr.: upekṣā), und sein Körper ist von Helle und Reinheit durchdrungen. Gleichnishaft wird der Zustand so beschrieben, daß vom Meditierenden gesagt wird, er sei von Kopf bis Fuß in ein weißes Kleid gehüllt, das keine Körperstelle freiläßt. Der LV sagt dazu:

"Schließlich gab er auch das Gefühl für Glück wie für Unglück auf. Die Empfindung für Fröhlichkeit, selbst für einstige, ebenso wie für Trübsinn schwand, und er erreichte die vierte Stufe der Meditation, auf der es Leidlosigkeit und Glücklosigkeit, Gleichmut und Erinnerung nicht gibt, und er verweilte darauf.
So war sein Geist konzentriert, rein, durch und durch geläutert, glanzstrahlend, ohne Flecken, ohne Sündhaftigkeit, sanft, auf sein Ziel eingestellt und nicht mehr davon abzubringen"[29].

Die beschriebenen vier Versenkungen gehören noch dem an, was die Buddhisten die "feinkörperliche Sphäre" (rūpa-dhyāna) nennen. Sie werden an zahlreichen Stellen des Kanons mit vielfach gleichem Wortlaut geschildert. Dieser Komplex gehört zu den Inhalten, die die altbuddhistischen Schriften am häufigsten behandeln.[30] Es schließt sich nun eine Stufenleiter von Bewußtseinszuständen (āyatana) an, in denen der Meditierende ganz bestimmte Fähigkeiten entwickelt. Diese Bewußtseinszustände sind die vier Bereiche der formlosen oder abstrakten Versenkungsstufen (arūpa-dhyāna). Sie werden zwar nicht im Meditationsabschnitt des Dīgh.-Nik. beschrieben, wohl aber in MPS und MPP. Zu ihnen gehören der Bereich 5. der Raumunendlichkeit (der Unendlichkeit des Raumäthers), 6. der Bewußtseinsunendlichkeit (der Unendlichkeit des geistigen Bewußtseins: vijñāna), 7. des Nichts und 8. der Bereich, in dem es weder Wahrnehmung noch Nichtwahrnehmung gibt (die Sphäre jenseits von bewußt und nichtbewußt). Wie wir in den Mahāparinirvāṇa-Texten sahen, kommt noch eine weitere und höchste Stufe hinzu, nämlich der Bereich des Auslöschens oder der Auflösung (nirodha) von Bewußtsein und Empfindung, also ein höchstes Überschreiten normaler Bewußtseinszustände. Er stellt zwar einen Endpunkt in der Stufenleiter dar, aber nicht von ihm aus ist der Buddha ins höchste Nirvāṇa eingegangen, sondern von der vierten Meditationsstufe aus, nachdem er alle Bewußtseins- und Meditationsstufen zurückging bis zur ersten dhyāna-Stufe, um dann nochmals bis zur vierten vorzudringen; von dort aus ist er ins Nirvāṇa eingegangen.
Obwohl die nirodha-Stufe damit gleichsam als eine Sackgasse erscheint, können viele Texte sie als die höchste der Bewußtseinszustände hinstellen (z. B. Poṭṭhapāda-Sutta [Dīgh.-Nik. Nr. 9] 16 u. 17). Hier erfahren wir auch, daß der Fortschritt zu einem höheren Zustand durch Vernichtung des je vorausgehenden Zustandes erreicht wird. Zuweilen werden die vier dhyāna-Stufen und die fünf Bewußtseins-

zustände als die neuen Zustände des "Nacheinanderverweilens" oder der "sukzessiven Erlangung von Vollkommenheit" bezeichnet.
Die Notwendigkeit, sich zunächst im Bereich der "feinkörperlichen Sphäre" aufwärts zu bewegen, ergibt sich aus pädagogischen Gründen. Wiederholt erfahren wir in den Kanones, daß der Buddha seinen Jüngern je nach individueller Veranlagung bestimmte Konzentrationsaufgaben stellt, wobei er einen konkreten Ausgangspunkt der Meditation angibt. Erst wenn sie diese Aufgaben gelöst haben, können sie zu geistigen Versenkungen jenseits der konkreten sinnlichen Konzeptionen fortschreiten. Hierbei können unterschiedliche Stufen der Meditation (samādhi) unterschieden werden.
Eine dreifache Gliederung des Meditationsweges unterscheidet folgende Stufen: die erste Stufe, die noch mit der Vorstellung von sinnlichen und übersinnlichen Objekten verbunden ist; die zweite Stufe, auf der nur noch die Vorstellung übersinnlicher Gegenstände vorherrscht; die dritte Stufe, auf der man auch diese hinter sich läßt. Es ist also jene Stufe, die alles das in sich begreift, was im Sinne jener anderen Terminologie über der ersten dhyāna-Stufe liegt. Dort, wo sich diese geistigen Stufen kosmologisch in den Weltbereichen (dhātu) spiegeln, ist dann die Rede vom Bereich des Begehrens (kāmadhātu), vom Bereich des Formhaften (rūpa-dhātu) und vom Bereich des Formlosen (arūpa-dhātu).
Es kann aber auch die Rede sein von der "fünfgliedrigen Meditation". Hierbei kommt zu den vier Stufen der feinkörperlichen Sphäre als fünfte jene hinzu, die "das Zeichen der Betrachtung" genannt wird. Auf dieser Ebene offenbaren sich dem Adepten gewisse "Zeichen" als Ausdruck des positiven Ausgangs der Meditation. Sie bestätigen dem Übenden den Erfolg seiner Bemühungen. Dort, wo diese Zeichen ausbleiben, ist der rechte Weg der Meditation nicht beachtet worden (Aṅg.-Nik. IV, 418). Wir hörten von der Begebenheit um Anuruddha, der dem Buddha darüber klagt, daß seine Meditation nicht von Erfolg gekrönt sei. Konkret gibt er an, daß er die betreffenden Erscheinungen zwar teilweise hätte, sie aber nicht "festhalten" könne. Der Buddha belehrt ihn daraufhin, daß es darauf ankomme, durch Energie und beharrliches Ringen alle störenden Faktoren wie Zweifel, Unaufmerksamkeit, Trägheit usw. nacheinander auszuschalten, was durch verschiedene Gleichnisse veranschaulicht wird (vgl. Majjh.-Nik. III, 157ff.). Unter anderem komme es auf die Gewinnung des "inneren Gleichgewichtes" an, eines Zustandes, in dem es weder "übermäßige Energie" noch "zu geringe Energie" im seelischen Haushalt gäbe. Der Vorgang wird verglichen mit dem Festhalten einer Wachtel. Bei zu

großer Energie wird sie zerdrückt, bei zu geringer fliegt sie davon. Es handelt sich bei der Meditation, die die Gewinnung des inneren Gleichgewichtes zum Ziele hat, wie Beckh betont, "nicht um irgendwelche Herabdämpfung des normalen Bewußtseins, ... sondern um eine auf seelischer Läuterung und innerer Abgeklärtheit beruhende lichtvolle und kraftvolle Verstärkung und Konzentration der geistigen Kräfte"[31].

Da das Emporschreiten von einer Bewußtseinsstufe zur nächsten eine Überwindung der jeweils vorhergehenden Stufe impliziert, werden die einzelnen Stufen als solche der "Loslösung" oder "Erlösung" (vimokṣa) bezeichnet. In diesem Zusammenhang steht auch eine andere Kategorisierung, die sich an den Wahrnehmungen orientiert, die mit jeder Stufe verbunden sind. Von der Betrachtung von Form- und Farberscheinungen bis hin zur höchsten Stufe ergeben sich verschiedene Wahrnehmungsinhalte, die auf den vier dhyāna-Stufen noch an Formen gebunden sind, auf den weiterführenden Stufen der Bewußtseinszustände sich aber als Farbwahrnehmungen darstellen. Da auch nach diesem Schema jede Stufe die davorliegende überwindet, ist hier von den "acht Stufen des Überwindens" (abhibhayatana) die Rede (vgl. Anhang Nr. 8.1). Hierbei werden übersinnliche Erscheinungen mit zunehmender Abstraktheit geschaut, von begrenzten Ausgangsformen in sich und in der Außenwelt bis hin zur Stufe, wo man keine Formen mehr in sich und weiße, also alle Farben überwindende Formen in der Außenwelt sieht. Freilich sind auch diese Bilder Versuche der Veranschaulichung eines letztlich Unanschaulichen.

Ein weiteres Anschauungsschema, das sich aus der altindischen Elementenlehre ergibt, nimmt das Element Erde zum Ausgangspunkt der Betrachtung. Sodann durchläuft die Meditation die Konzentration auf die weiteren Elemente, die nach indisch-kosmologischer Vorstellung im Sinne einer Emanation sukzessiv auseinander hervorgehen. Dieser Emanationsprozeß wird also rückwärts verfolgt. Er führt von der Erde zum Wasser (aus dem die Erde hervorgegangen ist), dann zur Luft, (aus der das Wasser hervorgegangen ist) und schließlich zum Feuer (aus dem die Luft hervorgegangen ist). Nacheinander wird das Bewußtsein dieser Elemente ausgelöscht. Das vorrangigste Element, aus dem alle anderen sukzessive emanieren, ist der Äther (akāṣa), der dem reinen Bewußtsein (vijñāna) entspricht und alle Inhalte nur noch latent, also als Potentialität in sich hat. Ausgehend von der Vorstellung der Erde durchläuft man der Reihe nach die den Elementen (nämlich Erde, Wasser, Luft und Feuer) zugeordneten Stufen. Auf jeder Stufe wird das Bewußtsein der vorhergehenden Elemente ausgelöscht, so wie nach altindischen Vorstellungen die Elemente bei der periodischen Rückbildung der Welt im Sinne eines sukzessiven Absorptionsvorganges wieder ineinander eingehen, um im primären Element zu verschwinden. Dies aber ist der Äther, der anthropologisch dem reinen Bewußtsein entspricht.

Die den Elementen zugeordneten vier Meditationsstufen (1-4) werden also überhöht durch (5) das reine Bewußtsein, zu dem sich der Meditierende erhebt, wenn er über das dem Feuer zugeordnete Bewußtsein hinausgeht und zur "Sphäre der Unendlichkeit des Raumäthers" (oder der "Raumunendlichkeit") gelangt. In einer ganz bestimmten Meditation, der der "Ganzheitsübungen" (P.: kasiṇāyatana, Skr.: kṛtsnāyatana), kann zwischen dem Element Feuer und dem Element Äther die Skala der Farben Dunkelblau, Gelb, Rot und Weiß und deren Betrachtung eingeschoben sein.

Auf der nächsten Stufe (6) der "Bewußtseinsunendlichkeit" hat der Meditierende auch das Bewußtsein des Äthers in sich auszulöschen; er empfindet nun nur noch die Unbegrenztheit des geistigen Bewußtseins. Geht er noch über diese Stufe hinaus, so gelangt er (7) zur "Sphäre des Nichts". Aber auch diese Empfindung hat der Meditierende in sich auszulöschen, um (8) zur Stufe "jenseits von bewußt und nichtbewußt" zu gelangen, zur Stufe also, in der es weder Wahrnehmung noch Nichtwahrnehmung gibt. Hierüber liegt nur noch die letzte Stufe, die der "Auslöschung" (nirodha), von der z. B. Aṅg.-Nik. V, 7, 354 gesagt wird, sie sei "das Friedvolle, Hocherhabene ..., die Auslöschung der Saṃskāra's [Gestaltungen] ..., die restlose Vernichtung aller Leidenschaft, das Nirvana"[32] (vgl. Anhang Nr. 8.2).

Wie in der hinduistischen Psychologie die Stufen des Bewußtseins den Schichten des Kosmos entsprechen, so hat auch der Buddhismus trotz seiner ursprünglichen Ablehnung der Spekulationen um den Bau der Welt doch wieder kosmologische Vorstellungen aufgegriffen, um sie mit den psychologischen Konzeptionen in Verbindung zu setzen. Die Weltsphären (dhātu), von denen er spricht, entsprechen also den einzelnen Bewußtseinssphären und veranschaulichen sie. Inwiefern diese Veranschaulichung des Heilsweges auf den Buddha selbst zurückgeht, sei dahingestellt. Sie begegnet uns jedenfalls bereits in den frühen Sanskrit- und Pāli-Texten. Ja, es werden sogar die Götter in den verschiedenen Schichten des Kosmos mit Erscheinungen auf entsprechenden Bewußtseinsstufen in Verbindung gebracht. So erklärt das Saṃkhāruppatti-Sutta (Majjh.-Nik. Nr. 120), wie jede Bewußtseinsstufe einer bestimmten Klasse von Göttern zugeordnet ist, "in deren Bewußtsein der Meditierende auf der betreffenden Stufe gewissermaßen

eintaucht"[33]. Insofern können die Bewußtseinsstufen auch als "Wesensstufen" (P.: sattāvāsa, Skr.: sattvāvāsa) bezeichnet werden (z. B. Dīgh. Nik. III, 263; IV, 401). Auf der Ebene des Erdbewußtseins befinden sich elementare Wesenheiten, die den Gefühlen und sinnlichen Begierden der Menschen zugeordnet sind und der Sinnenwelt (kāmadhātu) angehören. Darüber erhebt sich eine Götterhierarchie in neun Stufen. Diese besteht (von unten nach oben) aus folgenden: 1. die vier Weltenhüter, 2. die 33 Götter des Indra-Himmels, 3. die Yama-Götter, 4. die Tushita-Götter, 5. die Götter, "die an schaffenden Gestalten Freude haben", 6. die Götter, "die über dem Schaffen der anderen walten", 7. die Götter "des Brahmā-Himmels", 8. "die lichtstrahlenden" Götter und 9. die höchsten Götter "des reinen Aufenthaltes".
Diese Götter leben also jenseits der Sinnensphäre (kāmadhātu), in der sog. "Sphäre der Form" (des Formhaften: rūpadhātu), in einer geistigen Welt also, die erst in der Meditation betreten wird. Aber diese wird überhöht in der "Sphäre des Formlosen" (arūpadhātu), in die man sich mit der Erhebung zur Unendlichkeit des Raumäthers begibt. Sie umfaßt also die āyatana genannten Bewußtseinsstufen. Auch hier "residieren" bestimmte göttliche Wesenheiten, die Veranschaulichungen von Abstrakta darstellen. Über dieser dritten Sphäre schließlich liegt die "Sphäre des Erlöschens" (nirodadhātu), "die Sphäre der höchsten Transzendenz",[34] die auch die "Nirvāṇa-Sphäre" (nirvāṇadhātu) genannt wird. Sie ist die kosmologische Entsprechung zur psychologischen Nirvāṇa-Erfahrung. Die buddhistische Scholastik hat aber auch hier wieder unterschieden zwischen zwei Formen des Nirvāṇa, zwischen dem im Leben erfahrenen, wo es noch "Substrate der Körperlichkeit" (upādhiśeṣa) gibt, und dem beim Tod verwirklichten Nirvāṇa, bei dem solche "Substrate der Körperlichkeit" abgestreift sind (anupādiśeṣa). Dieses ist das "höchste Nirvāṇa" (Parinirvāṇa). Entsprechend wird kosmologisch von der "Sphäre des substratlosen Nirvāṇa" (anupādiśeṣa-nirvāṇa-dhātu) gesprochen, das auch die "Sphäre der Unsterblichkeit" (amṛta-dhātu) genannt werden kann. "Sie ist die Sphäre des ganz über aller Zeitlichkeit liegenden unsterblichen Heiles",[35] das alle vorausgehenden, noch an Zeitlichkeit gebundenen Sphären überwindet.
Den aufgewiesenen Stufen entsprechend ist ein wesentliches Gestaltprinzip in der buddhistischen Kunst dies, daß der Buddha, der der Ruhe des Nirvāṇa teilhaftig ist, auch in größter Ruhe verharrend dargestellt wird, während alle anderen Wesen mit zunehmender Distanz von diesem Ziel in immer größerer Beweglichkeit erscheinen.[36]
Die Nähe zum zeitlosen Sein der Nirvāṇa-Sphäre bestimmt auch die

Lebensdauer der Götter. So sind fünfzig Menschenjahre nur ein Tag für die göttlichen Weltenwächter, hundert Menschenjahre ein Tag für die Götter im Himmel des Indra, usw. in potenzierter Folge (Aṅg.-Nik. IV, 252ff.).
Das Erkennen der Götter auf den verschiedenen Meditationsstufen, ja die Zwiesprache mit ihnen und das Verstehen ihres karma, d. h. ihrer früheren Taten, die sie in diese Situation gebracht haben, kann sogar als notwendige Voraussetzung des Aufstiegs auf dem Heilswege beschrieben werden. So gibt der Buddha nach Aṅg.-Nik. IV, 3 zu verstehen, daß erst die hellsichtige "Schau" ihrer Wesenheiten und das Durchschauen ihrer karmischen Voraussetzungen den Weg zur höchsten Erleuchtung eröffnet. Es stehen die Götter also in einem engen Verhältnis zur Meditation. Es wird zwar nicht zu ihnen gebetet, aber über sie meditiert, weil sie Stufen auf dem Pfad zum Heil markieren und verkörpern, zu denen man sich sukzessiv in der Meditation erhebt, um schließlich auch ihre Sphäre hinter sich zu lassen.
Freilich gelingt dies nicht jedem im Laufe eines Lebens. Aber der Meditierende, der schon als Lebender Umgang mit den Göttern gepflegt hat, kann nach dem Tod aufgrund dieser Voraussetzung zu ihrer Stätte gelangen, d. h. in einer Sphäre wiedergeboren werden, die dem eigenen geistlichen Fortschritt entspricht. Also "von dem Grade der inneren Entwicklung, der im Augenblicke des Todes erreichten Bewußtseinshöhe hängt es ab, zu welcher Göttersphäre sich der Mensch im Jenseits erhebt"[37]. So gelangt er zur hohen Welt des Brahmā, wenn er in diesem Leben die brahmavihāras (s. Anhang Nr. 4.1) geübt und allen Wesen in der Welt die Gedanken der Liebe, des Mitgefühls usw. entgegengebracht hat (Tevijja-Sutta; Mahāgovinda-Sutta, Dīgh.-Nik. Nr. 19). Die Liebe zu allen Lebewesen hat den stärksten Bezug zu den Göttern des Brahmā-Himmels; sie sind es, "die mit dieser Ausstrahlung gewissermaßen eine unmittelbare Berührung haben"[38].
Der enge Bezug der Götter des Brahmā-Himmels zur inneren Entwicklung des Meditierenden kommt auch darin zum Ausdruck, daß in diesem Himmel ein besonderer Baum wächst, der Pārijāta-Baum. Sein Wachstum, sein Erblühen und der von ihm ausgehende Glanz und Duft sind Sinnbild der inneren Entwicklung des Jüngers in der Meditation. Die Götter nehmen daran regen Anteil, indem sie sich über das erste Knospen, das Aufblühen der Knospen und die volle Entfaltung der Blüten freuen. Bis in Einzelheiten hinein werden die verschiedenen Meditationsstufen mit diesem Prozeß des Wachsens und Blühens des Pārijāta-Baumes verglichen (Aṅg.-Nik. IV, 117). Er

veranschaulicht also zugleich die Anteilnahme der Götter an der geistigen Entfaltung des Jüngers.

Im Zusammenhang mit der Meditation ist nun aber auch von Māra und seinen Mächten zu reden.[39] Ihm und den Seinen kommt für Buddha dieselbe Wirklichkeit zu wie den Göttern, auch wenn er in einer entmythologisierenden religionshistorischen Betrachtung vornehmlich jene negativen psychischen Regungen verkörpert, die sich der erfolgreichen Meditation in den Weg stellen. Wird doch Māra selbst als "Gott" (deva) oder "Göttersohn" (devaputra) bezeichnet, und werden doch seine Heerscharen den Götterklassen zugerechnet (so im Māra-Saṃyuttam des Sagātha-vagga, Saṃy.-Nik. Nr. 1). "Wie die Götter den Entschluß des Jüngers, sich den geistigen Höhen der Meditation zuzuwenden, mit Freude begrüßen und an seinem Bestreben freundlichen Anteil nehmen, so ist Māra der Widersacher, der dem Meditierenden den Weg zu jenen geistigen Höhen gewissermaßen zu verlegen sucht"[40].

In der Tat begleitet ja Māra den Buddha durch das ganze Leben. Er versucht nicht nur, die Meditation des Buddha unter dem Bodhi-Baum zu verhindern, auch nachdem wir ihn längst überwunden glaubten, taucht er immer wieder mit seinen Zweifeln und Infragestellungen auf, und zwar bis in die Mahāparinirvāṇa-Episoden hinein. So behelligt er auch die meditierenden Jünger und stellt sich ihrer Versenkung dort in den Weg, wo der Meditierende sich nicht entschlossen seinem Ziel widmet (Majjh.-Nik. III, 94). Erst durch "besonnene Bewußtheit" können seine Anschläge abgewiesen werden.[41] Vor allem die Loslösung von sinnlichen Begierden ist das unverzichtbarste Mittel gegen die Anschläge des Māra, und die darauf aufbauende Meditation wird sogar als sichere Schutzburg gegen seine Angriffe hingestellt (Aṅg.-Nik. IV, 432). Hier erscheinen die Kämpfe, die der Adept vor der eigentlichen Meditation durchzuführen hat, geradezu als Spiegelbild der urzeitlichen Kämpfe zwischen den Göttern und den Asuras, also den götterfeindlichen Dämonen.

Daß die sinnlichen Begierden zu überwinden seien, ehe man in der Schutzburg der höheren Meditation Zuflucht suchen kann, verweist auf einen wesentlichen Aspekt Māras, der vielfach "der Böse" genannt wird und der das Übel in einem bestimmten Sinne repräsentiert. Er ist einerseits "Herr der Sinne und Repräsentant der sinnlichen Begierde"[42] (tṛṣnā, P.: taṇhā), also das Grundübel, das an den verhängnisvollen karmischen Kreislauf bindet. Dies gilt insbesondere für die Begierde nach sinnlicher Freude (kāma-dṛṣṭi), denn sein vornehmstes Einfallstor ist der Bereich der Sinne, weshalb diese bei der Meditation gegen äußere Reize zu "schließen" sind, waltet Māra doch als Herrscher in der Sphäre der Sinnlichkeit und Lust (kāmadhātu). So kann er geradezu als der mit Pfeilen dargestellte Liebesgott erscheinen. Als solcher kommt ihm der Name Namuci zu; dieser ist in der klassischen indischen Mythologie der von Indra besiegte Gott der Sinnlichkeit. Andererseits ist Māra aber auch der Herr des Todes, "also derjenigen Macht, in der für den Buddhisten das Weltleiden seinen unmittelbarsten und schmerzlichsten Ausdruck findet"[43]. Māra heißt ursprünglich Tod. Bedenkt man, daß die sinnliche Begierde bzw. der "Durst" nach buddhistischer Lehre, wie sie in den vier heiligen Wahrheiten niedergelegt ist, das Grundübel ist, das das Leiden in der Welt verursacht und das im Tod seinen prägnantesten Ausdruck findet, so wird der innere Zusammenhang der beiden Seiten Māras sichtbar.

In der noch zu besprechenden Formel vom Entstehen in Abhängigkeit (pratītyasamutpāda) ist zwar nicht der "Durst", sondern das "Nichtwissen" (avidyā) die erste Ursache des Leids, und der "Durst" erscheint als seine entfernte Konsequenz. Aber auch hier wird ein innerer Wesensaspekt des Māra greifbar; er will den Adepten in den Banden des Nichtwissens gefangenhalten, so daß er nicht zur Aufhebung des Durstes voranschreiten und den Pfad der Meditation begehen kann. So wird verständlich, wieso der Sieg über Māra die wesentliche Voraussetzung der Meditation und damit der Befreiung ist.

Der Weg zur Überwindung der Sinnenwelt und damit der Herrschaft von Māra führt, wie wir gesehen haben, über die vier Meditations-(dhyāna)-Ebenen zu den höheren Bewußtseinsstufen (āyatana). Im SphS (64ff.) wird dargelegt, wie es möglich ist, "eine Frucht vom Leben der Samaṇa's [Asketen] in der sichtbaren Welt aufzuweisen."[44] Es wird hier in detaillierten Beschreibungen auf die inneren und äußeren Kennzeichen des Meditierenden verwiesen. Der vierten dhyāna-Stufe werden dabei bestimmte Fähigkeiten und Eigenschaften zugeordnet, die als solche Kennzeichen der erfolgreichen Meditation erscheinen.

Im SphS - wie auch in anderen Texten[45] - gewinnt der Meditierende auf der vierten dhyāna-Stufe all jene Vermögen, die jenem zuteil werden, der von allen Leidenschaften und sinnlichen Vorstellungen frei geworden ist. "Aus diesem Zustande", sagt Beckh, "geht alles hervor, was das Sāmaññaphala-Sutta als Fähigkeiten des Hellsehens und der höheren Geistesmacht oder übersinnlichen Vollkommenheit (iddhi) [Skr.: ṛddhi] beschreibt, wie auch alle Erkenntnisse des Buddhismus, die sich auf dasjenige beziehen, was gewöhnlich als der dogmatische Inhalt dieser Religion hingestellt wird"[46]. So heißt es da:

> "Wenn jenes Bikkhu [Mönchs] Geist so konzentriert, geläutert, hell, vom Dunstkreis des Irdischen frei, fleckenlos, empfänglich, geschickt, stetig und unerschütterlich geworden ist, dann wendet er ihn [d. h. den Geist] hin und richtet ihn auf die Hervorbringung eines aus Geist bestehenden Körpers. Und so ruft er aus diesem (leiblichen) Körper einen anderen gestalthaften, aber aus Geist bestehenden, Körper hervor, mit allen Haupt- und Nebenorganen und Vermögen"[47].

Dieser geistige Körper (manomayakāya) ist die Grundlage für die nun geschilderten übernatürlichen Fähigkeiten. In verschiedenen Bildern wird dargelegt, wie dieser Geistkörper aus dem physischen Körper herausgezogen wird: "Es ist, ... wie wenn jemand einen Muñja-Grashalm aus seiner Blattscheide herauszieht und dabei denkt: 'Dies ist die Blattscheide des Muñja-Grases, dieses der Halm, Blattscheide und Halm ist zweierlei, aber der Halm ist aus der Blattscheide herausgezogen'"[48].
Der geistige Körper, der aus dem physischen "herausgezogen" wird, nachdem der Geist des Meditierenden sich zunächst "auf das erkennende Schauen", dann auf den Körper gerichtet hat,[49] beruht auf dem Prinzip des Bewußtseins (P.: viññāṇa, Skr.: vijñāna), das den Körper so durchdringt wie ein farbiger Faden, der durch einen schönen, leuchtenden Edelstein gezogen ist. Diese Dualität, die die Grundlage der Trennung von physischem Leib und geistigem Körper ist, wird mit verschiedenen Bildern zum Ausdruck gebracht, die z. T. alten Ursprunges sind und sich schon in den upanishadischen Schriften (z. B. Kāṭhaka-Up.) finden. Hier greift der Buddha also auf alte Bilder zurück, die im Kreis der Asketen und Yogis gebräuchlich waren.
Dennoch geht der Buddha an einem Punkt über die meisten älteren anthropologischen Konzeptionen hinaus, indem er sich nämlich weigert, über die Existenz einer Seele (P.: atta, Skr.: ātman) oder eines letzten "Selbst" zu sprechen. Man hat diese Weigerung vielfach als Leugnung einer Seele gedeutet, wiewohl sich in den frühen Texten auch zahlreiche Stellen finden, die der Negation der Seele gegenüberstehen.[50] Die bekannteste Stelle, an der ein Ich oder Selbst geleugnet wird, findet sich in dem nicht mehr zum Kanon gehörigen Pāli-Werk Milinda-pañha ("Die Fragen des Milinda"), in dem der gräko-baktrische König Menandros (ca. 165-130 v. Chr.), der den Buddhisten als

Milinda bekannt war, sich mit dem buddhistischen Weisen Nāgasena unterhält.[51] Hier macht der Weise dem fragenden König mit Hilfe anschaulicher Gleichnisse klar, daß das Individuum aus fünf Gruppen von Daseinsfaktoren (P.: kandha, Skr.: skandha) besteht, daß aber keine dieser Gruppen ein bleibendes Ich oder Selbst enthält oder verkörpert. Diese Lehre vom "Nicht-Ich" (P.: anatta, Skr.: anātman), die sich vor allem gegen die hinduistische Lehre von einer bleibenden, substantiellen Seele richtet, ist als eine Kernlehre des Buddha angesehen worden.

Differenzierter werden die Verhältnisse im Poṭṭhapāda-Sutta des Dīgh.-Nik. (Nr. 9) dargestellt,[52] wo ein dreifaches Selbst unterschieden wird, nämlich ein grobmaterieller Leib, ein höherer geistiger Körper, der mit dem Geistleib des SphS übereinstimmt, und ein noch höheres, "ungeteiltes, aus Bewußtsein bestehendes" Selbst, das im Gegensatz zu den ersten beiden Körpern der Sphäre des Formlosen (arūpa-dhātu) angehört, die erst mit dem Aufstieg zur "Unendlichkeit des Raumäthers" betreten wird.

Der Buddha lehrt nun im Poṭṭhapāda-Sutta, daß man von der einen Stufe des "Ich" aus die anderen nicht erkennen kann. So sagt er dem fragenden Citta: "Citta, solange jemand das materielle Selbst besitzt, kann für ihn vom Besitze des geistigen oder gestaltlosen Selbstes nicht die Rede sein, sondern nur vom materiellen; solange jemand das geistige Selbst besitzt, kann für ihn vom Besitze des materiellen oder gestaltlosen Selbstes nicht die Rede sein, sondern nur vom geistigen; solange jemand das gestaltlose Selbst besitzt, kann für ihn vom Besitze des materiellen oder geistigen Selbstes keine Rede sein, sondern nur vom gestaltlosen"[53]. Es verhält sich so wie mit dem Besitz des Selbst in Vergangenheit, Gegenwart und Zukunft. Von jeder Zeit aus ist das Selbst in den anderen Zeiten unzugänglich. Vor allem aber gilt für die Meditation, "daß das auf irgendeiner Stufe als Wesenhaft empfundene Ich [d. h. Selbst] gleichsam in die nächsthöhere Stufe nicht mitgenommen werden kann, daß es dort als wesenlos erlebt wird"[54]. So wird zwar der physische Leib im gewöhnlichen Zustand als Selbst empfunden, diese Empfindung wird aber auf der zweiten Stufe, da man den Geistleib erfährt, aufgegeben. Aber auch diese Konzeption des geistigen Selbst muß verlassen werden, wenn man in die Sphäre des Formlosen aufsteigt. Niemals gelangt der Meditierende zu einer Stufe, die eine endgültige Form des Selbst erkennen ließe. Alle Selbst-Vorstellungen bleiben relativ und vorläufig.[55]

Die Beziehung dieser anthropologischen Lehre zur Doktrin von den fünf skandhas liegt darin, daß die ersten drei Gruppen von Daseinsfaktoren, nämlich die Gruppen der Form (oder Körperlichkeit: rūpa), der Empfindung (vedanā) und der Wahrnehmung (samjñā) zu den genannten drei Körpern in Beziehung stehen, während die zwei anderen, nämlich die Gruppe der Willensregungen (saṃskāra) und des Bewußtseins (vijñāna), meditativ darüber hinausführen (Majjh.-Nik. III, 19).

Die Lehre vom Geistkörper, wie sie im Meditationsabschnitt (SphS) des Dīgh.-Nik. vorgetragen wird, ist die Voraussetzung für ein rechtes Verständnis der Fähigkeiten und Kräfte, die der Meditierende nach dem Vorbild des Buddha zu entwickeln vermag. Die übernatürlichen Kräfte (P.: iddhi, Skr.: ṛddhi), von denen immer wieder die Rede ist, sind eigentlich Fähigkeiten des Geistkörpers, auch wenn es in der Legende der physische Leib des Buddha ist, der die darauf beruhenden Wunder vollbringt. Wir haben aber gesehen, daß alle solche mirakelhaften Veranschaulichungen im wesentlichen dazu dienen, zu geistigen Inhalten hinzuführen, und das heißt in diesem Fall, auf die geistigen Fähigkeiten des Meditierenden zu verweisen.

Im SphS wird folglich nach der Schilderung des Hervorgehens des übersinnlichen Körpers aus dem physischen eine Schilderung jener übersinnlichen Phänomene angeschlossen, die auf den nun erworbenen übernatürlichen Kräften beruhen. So heißt es da:

> "Wenn jenes Bhikku Geist so konzentriert ... ist, wendet er ihn hin und richtet ihn auf die verschiedenen übernatürlichen Kräfte der Heiligkeit [iddhividha]. Er übt von ihnen bald die eine, bald die andere aus: aus der einen Person, die er ist, wird er zu einer Vielheit und aus der Vielheit wieder zu einer einzigen Person, bald läßt er sich sehen, bald verschwindet er, ungehemmt geht er durch Wände, Wälle, Berge, als wären sie leere Luft, er taucht in die Erde und wieder heraus, als wäre sie Wasser, und auf dem Wasser wandelt er, ohne einzusinken, wie auf dem Erdboden, er schwebt auf gekreuzten Beinen sitzend durch die Luft wie der beschwingte Vogel, jene beiden so mächtigen und gewaltigen (Himmelskörper) Mond und Sonne faßt er mit der Hand und streichelt sie, und in körperlicher Gestalt vermag er bis in die Welt Brahmā's zu gelangen"[56].

In der Erklärung dieses Phänomens werden verschiedene Bilder verwendet: Wie der Handwerker sein Material beliebig formt und bildet, so bereitet der Meditierende seinen Geistkörper so zu, daß er beliebige iddhi-Gestaltungen hervorbringen kann. Diese sind also nicht im physischen und sinnlichen Sinne gemeint, wie ausdrücklich im Pāyāsi-Sutta (Dīgh.-Nik. Nr. 23) hervorgehoben wird, wo der Mönch Kumārakassapa den Zuhörer Pāyāsi über den zukünftigen Lohn guter Taten belehrt und dabei hervorhebt, daß das fleischliche Auge die übersinnliche Welt nicht erkennen könne, sondern nur das geistige Auge des Meditierenden. Ausdrücklich wird es hier gesagt, daß Sonne und Mond, die man in der Meditation "berührt", göttliche Wesen einer anderen Welt sind.[57] Expressis verbis verbietet der Buddha im Vinaya (Cullavagga II, 12) den Mönchen, ihre höheren Geisteskräfte und die daraus resultierenden übernatürlichen Fähigkeiten zur Schau zu stellen und damit der Profanierung anheimzugeben.

Daß ein Arhat kraft seiner tapas-Macht, seiner asketischen Macht, Wunder tun kann, wurde im alten Indien allgemein angenommen. Der Buddhismus schreibt solche magischen Kräfte all jenen zu, die die entsprechenden meditativen Voraussetzungen erlangt haben. Diese werden sogar in einer Zehnerreihe systematisiert (vgl. Anhang Nr. 10.8). Darüber hinaus werden dem Buddha aber zehn besondere Kräfte (daśabalāni) zugesprochen (Majjh.-Nik. 12).[58] "Es ist bezeichnend für die geistige Grundstruktur des Buddhismus", sagt G. Mensching im Hinblick auf diese Kräfte, "dass das, was den Buddha von anderen Wesen unterscheidet, nicht die Fähigkeit zu materiellen Wundern ist, die er mit anderen vielmehr gemeinsam hat, sondern die Kraft religiöser Erkenntnis und der Besitz des Heils in Gestalt des 'diesseitigen Nirvānas'"[59]. In intuitiver Erkenntnis hat Mensching das Wesentliche auf den Punkt gebracht, wenn er nach Anführen von Belegen für die Relativität des äußeren Wunders bei Buddha hervorhebt: "Wie man sieht, werden als Wunder nicht zeiträumliche Begebenheiten außerhalb oder im Gegensatz zur Naturordnung angesehen, sondern ausschließlich Vorgänge rein geistig-religiöser Art, die sich in der Tiefe menschlicher Existenz vollziehen"[60].

Dem entspricht es, wenn in den Schilderungen über die übernatürlichen Fähigkeiten nach Aufzählung von Phänomenen wie Vervielfältigung, Aufhebung der Schwerkraft usw. besondere geistige Fähigkeiten genannt werden, die darüber hinausführen. Es sind dies die Fähigkeiten, die mit dem himmlischen Gehör verbunden sind (SphS 89), ferner dem Vermögen, Herzen zu durchschauen (SphS 91), der Erinnerung an frühere Geburten (SphS 93), der "Kenntnis des Abscheidens und der Wiederkehr der Wesen" (SphS 95) und der Erkenntnis davon, "wie die falsche, weltliche Daseinsauffassung zu beseitigen ist", was konkret die Kenntnis von den vier edlen Wahrheiten beinhaltet (SphS

97). Dies aber ist das selbst über das "Wunder der Offenbarung des Inneren" hinausgehende "Wunder der Lehre".[61]
Dennoch sind die auf der Basis der iddhi gewonnenen Fähigkeiten nicht völlig irrelevant. Gehören sie doch zu jenen "Zeichen", die dem Meditierenden den Erfolg seiner Bemühungen signalisieren; sie sind sichtbare "Frucht des Lebens des Samana", und als solche werden sie systematisch unter den 5 bzw. 6 "übernatürlichen Fähigkeiten" (abhijñā) zusammengefaßt (vgl. Anhang Nr. 5.1 und 6.1). "Sie sind nicht das Ziel, aber eine Erscheinung, die auf dem Wege zur Erreichung des Zieles nach der Lehre Buddhas mit Gewißheit sich einstellt, und ein Mittel zur Erreichung dieses Zieles. Durch Meditation von iddhipāda [d. h. über die "Bestandteile der Wunderkraft"] werden auch die Fesseln, die den Jünger an das sinnliche Dasein ketten, zerschnitten"[62].

3. Die dritte Stufe des Pfades: die Erkenntnis

Die Erkenntnis, die der Buddha unter dem Bodhibaum erlangt und zu der er in seiner Lehrverkündigung hinführen will, ist Ergebnis der Meditation, nicht der spekulativen oder rationalen Besinnung, die der Inder als tarka (P.: takka) zu bezeichnen pflegt. Ein solches rationales Philosophieren wird in den buddhistischen Texten vielfach als Sophisterei und vergebliche Spekulation abgewertet. In einer zentralen Stelle des freilich schon mahāyānistischen Laṅkāvatāra-Sūtra (24.2) stellt sich sogar die Frage, wie man sich von tarka "reinigen" könne. Denn solches Philosophieren beruht nicht auf den für die meditative Erkenntnis nötigen existentiellen Voraussetzungen, nämlich Glauben, sittlichem Verhalten und allmählichem Läutern des Geistes, die erst höhere Erkenntnisse (abhijñā) in sich schließen. Solche Erkenntnisse beinhalten kraft ihrer Wahrheit auch höhere Fähigkeiten der Seele (s. Anhang Nr. 5.1 und 6.1), die allerdings in verschiedenen Texten in unterschiedlicher Reihenfolge angegeben werden.
Die drei ersten dieser Fähigkeiten sind nach einer verbreiteten Liste von abhijñās 1. das himmlische Auge, das auch weit entfernte Dinge zu sehen vermag, 2. das himmlische Gehör und 3. das Wissen um die Gedanken anderer. Es kommen die weiteren Fähigkeiten hinzu, die

zur meditativen Erkenntnis (prajñā) überleiten, nämlich 4. die Erinnerung an zahlreiche frühere Geburten, 5. das Wissen von der Ausübung von Wunderkräften (ṛddhi) und 6. das Durchschauen karmischer Voraussetzungen, die zu einer guten oder bösen Wiedergeburt führen bzw. das Wissen um die Vernichtung der unheilvollen "Einströmungen" (āśrava). Das führt zur Erkenntnis des Leidens und der Leidensursache. Das sind jedenfalls die Fähigkeiten, wie sie unter dem Begriff der "6 abhijñās" zusammengefaßt werden.

Die Liste der höheren Fähigkeiten kann, wie betont, unterschiedlich aufgebaut sein; davon zeugt, daß in manchen Texten die schon besprochenen Wunderkräfte an früherer Stelle erscheinen. Im CPS (Einl., 2-19), wo die höheren Erkenntnisse den drei Nachtwachen in der Nacht der Erleuchtung zugeordnet werden, sind die Fähigkeiten folgendermaßen gruppiert: 1. Nachtwache: die Kenntnis der übernatürlichen Kräfte und die Erinnerung an die eigenen früheren Geburten; 2. Nachtwache: die Gewinnung der göttlichen Vernehmungsfähigkeit (des göttlichen Ohrs) und des göttlichen Auges, wodurch man die karmischen Voraussetzungen guter und schlechter Existenzen durchschauen kann; 3. Nachtwache: das Durchschauen der Gedanken anderer und die Vernichtung übler "Einströmungen" (āśravakṣaya). Daraus folgt nach dem CPS unmittelbar die Erkenntnis vom Leiden.

In den Pāli-Texten werden die drei höheren Fähigkeiten unter dem Begriff "dreifaches Wissen" (P.: tevijja, Skr.: traividyā) zusammengefaßt, was dort die Erinnerung an frühere Geburten beinhaltet, ferner das Durchschauen des karma-Mechanismus und die Erkenntnis des Leidens und seiner Ursache.[63]

Die erste hier zu besprechende höhere Erkenntnis, die in der Erinnerung an frühere Geburten besteht, wird in zahlreichen Texten des Pāli-Kanons und der Sanskrit-Kanones in ähnlicher Weise beschrieben. Relativ einfach ist noch die Schilderung in CPS (Einl., 6-8), wo nur von der Erinnerung an die früheren Geburten "in vielen Weltperioden der Zerstörung" gesprochen wird. In einem Kommentar zum Dīgh.-Nik., Buddhaghosas Sumaṅgalavilāsinī werden der Grad und die Klarheit der Erinnerung zum Grad der gewonnenen Heiligkeit in Beziehung gesetzt. Während diese beim gewöhnlichen Asketen anderer Schulen, so heißt es da, so schwach ist wie der Schein eines Glühwürmchens, entspricht ihre Heiligkeit bei Jüngern des Buddha dem Schein einer Lampe. Bei herausragenden Buddha-Jüngern hat die Erinnerung an frühere Geburten die Helligkeit des Morgensterns, bei einem Pratyekabuddha (d. h. einem Buddha, der die Erkenntnis für sich gewinnt, ohne sie weiterzugeben) ist sie strahlend wie das Mondlicht, bei einem weltbefreienden Buddha dagegen so hell wie der Schein von tausend Sonnen.[64]

Nun scheint ein Widerspruch darin zu bestehen, daß einerseits ein bleibendes, festes "Ich" oder "Selbst" geleugnet wird, andererseits aber von der Erinnerung des "Ich" an frühere Existenzen gesprochen wird. Wiederholt beschließt der Buddha Erzählungen über vorzeitliche Begebenheiten mit der Feststellung, er sei damals der und der gewesen. Dies gibt nun Anlaß, auf das buddhistischen Menschenbild zu rekurrieren.

Der Mensch besteht nach buddhistischem Verständnis wie alles Gewordene aus vergänglichen Daseinsfaktoren (dharmas), die zur Entstehung immer neuer Daseinsfaktoren dieser Art Anlaß geben. So ist die Kontinuität des "Selbst" eher durch den Strom der Daseinsfaktoren gewährleistet als durch irgendein kontinuierliches "Selbst" oder irgendeine gleichbleibende Seele. Denn alle dharmas, so betont schon der ältere Buddhismus, sind "leer" (P.: rittaka), "ohne eigenes Wesen" (P.: anattan, Skr.: anātman), "unbeständig" (P.: anicca, Skr.: anitya) und damit "leidvoll".[65] Genauer gesagt konstituieren fünf Gruppen von Daseinsfaktoren (P.: kandha, Skr.: skandha) den Menschen. Diese sind 1. die sinnlich wahrnehmbare Gestalt (rūpa), 2. die Empfindung (das Gefühl: vedanā), 3. die Wahrnehmung (die Unterscheidung: samjñā), 4. die karmischen Gestaltungen (die das karma erzeugenden Triebkräfte: saṃskāra) und 5. das Bewußtsein (vijñāna). Wie wir gehört haben, belehrt der buddhistische Weise Nāgasena den gräko-baktrischen König Menandros (Milinda) nach dem Milinda-pañha darüber, daß keines dieser skandhas das "Selbst" konstituiere, das somit nicht faßbar ist. Aber schon im Kanon wird die Vergänglichkeit und damit Wesenlosigkeit des Selbst unterstrichen. Im Saṃy.-Nik. (III, 66f.) heißt es:

> "Die Körperlichkeit ist vergänglich, das Gefühl ist vergänglich, die Wahrnehmung ist vergänglich, die das Karman erzeugenden Triebkräfte sind vergänglich, das Bewußtsein ist vergänglich. Was nun vergänglich ist, das ist dem Leiden unterworfen, und von dem, was vergänglich, leidvoll, dem Wechsel unterworfen ist, kann man nicht sagen: Das gehört mir, das bin ich, das ist mein Ich"[66].

So wird dem "Ich" also fälschlicherweise Eigenständigkeit und Selbständigkeit zugeschrieben. Selbst wenn alle vier geistigen Potenzen der skandha-Reihe unter dem Begriff "Name, Geistiges" (P.: nāman, Skr.: nāma) zusammengefaßt und der Körperlichkeit, dem Materiellen, der "Form" (rūpa), wie der Buddhist sagt, gegenübergestellt wird, so ist auch die Konzeption von "Name und Form" (nāma-rūpa), also von Körper und Geist, nicht wirklich Träger eines "Wesens" (P.: satta, Skr.: sattva), also einer "Person" (P.: puggala, Skr.: pudgala); das ist nur eine "konventionelle Sprechweise". "Wenn man ... vom höchsten Standpunkt aus jeden einzelnen Daseinsfaktor (dharma/dhamma) gründlich untersucht", so betont F. R. Hamm, "so ist für die Auffassung 'Ich bin' oder 'Ich' ein Wesen (sattva), das realiter existiert, gar nicht vorhanden, sondern im höchsten Sinne ist da nur die Komposition aus Name und Form (rūpa)"[67]. So heißt es im "Weg der Reinheit" (Visuddhimagga) des Buddhaghosa:

> "In Wirklichkeit gibt's nur den Körper und den Geist,
> und nicht zeigt sich dabei ein 'Wesen' oder 'Mensch'.
> Das (nāman und rūpa) ist leer
> wie eine konstruierte Maschine,
> Ein Haufen Leiden, und vergleichbar Gras und Holz"
> (Vism. 18, 31)[68].

Im MPS sahen wir, daß der Buddha den Geist so hoch schätzen kann, daß er ihn mit dem Baugrund vergleicht, während der Körper einem darüber errichteten Haus gleicht. Nur sein Körper, nicht sein Geist, sei hinfällig und alt. Dennoch betonen manche frühen Texte die Abhängigkeit beider voneinander. Wenn eins fortfällt, stürzt auch das andere. So heißt es Vism. 18, 31:

> "Als Paar sind Geist und Körper beide
> Sich gegenseitig eine Stütze.
> Sobald die eine Stütze bricht,
> Zerbrechen alle zwei zugleich"[69].

Die Hochschätzung des Körpers als "Stütze" des Geistes, wie sie bei Buddhaghosa (5. Jh. n. Chr.) angesprochen ist, spiegelt zweifellos den Einfluß hellenistischer Wirklichkeitsauffassung, wie sie so deutlich in der hellenistisch-buddhistischen Kunst von Gandhara greifbar wird, wo der Körper des Buddha nach griechischem Vorbild als schöne menschliche Gestalt dargestellt wird. Daß der Körper nicht nur "Stütze", sondern auch "Träger" des Geistes sei, ließe sich sicherlich aus der die Gandhara-Kunst begleitenden buddhistischen Literatur Nordwest-

Indiens aus der Zeit des 2. - 5. Jh. belegen. Hat doch in dieser Zeit jene Vijñānavāda-Schule ihre Blüte, die davon spricht, daß sich beim Tode alle geistigen Potenzen ins Bewußtsein (vijñāna) zurückziehen, welches die Grundlage der Wiedergeburt in einem neuen Körper darstellt. Diese Vorstellung muß aber alte Wurzeln haben, denn schon Majjh.-Nik. I, 38 (256ff.) wird berichtet, wie der Buddha diese Vorstellung zurückweist. Daß dennoch irgendeine Kontinuität zur früheren Existenz besteht, wird deutlich, wenn es im Saṃy.-Nik. (II, 180) im Hinblick auf das Leiden über viele Existenzen hinweg heißt: "Während du auf dieser langen Reise ziellos von Geburt zu Geburt wandertest und du seufztest und weintest, weil du teilhattest an dem, was du haßtest und nicht teilhattest an dem, was du mochtest, ... hast du mehr Tränen vergossen als es Wasser in den vier Weltmeeren gibt."
H. Beckh hat zweifellos Recht, wenn er im Hinblick auf den frühen Buddhismus betont: "Einen Ersatz für das fehlende Ich, das die Verbindung zwischen den einzelnen Verkörperungen herzustellen hätte, bietet ... einzig die Erinnerung, die Möglichkeit, in der Meditation bis an den Punkt zu dringen, wo die Erinnerung erwacht: damals war ich der und der (SphS 93)"[70]. Liegt diese Erinnerung gewöhnlich im unbewußten Bereich der innersten karmischen "Bildekräfte" oder "Gestaltungen" (saṃskāra), so kann der Meditierende es ins helle Bewußtsein rücken, und damit eröffnet sich ihm ein Ausblick auf die früheren Existenzen. Im SphS (93) wird diese Erinnerung an frühere Geburten mit der Erinnerung eines Reisenden verglichen, der, in sein Heimatdorf zurückgekehrt, auf die Aufenthalte in den unterwegs besuchten Dörfern zurückblickt. So heißt es da:

> "Und er erinnert sich der mannigfachen früheren Stationen (seiner Seelenwanderung): ... vieler Perioden der Weltzerstörung, vieler Perioden der Wiederentfaltung der Welt, ja vieler Perioden von Weltzerstörung und Wiederentfaltung der Welt"[71].

Ausdrücklich wird hervorgehoben, daß der Meditierende sich an alle Einzelheiten und besonderen Umstände seiner früheren Geburten erinnert.
Eng verbunden mit der Erinnerung ist die Erkenntnis des Schicksals der Wesen im Kreislauf der Wiedergeburten wie auch der karmischen Voraussetzungen, die zu diesem Schicksal geführt haben. Im CPS (Einl., 14) wird diese Fähigkeit mit dem nun erlangten göttlichen Auge (divyacakṣus) in Verbindung gebracht.

Hier wie in anderen Texten wird dargelegt, wie sich diese Erkenntnis nicht nur auf die Existenz der Wesen richtet, sondern eben auch auf das karma, das sie zu dieser Existenz geführt hat und zur nächsten führen wird. So heißt es SphS 95:

> "... So überschaut er mit klarem übermenschlichem himmlischem Auge die Wesen, wie sie abscheiden und wieder erscheinen, er unterscheidet die niederen und die hohen, die zu Schönheit und die zu Häßlichkeit, zu Glück und zu Unglück, je nach ihrem Besitz an Werken (karma), bestimmten"[72].

Vor allem wird also der Zusammenhang von Tun und Ergehen durchschaut, indem der Meditierende erkennt, wie gute Taten zu guten Existenzen (sugati), böse aber zu bösen Existenzen (durgati) führen. Dieser Zusammenhang beruht auf dem ehernen Gesetz des karma, das durch nichts durchbrochen werden kann und den ein Erwachter nur dadurch auflöst, daß er seine Ursachen erkennt und diese in sich aufhebt. Nirgends wird dieser Nexus in Frage gestellt. Im Gegenteil, er erhält in der meditativen Erkenntnis seine volle Bestätigung.
Zur Erkenntnis der karmischen Auswirkungen guter Taten gehört das Durchschauen der Voraussetzungen einer Wiedergeburt in den Götterwelten. Wie wir bereits hervorgehoben haben, ist eine solche Wiedergeburt abhängig von dem Grad der meditativen Fähigkeiten, die man im Leben erlangt hat. Dazu gehört der Fortschritt in der Erkenntnis, aber auch in der Liebe (maitrī). Erst die in der meditativen Liebe gewonnene Gemeinschaft mit den hohen Göttern des Brahmā-Himmels ermöglicht eine Wiedergeburt in ihrer Sphäre. Dennoch bleibt jede himmlische wie auch jede höllische Existenz begrenzt, auch wenn die dort verbrachten Zeiten unvorstellbar lang sein können. Der endgültige Ausweg aus dem Saṃsāra, dem Kreislauf des Werdens, an den selbst die Götter der höchsten Klassen gebunden sind, ist nur möglich von einer menschlichen Verkörperung aus. Das gibt dem Menschen eine besondere Würde, auferlegt ihm aber auch eine besondere Verantwortung. Denn nur er ist in der Lage, die Lehre des Buddha inhaltlich voll zu verstehen und seiner Wegweisung zu folgen, indem er - wie der Buddha in der dritten Nachtwache - das Wissen um "die Zerstörung übler Einflüsse" (āśravakṣya) in sich realisiert (CPS, Einl., 23).
Das unmittelbare Ergebnis dieser Einsicht ist die Erkenntnis vom Leiden und seiner Überwindung. Dies ist die dritte große Einsicht auf

der dritten Stufe des Pfades. Sie wird zusammengefaßt im vierfachen Satz vom Leiden. Im CPS (Einl., 24) heißt es hierzu prägnant:

> "Wahrhaftig wußte er: dieser (Satz vom) Leiden ist eine edle Wahrheit; (ebenso der Satz vom) Ursprung des Leidens; (ebenso der Satz vom) Aufhören des Leidens. Wahrhaftig wußte er: der Weg, der zum Aufhören des Leidens führt, ist eine edle Wahrheit."

Diese Erkenntnis wird im SphS (98) bildhaft mit dem Durchschauen eines klaren Gebirgssees verglichen. Da heißt es:

> "... es ist wie mit einem Gebirgs-See mit reinem, klarem, ganz ungetrübtem Wasser. Jemand, der an seinem Ufer steht und nicht blind ist, erkennt in ihm Perlmuscheln und andere Muscheln, Geröll und Steinschutt und den Schwarm der Fische, wie sie teils umherschwimmen, teils stillstehen ... Ebenso ... wendet der Bhikkhu, dessen Geist so konzentriert ... ist, ihn hin und richtet ihn auf die Erkenntnis davon, wie die weltliche Daseinsauffassung zu beseitigen ist [wrtl.: wie die unheilvollen Einströmungen zu beseitigen sind]. Und er erkennt der Wahrheit gemäß: 'Dies ist das Leiden, dies ist der Ursprung des Leidens, dies des Leidens Ende, und dies der Pfad, der zu des Leidens Ende führt'"[73].

Das Ergebnis dieser Erkenntnis ist zusammengefaßt in den Worten:

> "Und indem er das sieht und erkennt, wird sein Geist erlöst von der weltlichen Schwäche des Begehrens, der weltlichen Schwäche des Seins und derjenigen des Nichtwissens"[74].

Diese Erkenntnis, die auch mit dem Wissen um die Erlösung verbunden ist, wird als die höchste im Leben erreichbare Errungenschaft bezeichnet. Es ist "die irdische Frucht des Lebens der Samaṇa's [Asketen], die schöner und besser als alle [vorher] genannten ist. Noch eine andere als diese, die schöner und besser wäre ..., gibt es nicht"[75].
Die Wahrheit vom Leiden, die zunächst nur als Aussage gläubig hingenommen wurde, wird nun gleichsam von innen heraus als existentielle Wahrheit erkannt und ergriffen. Sie ist nun erst zu einer innerlich angeeigneten Wahrheit geworden.

Der Satz vom Leiden ist zweifellos nicht als "Ausfluß pessimistischer Seelenstimmung" zu sehen, wie Beckh richtig betont, denn ein solcher Pessimismus lag dem Buddha fern,[76] auch wenn er die Vergänglichkeit des Seins zum Ausgangspunkt seiner Betrachtungen machte. Das Wesentliche, was den buddhistischen Texten ihre Stimmung gibt, ist doch das Bewußtsein einer Überwindung des weltlichen Leids, die in einer bestimmten seelischen Verfaßtheit erlangt wird. "Der 'Satz vom Leiden' aber ist nichts anderes als das Werturteil, welches das durch den Pfad gewonnene höhere Bewußtsein im Sinne des Buddha über die Welt des gewöhnlichen Bewußtseins abgeben muß"[77].

Ein solches Bewußtsein klammert sich nach buddhistischer Lehre nicht mehr an weltliche Freuden und Gestaltungen, die vergänglich und daher leidvoll sind. Aber nicht so sehr das Weltliche an sich wie das Hängen daran wird verurteilt. Entsprechend gilt dies auch für das Selbst (Aṅg.-Nik. IV, 53). Indem aufgewiesen wird, daß alle Erscheinungen und auch das eigene Selbst "leer" sind, wird ihre Wesenlosigkeit offenbart; damit werden zugleich die negativen psychischen Voraussetzungen des Haftens an ihnen aufgehoben. Erst wer von den Dingen und von sich selbst innerlich frei ist, ist auch dem Leiden enthoben. Der Weg zu dieser inneren Freiheit (aparigraha) aber ist der Pfad, an dessen Ende gerade die völlige Vernichtung des Haftens, der "Gier" (tṛṣṇā), steht.

Wiederholt wird in den Texten Buddha als "Arzt" dargestellt. Seine Lehre ist die Medizin, die von der Krankheit der Gier heilt. Der vierfache Satz vom Leiden ist selbst nach einem ärztlich-diagnostischen Schema, wie man es im alten Indien kannte, aufgebaut. Ausgehend von der Krankheit (Leiden) fragt dieses Schema nach deren Ursache, dann nach ihrer Aufhebung und schließlich nach dem Mittel, das zu dieser Aufhebung führt.[78] Schon daraus wird sichtbar, daß Heil und (spirituelle) Heilung hier engstens zusammengehören. Der Kranke ist der dem Leiden Verfallene, und eine wesentliche Ursache dafür ist die Gier, die nach dem noch zu besprechenden Kausalnexus mit der Unwissenheit (avidyā) zusammenhängt. Auch die Aufzählung verschiedener Gruppen von "Gift", nämlich Gier, Zorn und Unwissenheit (vgl. Anhang Nr. 3.6) bzw. Gier, Haß, Unwissenheit, Hochmut und Neid (vgl. Anhang Nr. 5.10) verweist auf den Bereich der Krankheit und der Heilung durch die Lehre des Buddha, die als Heilmittel erscheint. Wenn er als "der große Arzt" oder gar als "König der Medizin" betitelt wird, so ist das natürlich metaphorisch gemeint. Auf die Fülle der Bilder, die in diesem Zusammenhang verwendet werden, kann hier nur summarisch verwiesen werden.[79] Eine Widerspiegelung dieser Konzeptionen finden wir noch in einem späten hīnayānistischen Werk, der alttürkischen Maitrisimit, wo die ganze kanonisierte Lehre des Buddha als ein Heilmittel gegen Krankheit hingestellt wird. Da heißt es:

> "Für die Lebewesen, die durch das Leiden der Krankheit Gier erkrankt sind, ist ein ihrer Krankheit entsprechendes Heilmittel der Korb der Sūtras. Für die Lebewesen, die durch das Gift des Zornes vergiftet sind, ist der Vinaya-Korb die Medizin, um ihr Gift zu mildern. Für die Lebewesen, die in der Finsternis der Unwissenheit umherirren und verwirrt sind, ist der ... Abhidharma-Korb ein Heilmittel"[80].

So ist also das Leiden, das der Buddha heilt, in erster Linie ein durch geistige Gifte verursachtes spirituelles Leiden. Konkrete Heilwunder werden vom Buddha relativ spät berichtet und finden sich eher in der Mahāyāna- als der Hīnayāna-Literatur.[81] Der Buddha ist zunächst und in erster Linie der Seelenarzt, der den Weg zur Leidenschaftslosigkeit, zum inneren Frieden, zur rechten Erkenntnis und damit zum Nirvāṇa weist.

Neben dem vierfachen Satz vom Leiden steht eine weitere Wahrheit, die zum alten Grundbestand buddhistischer Lehren gehört. Es ist dies der Satz vom ursächlichen Entstehen oder der Satz vom Entstehen in Abhängigkeit (pratītyasamutpāda), der in einer zwölfgliedrigen Formel zum Ausdruck gebracht wird. Er geht sicherlich auf den Buddha selbst zurück, auch wenn er nach frühen Texten wie dem Mahāvagga nicht zu jenen Erkenntnissen gehört, die er in der Nacht der Erleuchtung gewann.[82] So wird seine Erkenntnis im CPS (Kap. 7) erst nach der Episode um den Schlangenkönig Mucalinda angesetzt, der den Buddha nach seiner Erleuchtung sieben Tage lang umwindet, um ihn vor einem Gewitter zu schützen. Nach dieser Begebenheit begibt sich der Buddha wieder zum Baum der Erleuchtung und verharrt dort sieben Tage in der Meditation und gewinnt nun erst die Erkenntnis von jenen Bedingungen, die das Entstehen und Vergehen von Existenzen erklären. Daß auch diese Erkenntnis eine meditative und keine der Philosophie (tarka) zuzuordnende ist, ergibt sich nicht zuletzt daraus, daß er diese aus bestimmten Begriffen bestehende Ursachenkette oder "Glieder (nidāna)-Reihe", wie sie genannt wird, in der Meditation vorwärts und rückwärts bedenkt.

Wenn einige spätere Texte wie der LV diese Erkenntnis in die Nacht der Erleuchtung zurückprojizieren,[83] so deshalb, weil sie neben dem

Satz vom Leiden der zweite Pfeiler ist, auf dem die Lehre des Buddha ruht. Freilich können in manchen Texten (z. B. Majjh.-Nik. 9) beide Lehren eng miteinander verknüpft werden.[84]

Die Formel vom ursächlichen Entstehen geht inhaltlich über die vierfache Lehre vom Leiden hinaus. Es ist durchaus vorstellbar, daß der Buddha sie erst im Laufe seiner Verkündigungstätigkeit entfaltete, und zwar als Antwort auf die Frage, wie es eine Wiedergeburt ohne konstante Seele geben könne. Denn nicht zuletzt dafür gibt dieser Lehrsatz eine Erklärung. Freilich waren für die Buddhisten die zwei Lehrsätze sich durchaus ergänzende Wahrheiten.

Die Lehre vom ursächlichen Entstehen besagt nun folgendes (Wir geben die Grundbegriffe in ihrer Sanskrit-Form an; vgl. Anhang Nr. 12.2): Aus dem (1) Nichtwissen (avidyā) entstehen (2) die Bildekräfte im Unterbewußtsein (saṃskāras), die karma-erzeugende Wirkung haben und somit Anlaß sind für eine neue Geburt. Aus den Bildekräften, die den Keim zu neuem physischem Dasein in sich enthalten, entsteht (3) das Bewußtsein (vijñāna), das allerdings nicht nur dem Geist (manas), sondern auch den Sinnen zugesprochen wird, so daß z. B. von einem "Augenbewußtsein" usw. gesprochen wird. Das Bewußtsein in seiner Gesamtheit ist das Substrat der scheinbaren "Persönlichkeit", denn aus dem Bewußtsein gehen (4) "Name und Form" (nāma-rūpa) als die geistige und körperliche Seite der (d. h. einer neuen) "Persönlichkeit" hervor. "Name und Form" sind ihrerseits Substrat (5) der sechs Sinne (ṣaḍāyatana, eigentlich: die "sechs Bereiche" einschließlich des "Bereichs" des "geistigen Sinnes", manas). Die sechs Sinne konditionieren (6) "Berührung" (sparśa), diese gibt Anlaß (7) zur "Empfindung" (vedanā). Empfindung ihrerseits führt (8) zur sinnlichen Begierde (tṛṣṇā, "Durst"), die (9) zum "Ergreifen des Sinnlichen" (upādāna, eigentlich "Ergreifen des Brennstoffes"), also der Befriedigung der Sinnenlust führt. Das aber hat (10) Empfängnis (bhava, eigentlich "Werden", "Sein") im Gefolge, also das Werden eines neuen physischen Daseins. Die Empfängnis aber führt (11) zur Geburt (jati), was seinerseits Alter und Tod (jaramāraṇa) bedingt. Dies aber sind nur die krassesten Formen, in denen sich Leiden jeder Art offenbart. Sie stehen pars pro toto.

In der Kausalitätskette wird also ein Strom des Seins über drei Existenzen hinweg verfolgt. Der Übergang von der ersten zur zweiten Existenz ist mit dem Fortschritt vom 2. zum 3. Glied gegeben, der Übergang von der zweiten zur dritten Existenz mit dem Fortschritt vom 9. zum 10. Glied.[85]

Wie betont, wird diese Reihe aber auch rückwärts bedacht und aufgesagt. Sie verweist dann auf den Ausweg aus dem Kreislauf des Seins mit seinen verschlungenen Zusammenhängen. Hierbei fragt sich der Meditierende nach der bedingenden Ursache von Alter und Tod und wird somit auf die Geburt verwiesen. Die Kette immer weiter zurückverfolgend, gelangt er zur Erkenntnis, daß das "Nichtwissen" die primäre Ursache des unheilvollen Daseinskreislaufes ist. Hier erscheinen also der "Durst" oder die "Gier", die das Grundübel im vierfachen Satz vom Leiden ist, als abgeleitete, entferntere Ursache.
Betrachten wir nun die einzelnen Glieder der Kausalitätenkette.[86] Das "Nichtwissen", das als die erste Ursache der Gebundenheit an den Leidenskreislauf erscheint, ist konkret das Nichtwissen der Leidenswahrheit und all dessen, was diese beinhaltet. Dies ist die Wurzel eines unheilvollen Prozesses, der zweifellos zunächst als ein geistiger Prozeß erscheint, der aber auch seinerseits konkret verursacht ist durch früheres böses karma. Das Nichtwissen wird erst aufgehoben durch ein entsprechendes Wissen, wie es die Lehre des Buddha vermittelt, durch eine Gnosis also, die nicht unbedingt zu einem entsprechenden Handeln drängt, sondern kraft ihres eigenen Inhalts zu erlösen vermag. Dies ist deshalb der Fall, weil dieses Wissen jene Bildekräfte (saṃskāras) erst gar nicht entstehen läßt, die karma-wirksam sind und zu einem neuen Zustand, wenn nicht in diesem Leben, so doch im nächsten, drängen. "Karma-Gestaltungen" sind, wie Fr.-R. Hamm betont, "die unbewußten Willensrichtungen ..., welche die Arten des Denkens, des Redens und des Handelns bestimmen. Sie sind Wirkungen der Handlungen usw. - auch aus einer früheren Existenz - und gleichzeitig Ursachen für spätere Taten - auch in einer erst folgenden Existenz."[87] Die Bildekräfte sind es, die wie ein "Hauserbauer" wirken, indem sie dieses Haus der Leiblichkeit und des Leidens zimmern. In diesem Sinne heißt es Dhp. 153f.:

> "Hauserbauer, du bist erschaut, du wirst hinfort dieses Haus nicht mehr zimmern... Der Geist, der von den Saṃskāra's frei geworden ist ..., hat die Vernichtung der sinnlichen Begierde erreicht."[88]

Im Gegensatz zu manchen hinduistischen Systemen, in denen man sich das karma recht substantiell als feinmateriellen Stoff vorstellt, der sich an das Denkorgan (manas) haftet, so daß hier von einem "Hindu-Substantialismus" gesprochen werden kann,[89] ist die Konzeption des mit dem Begriff saṃskāra zusammenhängenden karma im

Buddhismus vergeistigt. Zwar kann hier auch bildhaft von "Schmutz" oder "Staub" des karma die Rede sein, doch ist dieses nicht substanzhaft zu denken. Folglich sind hier auch die gestaltenden Bildekräfte tatsächliche geistige karmische Kräfte und nicht Tat-Substanz erzeugende Mächte. Somit geht auch ein geistiges Prinzip, das Bewußtsein (vijñāna), auf die Bildekräfte zurück. Zwar konnte man später darin - zumal in einer bestimmten Schule (Vijñānavādins) - das Kontinuum zwischen zwei Existenzen sehen, doch haben wir schon betont, daß der Buddha dieser Meinung entschieden entgegengetreten ist. Dennoch bleibt bestehen, daß sich aus dem "Bewußtsein" die geistigen und körperlichen Aspekte der Persönlichkeit, eben "Name und Form", ergeben und daraus weiter die "sechs Bereiche" (ṣaḍāyatana), also die Sinnesorgane samt Denkvermögen (manas).

Nach buddhistischer Vorstellung, so muß hier betont werden, haben die Sinne Fähigkeiten, die zunächst unabhängig von einem physischen Körper bestehen und in einer übersinnlichen Wesenheit vollständig vorhanden sind. Insofern kann man hier auch von "überphysischem Substrat der Sinnesorgane" sprechen.[90]

In Abhängigkeit von den Sinnen entsteht konkret "Berührung", aus Berührung geht "Empfindung" hervor und aus Empfindung "Durst". Diesen Sachverhalt veranschaulichend, wird in einer alttürkischen Erklärung zur nidāna-Reihe, die wir in der Maitrisimit finden, das Bild von dem Feuer verwendet, das durch Berührung zweier Feuersteine und dem Zunder entsteht.[91] Immer wieder wird die Gier mit einem gefährlichen Feuer verglichen, das auflodert, wenn die zugrundeliegende Empfindung Nahrung erhält. Auch der Zusammenhang von Gier und "Ergreifen" wird mit diesem Bild erklärt. So heißt es in dem genannten alttürkischen Text: "Wie durch trocknes Brennholz veranlaßt, das Feuer entzündet wird, hoch flammt und lodert, so werden auch durch das Anhaften [upādāna]-Leidenschafts-Brennholz der Taten Feuer zum Lodern und Flammen gebracht"[92]. Das Bild ist alt und taucht schon im Pāli-Kanon auf (Majjh.-Nik. III, 242; Saṃy.-Nik. II, 97).

Daß das "Ergreifen" des Sinnlichen zur Geburt, zum Werden, zum physischen Dasein (bhava) führt und seine unmittelbarste Ursache ist, hebt derselbe hīnayānistische Text hervor mit den Worten: "Aus der Ursache des Werdens (= bhava) entsteht das Geborenwerden. Das Werden ist auch genauso: Die die Existenzen durchwandelnd kreisenden, im Körper, im Sinn, mit der Zunge getanen Taten; jene werden das Werden genannt. Durch die Tat wird die Existenz; keineswegs durch Maheśvara [d. h. Shiva] geschieht es, nicht durch Urmaterie

(= pradhāna) geschieht es, wie die Pūraṇas und die Irrlehrer sagen: 'Ursachlos (= ahetu) durch sich selbst erscheint es (= svayambhū)', wie jene gesagt haben, ist es auch nicht. Durch die ... beiden Arten von Taten treten die Wiedergeburten und Leben in Erscheinung"[93]. Daß Werden und Geburt schließlich das Leid von Alter, Tod usw. im Gefolge haben, ist sicherlich eine auf den Buddha selbst zurückgehende Grunddoktrin.

Eine Veranschaulichung erhält die nidāna-Reihe in dem "Lebensrad" oder "Rad des Daseins" (saṃsāra-cakra), das auf vielen tibetischen Rollbildern dargestellt ist und das gewöhnlich auch den Eingang zu einem tibetischen Kloster schmückt. Hier werden in 5 bzw. 6 Segmenten eines Kreises die Existenzformen dargestellt, in denen eine Wiedergeburt erfolgen kann. Es sind die Bereiche 1. der Götter, 2. der Halbgötter (was auch entfallen oder mit der Götterwelt zusammen dargestellt sein kann), 3. der Menschen, 4. der Tiere, 5. der Hungergeister (pretas) und 6. der Höllenwesen. In der Nabe des Rades werden Turteltaube, Schlange und Schwein als Verkörperungen von Leidenschaft, Haß und Verblendung (Unwissenheit) dargestellt. Der Radkranz aber weist zwölf Felder auf, die die abstrakten Begriffe des Konditionalnexus repräsentieren: (1) das "Nichtwissen" erscheint als blindes Weib, (2) die "Bildekräfte" als Töpfer, der auf seiner Töpferscheibe Tongefäße modelliert, (3) das "Bewußtsein" als Affe, der ruhelos von Ast zu Ast springt, (4) "Name und Form" als ein ein Gewässer überquerendes Boot, (5) die "sechs Bereiche" der Sinne als Haus mit Tür und vier (bzw. fünf) Fenstern, (6) die "Berührung" als Kuß eines Liebespaares, (7) die "Empfindung" als ein das Auge treffender Pfeil, (8) der "Durst" als ein Trinkender, (9) das "Ergreifen" als das Pflücken einer Frucht von einem Baum, (10) das "Werden" als eine schwangere Frau, (11) "Geburt" als eine Gebärende und (12) "Alter und Tod" als alter Mann mit Gehstock oder als Leiche, die zur Begräbnisstätte getragen wird. Das ganze Rad wird vom Dämon der Unbeständigkeit (anityatā) umklammert.

Die Anweisungen zu diesen Darstellungen finden wir in den Vinaya-Texten, die vorschreiben, daß ein solches Rad im Vestibül der Klöster anzubringen sei.[94] Im Divyāvadāna[95] erläßt der Buddha auch genaue Anweisungen zur Ausgestaltung des Rades. Ausdrücklich wird hier gesagt, daß die zwölfgliedrige Formel des Entstehens in Abhängigkeit im Radkranz wiederzugeben sei, und zwar vor- und rückläufig, so also, daß es in beiden Richtungen gelesen werden kann. Angesichts dieser Vorschriften verwundert es nicht, daß in Höhle 17 von Ajanta (Westindien) Reste einer solchen alten Darstellung gefunden wurden, die, wie D. Schlingloff gezeigt hat, jenen Anweisungen genau entspricht.[96]

4. Die vierte Stufe des Pfades: die Befreiung

Das Ziel der Erkenntnis (prajñā) liegt nicht in sich selbst, sondern darin, daß sie zur Befreiung (vimukti) Anlaß gibt. Es ist ein "Wissen von der Befreiung" (SphS 98). "Diese Befreiung ist also kein Nichts der Bewußtlosigkeit, sondern ein Zustand höchster Bewußtheit"[97]. Denn der Befreite weiß von seiner Befreiung, seiner Befreiung nämlich vom Saṃsāra, vom unheilvollen Kreislauf der Wiedergeburten. Es war freilich erst einem späteren Buddhismus vorbehalten, im Saṃsāra das Bild für einen unheilvollen, durch Gier, Zorn, Haß und Unwissenheit gekennzeichneten Geisteszustand zu sehen, von dessen "Befleckungen" man sich "reinigen" müsse. So heißt es in einem aus dem Chinesischen übersetzten alttürkischen Text aus Zentralasien: "Wenn man das Buddha-Land [d. h. hier das Nirvāna] erstrebt, muß man seinen eigenen Sinn (citta) reinigen"[98].
Grundsätzlich fordert schon die Lehre des Buddha eine solche Purifikation des Geistes, aber der Saṃsāra ist für ihn nicht nur ein unheilvoller Geisteszustand, sondern eine schreckliche kosmische Wirklichkeit, der es zu entrinnen gilt. Sein eigener Erkenntnisweg und die daraus resultierende Lehre wollen zeigen, daß es eine solche Befreiung gibt. Wenn in tibetischen Darstellungen des Lebensrades der Buddha außerhalb des vom Dämonen der Unbeständigkeit umklammerten Rades in ruhevoller Meditation erscheint, und zwar auf dem Lotos sitzend, dem Symbol der Unbeflecktheit, so verweist das auf die grundsätzliche Möglichkeit einer solchen Befreiung. Der Weg dazu führt - wie die rückwärts gelesene Formel vom abhängigen Entstehen lehrt - über die Auflösung der Gier zur Vernichtung des Nichtwissens, des Irrtums. Das aber ist nur auf dem Wege über eine entsagungsvolle Meditation nach sittlicher Läuterung und Aufhebung der karma-bildenden Bildekräfte möglich. Die Vernichtung der saṃskāras hat die Vernichtung des karma zur Folge. Diese sind ja der "Hauserbauer", und sind sie zerstört, so auch die Bindung an den Kreis der Wiedergeburten. Dann ist der Zustand erreicht, der "Vernichtung, Aufhebung,

Überwindung" (nirodha) genannt wird. Dieser Zustand wird aber wiederholt mit positiven Ausdrücken gekennzeichnet. So heißt es (z. B. Aṅg.-Nik. IV, 423): "das ist das Friedvolle (...), Hocherhabene (...), die Beruhigung (d. i. Aufhebung) aller Saṃskāra's, die Auflösung aller Substrate (... d. h. der Persönlichkeit oder Skandha's ...), die Vernichtung der sinnlichen Begierde (...), die Leidenschaftslosigkeit (...), die Ursachenvernichtung (...), das Nirvāna"[99].

Das Nirvāṇa ist also ein "Erlöschen" oder "Verwehen", zunächst der Triebkräfte, dann des zu neuen Existenzen führenden karma. Es ist ein Erlöschen jenes Feuers der Leidenschaft, der Begierde und des Wahnes, von dem u. a. in der Explikation des Kausalnexus gesprochen wird. Als "höchste Erfüllung des heiligen Wandels" (Aṅg.-Nik. III, 70) kann es schon auf Erden erfahren und verwirklicht werden. Das aber zeigt, daß es nicht das völlige Erlöschen des Lebens impliziert, sondern das Erlöschen jener negativen Kräfte, die zu einer neuen Existenz drängen. Das im Zustand physischer Leiblichkeit erfahrene Nirvāṇa wird "diesseitiges Nirvāṇa" oder - mit einem Fachausdruck - "Nirvāṇa mit Substratrest" (sopadhiśeṣa-nirvāṇa) genannt und dem beim Tode erfahrenen Nirvāṇa, dem "höchsten Nirvāṇa" oder "Nirvāṇa ohne Substratrest" (nirupadhiśeṣa-nirvāṇa), gegenübergestellt. Diese Unterschiede explizierend heißt es Itivuttaka 44:

> "Der eine [Nirvāṇa]-Bereich, hinieden, der gegenwärtigen Erscheinung angehörend, ist mit dem Rest von Beilegungen behaftet und besteht in der Vernichtung des Lebensdranges. Der von dem Rest von Beilegungen freie (Bereich) aber ist der zukünftige, in welchem alle Arten des Werdens verschwunden sind. Die diese nichtgestaltete Stätte erkannt haben, die Geisterlösten, deren Lebensdrang vernichtet ist, - diese so Beschaffenen haben, dieser Vernichtung froh, das Wesen der Erscheinungen erreicht und sich jeder Art des Werdens entäußert"[100].

In einem zentralen Text, der die beiden Formen des Nirvāṇa erörtert, dem Nirvāṇa-Abschnitt in der Viniścayasaṃgrahaṇī der Yogācārabhūmi ("Länder der Yogaübungen"), wird ausdrücklich festgestellt, daß jemand, der "im Zustand des Erlöschens-mit-Rest" weilt, von allen kleśas, also geistigen Befleckungen, befreit ist, auch wenn er nicht von allem irdischen Leid (duḥkha) befreit ist:

> "Was an Leid zukünftiger Existenzen (später einmal) entstehen könnte, davon ist er befreit", heißt es da. "Was das Leid der ge-

genwärtigen Existenz angeht, so ist er, soweit es sich dabei um geistiges Leid handelt, ebenfalls befreit. (Vom körperlichen Leid der gegenwärtigen Existenz) hingegen ist er nicht befreit ... Dieses (körperliche Leid der gegenwärtigen Existenz resultiert) nämlich aus dem Auftreten (der entsprechenden Bedingungen) und nicht (wie das geistige Leid) aus dem (gegenwärtigen) Behaftetsein mit Laster (kleśa)."[101]

Die Befreiung von den kleśas schließt also nicht notwendigerweise das Ende des körperlichen Leids ein. Dies wird endgültig erst mit dem Tode erlangt.

Nun ist dieser Text aus der Schule der Yogācārins zweifellos nicht einer der frühesten. Dennoch war es schon den frühesten Schreibern des Buddhismus bewußt, daß selbst der Buddha an Krankheit und Schwächeanfällen gelitten hat, und sie haben diesen Sachverhalt in ihren Darstellungen nicht verschwiegen. So ist das Leiden, von dem die Erlösung befreit, zunächst ein geistiges. Die Erlösung wirkt sich dann aber auch metaphysisch aus, indem sie die karma-Triebkräfte zur Ruhe bringt. Auch wenn der Befreiungszustand, das Nirvāṇa, im Pāli-Kanon als "höchste Gesundheit" (Majjh.-Nik. V, 511) dargestellt werden kann, gibt es natürlich nicht zu einem paradiesischen Dasein Anlaß.

Dennoch wird das schon hier erfahrene Nirvāṇa als ein positiver Zustand beschrieben,[102] als "Seligkeit" (sukham), als "unsterbliche Sphäre" (amata-dhātu), die man geradezu "mit dem Körper berühren" könne (Aṅg.-Nik. III, 356). Das in der Meditation zu erfahrende Nirvāṇa ist zwar ein Verlöschen, aber kein absolutes Nichts, sondern ein Zustand, bei dem das Ich (mit seiner Begierde) in einen anderen Zustand übergeht, so wie nach indischer Vorstellung die Flamme einer erlöschenden Kerze einen anderen, nicht sichtbaren Zustand annimmt. So heißt es im SphS (97) vom Erlösten, daß er zunächst die Leidenswahrheit erkennt:

> "Und indem er das sieht und erkennt, wird sein Geist erlöst von der weltlichen Schwäche des Begehrens, der weltlichen Schwäche des Seins und derjenigen des Nichtwissens. Dem so Erlösten kommt die Erkenntnis: 'Die Erlösung ist eingetreten.' Er erkennt: 'Aufgehoben ist alles Werden, vorbei ist es mit der Notwendigkeit des heiligen Wandels, gelöst die Aufgabe, eine Wiederkehr gibt es nicht'"[103].

Daß dieser Zustand ein Weiterleben in der Welt "zum Heil des Wesens" nicht ausschließt, sondern vielmehr einschließt, zeigt das Beispiel des Buddha selbst, der sich zwar erst auf Drängen der Götter, aber dann doch mit voller Hingebung diesem Ziel verschrieben hat, wohl wissend, daß erst derjenige, der die Welt verläßt, zu dieser höchsten Realität finden kann, die als "todentrückte Sphäre", als "unsterbliche Sphäre" oder als "das Ewige" bezeichnet wird (Aṅg.-Nik. IV, 423f.). "Was nicht das Ewige ist, das ist nicht wert, daß man sich ihm zuwende," heißt es im Majjh.-Nik. (II, 263). Denn das Weltliche ist vergänglich und damit leidvoll. So bekräftigt der Buddha seinen Entschluß, die von ihm erkannte Wahrheit zu verkündigen, mit den Worten: "Geöffnet ist jenen das Tor der Unsterblichkeit, wer Ohren hat, zu hören, der glaube" (Vin. I, 7).
In feierlichen Worten beschreibt der Buddha das Nirvāṇa als den Ort, wo das Leiden sein Ende findet:

> "Es gibt, ihr Jünger, jenes Reich (āyatana), wo weder Erde, noch Wasser, noch Feuer, noch Luft, wo nicht die Sphäre der Unendlichkeit des Raumäthers, nicht die Sphäre der Bewußtseinsunendlichkeit, nicht die Sphäre des Nichts ..., nicht die Sphäre jenseits von Bewußt und Unbewußt, wo nicht diese Welt und nicht jene Welt, wo weder Sonne noch Mond ist; dort, so sage ich euch, ist kein Hingehen, kein Fortgehen und kein Verweilen, kein Austritt und kein Wiedereintritt, keine Grundlage, keine Fortentwicklung, keine Stütze: das ist das Ende des Leidens" (Udāna, 80).[104]

> "Es gibt, ihr Jünger, ein Ungeborenes, Ungewordenes, Ungeschaffenes, nicht aus den bildenden Kräften [saṃskāras] Entstandenes; wenn es ein solches Ungeborenes, Ungewordenes, Ungeschaffenes nicht gäbe, könnte für das Geborene, Gewordene, Geschaffene, aus den bildenden Kräften Entstandene kein Entkommen erfunden werden" (Udāna, 80; Itivuttaka, 37).[105]

Diese Sätze interpretierend, hebt G. Mensching hervor: "Das Nirvāna ist ein Reich, eine Wirklichkeit, deren Wesen unerfaßbar ist für endliches Begriffsvermögen. Diese Unerfaßbarkeit wird durch Negation aller endlichen Vorstellungsformen ausgesprochen. Im gleichen Aussagestil haben die Mystiker aller Zeiten vom Heiligen gesprochen"[106].
Daß weder Blicke noch Worte das Nirvāṇa und damit auch den endgültig in den Heilszustand Eingegangenen zu erfassen oder zu be-

schreiben vermögen, wird wiederholt zum Ausdruck gebracht. Ein berühmtes Wort aus dem Udāna (1074ff.) lautet:

"Gleichwie das Licht, vom Windeswehn getroffen,
Zur Ruhe eingeht und dem Blick entschwindet,
So geht der Weise, Nam' und Leib ablegend,
Zur Ruhe ein, entschwindend jedem Blicke."

"Den, der zur Ruhe ging, kein Maß ermißt ihn,
Von ihm zu sprechen gibt es keine Worte.
Zunichte ward, was das Denken könnt' erfassen:
So wird zunicht auch jeder Pfad der Rede"[107].

Auch dort, wo man unter griechischem und hinduistischem Einfluß zur menschlichen Darstellung des Buddha überging, blieb doch das Bewußtsein erhalten, daß der Buddha letztlich jedes menschliche Maß und jede menschliche Form überschreite. Schon im Hīnayāna-Buddhismus werden Ansätze jener "Drei-Körper-Lehre" greifbar, die von der absoluten Seinsweise des Buddha als von einer "Verkörperung der Lehre" (dharmakāya) sprechen. Ihr wird die in der Meditation erschaute, sichtbare, aber doch nur geistig erfaßbare Form des "Genußleibes" (sambhogakāya) gegenübergestellt. Von der irdischen Verkörperung des Buddha wird schließlich als von einem "magischen Verwandlungsleib" (nirmāṇakāya) gesprochen. Der im Bilde dargestellte Buddha ist entweder der irdische oder der in der Meditation erschaute. Dieser nimmt die Stelle des Symbols ein, der bis zur Zeitenwende den Buddha vergegenwärtigt.[108]
Bei allen Darstellungen aber blieb sich der "Glaubensdenker" dessen bewußt, daß die höchste Erkenntnis und damit auch der sie repräsentierende Buddha jeder Darstellung und Beschreibung entzogen ist. In diesem Sinne heißt es in einer chinesischen Tempelinschrift aus dem zentralasiatischen Turfan: "Die Frucht (der Erkenntnis) läßt sich nicht vor Augen führen, die Erlösung läßt sich nicht niederschreiben"[109]. Andererseits aber wußte man um die didaktische Notwendigkeit von Bildern und Symbolen für das Absolute. So heißt es in der Inschrift auf einer in Berlin aufbewahrten, auf 746 n. Chr. datierten Buddhafigur:

"Das höchste Wahre ist ohne Bild. Gäbe es aber gar kein Bild, so gäbe es keine Möglichkeit, wodurch es sich als das Wahre zu manifestieren vermöchte. Das höchste Prinzip ist ohne Worte.

Gäbe es aber überhaupt keine Worte, wodurch könnte es sich dann als das Prinzip offenbaren?"[110]

Das Absolute, das Nirvāṇa, so lehrt der Buddha, wird nur jenen zuteil, die sich energisch und unaufhörlich um die Vervollkommnung bemühen. Gehört doch zu seinen letzten Mahnungen der Aufruf, in unermüdlichem Streben um das Heilsziel zu ringen. Die Stufen, die zu diesem Ziele führen, sind in immer neuer Weise und unter immer neuen Gesichtspunkten in diversen Begriffsreihen zum Ausdruck gebracht worden (davon will der Anhang einen Eindruck vermitteln). So hat schon der frühe Buddhismus im Hinblick auf den Grad des Fortschritts unter den Buddha-Jüngern vier Rangklassen unterschieden. Da ist 1. "der in den Strom (der geistlichen Entwicklung) Eingetretene" (śrotāpanna), 2. "der einmal Wiederkehrende" (sakṛdāgāmin), der nur noch eine Wiedergeburt auf sich nehmen muß, bis er das Heil erreicht, 3. "der nicht mehr Wiederkehrende" (anāgāmin), der die Erlösung also schon in diesem Leben erlangt, und 4. der "Heilige" (arhat), der das Ziel der Befreiung in Gestalt des "diesseitigen Nirvāṇa" in dieser Existenz erreicht hat. Während ein solcher das Heilsziel durch eigene Anstrengung, aber in der Nachfolge des Buddha erlangt, findet ein Buddha den Weg zur "allerhöchsten, völlig wahren Erkenntnis" (anuttara-samyak-saṃbodhi) von selbst. Wie der Arhat, ist er erlöst durch Wissen, und in diesem Sinne wird von "Wissensbefreiung" (prajñāvimukti) gesprochen.
Schon der frühe Buddhismus stellt nun aber der "Wissensbefreiung" die "Herzensbefreiung" (cetovimukti) gegenüber. Dies ist die Befreiung des Herzens von allen Fesseln, die an das Sinnliche, die Welt des Daseins, binden. Der Sachverhalt wird aber nicht nur vom Negativen her gesehen, von der Aufhebung der fesselnden Bindungen an die Welt. Ein wesentlicher buddhistischer Gedanke ist der, daß die "Herzensbefreiung" durch das positive Gefühl der Liebe (maitrī) und des Mitleids (karuṇā) gegenüber allen Wesen erreicht wird. Dies ist die treibende Kraft, die einen angehenden Buddha überhaupt dazu veranlaßt, einen menschlichen Leib anzunehmen. Vor allem die Liebe und die "Herzensbefreiung" stehen in einem engen Bezug zueinander. Zweifellos unterscheidet sich die buddhistische Liebe im Sinne der maitrī von der biblischen im Sinne der agapē dadurch, daß sie keiner äußeren Betätigung bedarf, um wirksam zu sein; sie wirkt "geistig-übersinnlich gleich einer Zaubermacht durch bloße Ausstrahlung"[111]. Als "unermeßliche Empfindung" (apramāṇa) ist sie eher eine mystische, alles durchdringende Haltung des Wohlwollens, die die positive

Kehrseite jedes negativ formulierten Weltrückzugs darstellt. Gerade eine solche Haltung aber, die nach buddhistischer Vorstellung Voraussetzung jeder konkreten Nächstenliebe ist, führt zum höchsten Heilsziel. Wer solche "unermeßliche Herzensbefreiung" in sich verwirklicht, heißt es im Majjh.-Nik. (I, 291), der betritt die ewige Sphäre des Nirvāṇa.
Daß der Buddha der Zukunft, Maitreya, "der Liebevolle", heißt, zeugt davon, wie hoch der Buddhismus die maitrī bewertet hat. Auf ihn und die von ihm ausgehende Liebe konnte das gläubige Vertrauen dort seine Hoffnung setzen, wo man sich schmerzlich seiner eigenen Unfähigkeit bewußt wurde, den hohen Anforderungen des Heilsweges in der Lehre des Buddha Shākyamuni zu folgen. In diesem Sinn heißt es in der Maitrisimit nicht zuletzt im Hinblick auf den zweiten, durch Liebe bestimmten und durch Maitreya verkörperten Weg zur Befreiung: "Jene Wesen, die in der Lehre dieses Buddha (d. h. Shākyamuni) es nicht erreichen, aus dem Samsāra erlöst zu werden, ... werden sicher zur Zeit des Buddha Maitreya erlöst werden"[112]. Die Verheißung über das Kommen des künftigen Maitreya wird in demselben Text schon vom vorzeitlichen Buddha Dīpamkara in feierlicher Weise ausgesprochen. Dem barmherzigen und freundlichen König Vāsava verheißt er, daß er in Zukunft der Buddha Maitreya werden würde. So bedeutsam ist die Verheißung, daß der ganze Kosmos sich davon glücklich betroffen zeigt. "Als er diese Worte gesprochen hatte", heißt es im Text, "erbebte und erzitterte der Himmel, von allen Seiten strahlte und leuchtete es, ... und der Klang der göttlichen Trommeln hallte wider. Die göttliche Brahmā-Stimme des Buddha wurde in allen Richtungen gehört. Alle Wesen waren voll Hoffnung im Hinblick auf das Erscheinen des Buddha Maitreya"[113].

IV. Anmerkungen

Anmerkungen zur Einleitung:

1 Vgl. Mensching 1959, 51ff.
2 Hacker 1965, 101.
3 Zit. nach Hacker 1965, 101.
4 Schumann 1982.
5 Schopen 1988/89, 161.
6 Kloppenborg 1973, 74 (Übersetzung des Vf.).
7 Vgl. Schlingloff 1963, 93f.
8 Schlingloff 1963, 29.
9 Schlingloff 1963, 29ff.
10 Schlingloff 1963, 32.
11 Zit. nach Schlingloff 1963, 32.
12 Vgl. Schlingloff 1963, 33.
13 Schlingloff 1962, 85.
14 Ebd.
15 Schlingloff 1962, 86f.
16 Schlingloff 1962, 87.
17 Schlingloff 1962, 88.
18 Wenn wir uns hierbei wiederholt an H. Beckh 1980 orientieren, so deshalb, weil er dem für die frühbuddhistische Lehre konstitutiven Schematismus in besonderer Weise gerecht wird.
19 Bechert 1982 und 1986.
20 Bechert 1986, 35.
21 Bechert 1986, 36.

Anmerkungen zu Kap. I:

1 Vgl. hierzu Bareau 1987, 444-457 und Nakamura 1987, 457-472, ferner Schumann 1985, 59-114.
2 Bechert 1985 und 1987.
3 Hamm 1975, 332.
4 Die methodische Frage, ob das Gemeinsame der frühen Traditionen die Urtradition spiegelt oder ob diese nicht schon in frühester Zeit diversifiziert war und erst im Laufe der Entwicklung eine Harmonisierung eintrat, ist jüngst von Schopen 1985 aufgeworfen worden. Diese Frage ist in der Fachwissenschaft noch auszudiskutieren.
5 Waldschmidt 1948a, 353.
6 Waldschmidt 1948a, 354.

7 Zur Klassifizierung der Āgamas im chin. Kanon s. Lamotte 1988, 154f.; zum Verhältnis der Skr.-Texte zu den Āgamas s. Waldschmidt 1980 in Bechert 1980, 136-174.
8 Waldschmidt 1948a, 354.
9 Beal 1983, 141 (Übers. des. Vf.).
10 Bareau 1987, 444ff.
11 Vgl. Bareau, ebd.
12 Zur Sprache der Lokottaravādins s. Roth in Bechert 1980.
13 Vgl. Rhys Davids 1969, 40ff.
14 Vgl. die Beiträge von Simson und von Hinüber in Bechert 1985.
15 Vgl. Schumann 1985, 113f.
16 Brough 1962.
17 Lamotte 1948.
18 Vgl. Waldschmidt 1956, 82ff. (Übers. des. Vf.).
19 Vgl. Bareau 1962b.
20 Vgl. Bareau 1962b, 13.
21 Vgl. Panglung 1981.
22 Winternitz 1968, 189.
23 Beal 1985, 386f.
24 Eimer 1976, 27.
25 Winternitz 1968, 197.
26 Übersetzungen: Cappeler 1922; Johnston 1935.
27 Lamotte 1958, 272.
28 Zu diesem Text s. Winternitz 1968, 149-152.
29 Zu diesem Werk s. Winternitz 1968, 129-131.
30 Zu diesem Werk s. Winternitz 1968, 131-134.
31 Vgl. Hardy 1880.
32 Bigandet 1880.
33 Leumann 1919.
34 Emmerick 1968.
35 Tekin 1980; Geng/Klimkeit 1988.
36 Müller 1911, 4-7; Laut 1983.
37 Bang 1931, 7-12.
38 Vgl. Lang 1957; Asmussen 1966, 14ff.
39 Übers. in Obermiller, Pt. 2, 1932.
40 Schiefner 1849.
41 Rockhill 1885.
42 Beal 1863.
43 Beal 1863, 141.
44 Wieger 1951.
45 Schmidt-Glintzer 1982, 4-15.
46 Schlingloff 1983, 114-117 faßt die wichtigsten, für die Kunst bedeutsam gewordenen Texte zur Buddhalegende zusammen, wobei er auch die chin. Übersetzungen von Skr.-Werken einbezieht.
47 S. dazu Lamotte 1988, 644ff.
48 Vgl. Waldschmidt 1967, Nr. XX: "Der Buddha preist die Verehrungswürdigkeit seiner Reliquien".
49 Vgl. Waldschmidt 1967, Nr. XX, 384.
50 Vgl. Schopen 1985; Klimkeit 1983.

51 Lamotte 1988, 665.
52 Schlingloff 1981.
53 Lamotte 1988, 662ff.
54 Vgl. Lamotte 1988, 667ff.

Anmerkungen zu Kap. II:

1 Für einen Überblick über alle wesentlichen Quellen und die ihnen zuzuordnenden Episoden s. Schlingloff 1983, 119ff.
2 Übers. in Dutoit 1906, 1-5.
3 Neumann 1957, 189.
4 S. zur Schilderung dieses Himmels im LV Waldschmidt 1982, 19.
5 Vier prüfende Blicke kennt das MV (I, 197; II, 1); fünf die meisten anderen legendarischen Texte.
6 Waldschmidt 1982, 22-24.
7 Waldschmidt 1982, 25 (Schreibung angepaßt).
8 Geng/Klimkeit/Laut 1987, 368.
9 Geng/Klimkeit/Laut 1987, 369.
10 Lüders 1963, 89 und 1966, 45ff.
11 Janert 1977, 67.
12 Vgl. Windisch 1908, 154f.
13 Vgl. Waldschmidt 1982, 33f.
14 Vgl. Bareau 1955, 57 und 75ff.
15 Nach den chin. Versionen sind es die Thesen 16-18, in tibetischer Zählung die Thesen 18-20. Vgl. Bareau 1954, 240 und 1955, 61.
16 Vgl. Waldschmidt 1956, 85 und Windisch 1908, 117.
17 Vgl. Waldschmidt 1956, 85.
18 Windisch 1908, 151f.
19 Windisch 1908, 151.
20 Geng/Klimkeit/Laut 1988, 345f.
21 Dutoit 1906, 4.
22 Vgl. Waldschmidt 1956, 88ff. (Vorgang 5).
23 Windisch 1908, 122ff.
24 Geng/Klimkeit/Laut 1988, 348.
25 Ebd.
26 Vgl. Windisch 1908, 124.
27 Windisch 1908, 120ff.
28 Windisch 1908, 126f.
29 Waldschmidt 1982, 43.
30 Windisch 1908, 130.
31 Windisch 1908, 133f.
32 Windisch 1908, 147f. Vgl. auch Horner 1979.
33 Geng/Klimkeit/Laut 1988, 350.
34 Vgl. Bauer 1974, 216ff.
35 Beal 1985, 45 (Übersetzung des Vf.).
36 Windisch 1908, 118ff.

37 Geng/Klimkeit 1988, 199.
38 Garbe 1914, 48ff.
39 Zur Asita-Legende im LV s. Waldschmidt 1982, 48-53. Zu weiteren Quellen s. Lamotte 1958, 745ff.
40 Thomas 1975, 38ff.; Schlingloff 1983, 132f.
41 Zu den wichtigsten Episoden und ihren schriftlichen und bildlichen Quellen s. Schlingloff 1983, 133ff.
42 Vgl. dazu und zum folgenden Thomas 1975, 44ff.
43 Majjh.-Nik. 36 (I, 246). Deutsche Übers. in Neumann 1922, I, 574.
44 Ebd.
45 Vgl. Schlingloff 1987b.
46 Thomas 1975, 46.
47 Rockhill 1884, 17. Ähnlich Divy. 391.
48 Geng/Klimkeit/Laut 1988, 358ff.
49 Waldschmidt 1982, 62f.
50 Waldschmidt 1982, 63.
51 Geng/Klimkeit/Laut 1988, 359.
52 Ebd.
53 Waldschmidt 1982, 63f., 67-74.
54 Waldschmidt 1982, 72.
55 Übers. nach Thomas 1975, 47. Auch in Majjh.-Nik. I, 504 spricht Buddha von den drei Palästen, die ihm zur Verfügung standen. Dīgh.-Nik. II, 21 wird dasselbe von dem vorzeitigen Buddha Vipassin (Skr.: Vipashyin) gesagt.
56 Vgl. Thomas 1975, 48.
57 Vgl. Mitra 1881, 198-203; 214-216; Waldschmidt 1982, 75-80.
58 Waldschmidt 1982, 80 (Schreibung angepaßt).
59 Schlingloff 1987b, 112ff.
60 Schlingloff 1987b, 113.
61 Ebd.
62 Schlingloff 1987b, 113f.
63 Schlingloff 1987b, 114.
64 S. dazu Schlingloff 1983, 113ff.
65 Übers. nach Thomas 1975, 51.
66 Zit. nach Neumann 1922, I, 556.
67 Zit. nach Thomas 1975, 52. Vgl. Neumann 1922, I, 385f.
68 Ebd.
69 Vgl. NK, Übers. Dutoit 1921, 106ff.; LV mong. Übers. Poppe 1967, 115.
70 Waldschmidt 1982, 85f.
71 Waldschmidt 1982, 86.
72 Ebd.
73 Waldschmidt 1982, 89.
74 Ebd.
75 Waldschmidt 1982, 92ff.
76 Horsch 1964, zitiert nach Schlingloff 1987b, 114.
77 Schlingloff 1987b, 115.
78 Schlingloff 1987b, 115ff.
79 Schlingloff 1987b, 123.
80 Schlingloff 1987b, 124.

81 Schlingloff 1987b, 113.
82 Ebd.
83 S. hierzu Schlingloff 1983, 141.
84 NK, Übers. Dutoit 1921, 109.
85 Z. B. MV III, 242-260.
86 Waldschmidt 1982, 95.
87 Waldschmidt 1982, 96.
88 Waldschmidt 1982, 100.
89 Waldschmidt 1982, 102.
90 Ebd.
91 LV, Übers. Mitra, 262-264.
92 LV, Übers. Mitra, 264f.
93 Z. B. in der uigurisch-buddhistischen Literatur: Laut 1983; Maitrisimit (Hami-Version), Kap. 13, Bl. 2a (unpubliziert).
94 LV, Übers. Mitra, 264.
95 Laut 1983, 95.
96 Vgl. Waldschmidt 1982, 107ff.
97 Waldschmidt 1982, 109.
98 Waldschmidt 1982, 110 (Schreibung angepaßt).
99 Waldschmidt 1982, 116.
100 Ebd.
101 NK Übers. Dutoit 1921, 118.
102 Maitrisimit (Hami-Version), Kap. 13, Bl. 11b (unpubliziert).
103 Waldschmidt 1982, 122-125.
104 Vgl. Seckel 1976, 13.
105 Nach Thomas 1975, 58. Vgl. Horner 1976, 295.
106 Eine breite textliche Grundlage für diese Ereignisse weist Schlingloff 1983, 142ff. auf; dort auch Angaben zur Kunst.
107 Majjh.-Nik. I, 165 = Horner 1976, 208.
108 Majjh.-Nik. I, 165 = Horner 1976, 209.
109 Ebd.
110 Majjh.-Nik. I, 166 = Horner 1976, 210.
111 Vgl. Thomas 1975, 64-68 (Majjh.-Nik. 36).
112 Dahlke 1960, 52.
113 Ebd.
114 Dahlke 1960, 54.
115 Dahlke 1960, 55.
116 Ebd.
117 Waldschmidt 1982, 137.
118 Vgl. Thomas 1975, 70.
119 Waldschmidt 1982, 139-141.
120 Waldschmidt 1982, 143f. (Schreibung angepaßt).
121 Waldschmidt 1982, 144.
122 Ebd.
123 Maitrisimit (Hami-Version), Kap. 14, Bl. 6a, Z. 7-11 (unpubliziert).
124 Waldschmidt 1982, 149.
125 Skr.-Versionen finden sich MV II, 238 und LV 327 (262).
126 Vgl. hierzu Thomas 1975, 71ff., wo auch die verschiedenen Vershinweise auf die Auseinandersetzung mit Māra in diversen Schriften zusammengestellt sind.

127 Waldschmidt 1982, 150.
128 Waldschmidt 1982, 152.
129 Waldschmidt 1982, 154.
130 Waldschmidt 1982, 155-157.
131 Waldschmidt 1982, 155.
132 Waldschmidt 1982, 156.
133 Waldschmidt 1982, 157.
134 Ebd.
135 Waldschmidt 1982, 157f.
136 Waldschmidt 1982, 158.
137 Waldschmidt 1982, 159.
138 Waldschmidt 1982, 159f.
139 Waldschmidt 1982, 160f.
140 Waldschmidt 1982, 161.
141 Waldschmidt 1982, 162.
142 Dutoit 1906, 60.
143 Dutoit 1906, 60f.
144 Dutoit 1906, 61.
145 Ebd.
146 Ebd.
147 Dutoit 1906, 62.
148 Dutoit 1906, 63.
149 Ebd.
150 Dutoit 1906, 64.
151 Waldschmidt 1967, Nr. XVIII.
152 Vgl. Frauwallner 1958, 27ff.
153 Waldschmidt 1982, 173.
154 Dutoit 1906, 64f.
155 Dutoit 1906, 66-68.
156 Dutoit 1906, 75.
157 Dutoit 1906, 76ff.; Horner 1976, 214f.; Kloppenborg 1973, 20f.
158 Dutoit 1906, 78ff.; Horner 1976, 215ff.; Kloppenborg 1973, 21ff.
159 Vgl. Thomas 1975, 84.
160 Ebd.
161 Waldschmidt 1982, 179.
162 Ebd.
163 Vgl. Thomas 1975, 85f.
164 Thomas 1975, 86.
165 Thomas 1975, 86 (Übers. des Vf.).
166 Vgl. Thomas 1975, 86f.
167 Rockhill 1884, 37.
168 Vgl. Thomas 1975, 87.
169 Thomas 1975, 88.
170 Nach Thomas 1975, 89. Vgl. CPS 15, 18: Kloppenborg 1973, 31.
171 Waldschmidt 1982, 196.
172 Ebd.
173 Ebd.
174 Waldschmidt 1982, 196f. (Schreibung angepaßt).
175 Vgl. Seckel 1976, 35 und Abb. 56.

176 So Schlingloff 1987b, 114.
177 Kloppenborg 1973, 32 (Übers. des. Vf.).
178 Nach Kloppenborg 1973, 33.
179 Beal 1985, 269-292.
180 Vgl. Thomas 1975, 91f.; Waldschmidt 1982, 199-208.
181 Vgl. Dutoit 1906, 119 für den Pāli-Text.
182 Vgl. Dutoit 1906, 122 für den Pāli-Text.
183 Waldschmidt 1982, 199-208.
184 Waldschmidt 1982, 208.
185 Rockhill 1884, 41.
186 Beal 1985, 304.
187 Nach Rockhill 1884, 43.
188 NK, Übers. Dutoit 1921, 157.
189 Ebd.
190 Ebd.
191 Zu Sañjayins Lehre s. Vogel 1970, 25ff.
192 Dutoit 1906, 134.
193 Dutoit 1906, 130.
194 Dutoit 1906, 131.
195 Ebd.
196 Dutoit 1906, 134.
197 Vogel/Wille 1984.
198 Vgl. Thomas 1975, 95.
199 NK, Übers. Dutoit 1921, 158.
200 Vgl. Thomas 1975, 95f.
201 Vgl. Geng/Klimkeit 1988, 21.
202 Eine solche Liste von Aufenthaltsorten findet sich im Kommentar zum Buddhavaṃsa. Im tibetischen Text ist die ganze Spanne von 45 Lehrjahren bestimmten Aufenthaltsorten zugeordnet, was natürlich ebenfalls eine nachträgliche Historisierung darstellt. Vgl. Thomas 1975, 97 Anm. 1.
203 Dutoit 1906, 137-139.
204 Vgl. auch Kommentar zum Ang.-Nik. I, 301; Jāt. I, 87; Dhp.Kom. I, 113; III, 163.
205 Vgl. Thomas 1975, 97ff.
206 Dutoit 1921, 161.
207 Für die Darstellung in der Kunst vgl. z. B. Seckel 1976, 18 u. Abb. 32.
208 Dutoit 1921, 167.
209 Ebd.
210 Dutoit 1921, 169.
211 Dutoit 1921, 170. Der "siebenfach edle Schatz" ist die geistige Entsprechung zu den "sieben Kleinodien", die ein König besitzt.
212 Thomas 1975, 102.
213 Z. B. Dhp. Kom. I, 133; IV, 124; Aṅg.-Nik. Kom. I, 183, 292; Jāt. I, 87 (vgl. Thomas 1975, 102).
214 Vgl. Thomas 1975, 103.
215 Vgl. Thomas, ebd.
216 Vin. II, 154; Jāt. I, 92; Aṅg.-Nik. Kom. I, 384. Vgl. Thomas 1975, 104.
217 Z. B. Culavagga IV, 4, 9; NK Übers. Dutoit 1921, 171-176.
218 Vgl. Thomas 1975, 105.

219 Jāt. V, 412; Therīg. Kom. 141; Sn. Kom. 357; Aṅg.-Nik. Kom. I, 341.
220 Vgl. Thomas 1975, 109; Dutoit 1906, 155.
221 Udāna IV, 8; Jāt. II, 415; Dhp. III, 474 (vgl. Thomas 1975, 111f.).
222 Vgl. Thomas 1975, 113.
223 Für eine ausführlichere Zusammenstellung der Erzählungen, als sie hier geboten werden kann, s. Thomas 1975, 113ff.
224 Vgl. Thomas 1975, 114.
225 MPS, Vorg. 32d; Waldschmidt 1948a, 200.
226 Texte zur Auseinandersetzung mit dem Brahmanentum finden sich z. B. in von Glasenapp 1966, 195ff.
227 Übers. z. B. in Franke 1913, 168-178.
228 Franke 1913, 170.
229 Ebd.
230 Franke 1913, 176.
231 Franke 1913, 177.
232 Diese Meditation wurde tatsächlich im Yoga geübt. Vgl. Yoga-Sūtra I, 33.
233 Z. B. Dīgh.-Nik. I, 87; II, 80; Majjh.-Nik. II, 83, 125, 147, 177, 196 (= Sn. III, 9).
234 Zit. nach Thomas 1975, 127. vgl. Neumann (II) 1922, 536.
235 Neumann (II) 1922, 542.
236 Vgl. Thomas 1975, 128.
237 Vgl. Schlingloff (II) 1963, 20ff.
238 Man denke nur an die wahre Anbetung im Geiste und in der Wahrheit (Joh. 4, 23).
239 Im gen. Vinaya-Abschnitt werden nicht alle Fleischsorten verboten. Es wird macchamāṃsa, was "Fleisch von Fisch" oder allgemein "Fleisch und Fisch" heißen kann, erlaubt, wobei die verbotenen Fleischsorten aufgezählt werden.
240 So gibt es die "fünf häretischen Ansichten" (Dhs. 68) oder die "zwanzig Arten von Irrlehre" (Nobel 1955, 58, Anm. 3).
241 Vogel 1970, 20.
242 Für Belege im Pāli-Kanon s. Thomas 1975, 129ff., für solche in tib. und chin. Texten (Vinaya der Mūlasarvāstivādins) s. Vogel 1970.
243 In den von Vogel bearbeiteten tib. und chin. Texten wird er an dritter Stelle genannt.
244 Thomas 1975, 130.
245 Waldschmidt 1948a, 228.
246 Waldschmidt 1963, 552.
247 Vgl. Dutoit 1921, 185, s. v. Devadatta.
248 Waldschmidt 1963, 554.
249 Vgl. Waldschmidt 1963, 555.
250 Thomas 1975, 137.
251 Ebd.
252 Das Suttavibhaṅga klassifiziert Übertretungen durch Mönche in 8 Gruppen, angefangen mit der Übertretung der vier pārājika-Regeln, die einen Ausschluß aus dem Orden nach sich ziehen. Diese beinhalten Ausschweifung, Diebstahl, Mord oder Anstiftung dazu und Sich-Rühmen übernatürlicher Kräfte. Insgesamt gibt es 227 Regeln. Sie entsprechen den Bestimmungen, deren in der Beichtzeremonie (prātimokṣa, P.: pātimokkha) gedacht wird.

253 Waldschmidt 1948a, 315ff.
254 Beal 1976, 128ff.
255 Oldenberg 1961, 186.
256 Waldschmidt 1944 und 1948a.
257 Rockhill 1884, 123-247.
258 Vgl. Waldschmidt 1944, 4f.
259 Waldschmidt 1944, 5.
260 Vgl. Waldschmidt 1944, 6ff. Waldschmidt wertet die Vorgänge nach Häufigkeit der Bezeugung in vier Klassen (A-D). Texte der Klasse A sind solche, die in den meisten Versionen bezeugt sind und inhaltlich übereinstimmen. Die Texte der Klasse D sind nur durch einen Textzeugen belegt. Dazwischen liegen die Klassen B und C.
261 Waldschmidt 1944, 58.
262 Diese Verse erscheinen auch im Divyāvadāna, ed. Cowell/Neill 1886, 55ff.
263 Waldschmidt 1944, 64.
264 Vgl. Waldschmidt 1944, 62f.
265 Zu den Parallelen der 2. Vorgangsgruppe im Vinaya der Mūlasarvāstivādins s. Waldschmidt 1944, 67ff.
266 Zu Parallelen im Mahāvagga, Divyāvadāna usw. s. Waldschmidt 1944, 74f.
267 Vgl. Waldschmidt 1944, 75f.
268 Waldschmidt 1944, 76ff.
269 Waldschmidt 1944, 86ff.
270 Waldschmidt 1944, 92ff.
271 Vgl. Waldschmidt 1944, 96.
272 Waldschmidt 1944, 107.
273 Waldschmidt 1944, 102ff.
274 Waldschmidt 1944, 108f.
275 Waldschmidt 1944, 108.
276 Erörterungen über die Identität des Gerichtes bei Waldschmidt 1939, 64 und 76f.
277 Waldschmidt 1944, 149ff.
278 Waldschmidt 1944, 170f.
279 Waldschmidt 1944, 171ff.; vgl. Waldschmidt 1948b ("Wunderkräfte").
280 Waldschmidt 1948a, 190.
281 Dutoit 1906, 287.
282 Vgl. Hahn 1977. Hier werden sieben äußere Formen des Umgangs mit Frauen (Aufmerken auf eine Schöne, Scherzen mit ihr usw.) als ein Verhalten gekennzeichnet, wonach ein Reiner (brahmacārin) noch "mit dem Faktor (dharma) 'geschlechtliche Vereinigung' (maithuna) behaftet ist" (S. 207).
283 Zum späteren Stūpa-Kult und seiner Rechtfertigung s. Schopen 1987.
284 Gemeint sind 1. Kshatriyas, 2. Brahmanen, 3. Haushälter, 4. Hörer. Bemerkenswert ist, daß hier die Kshatriyas an erster Stelle genannt werden.
285 Waldschmidt 1948a, 210.
286 Anschließend wird in einem tibetischen Sondertext (MPS 39) von der Bekehrung des im Himmel der 33 Götter lebenden Gandharvenkönigs Supriya berichtet.- Die Erzählung findet sich auch in Avadāna 17 des Avadānaśataka.

287 Dutoit 1906, 302.
288 Waldschmidt 1948a, 241.
289 Klimkeit 1977.
290 Vgl. Waldschmidt 1948a, 243.
291 Waldschmidt 1926, 46f.; vgl. Waldschmidt 1948a, 246.
292 Waldschmidt 1948a, 248f.
293 Vgl. Waldschmidt 1948a, 252-254.
294 Sumangalavilasini ed. PTS, Pt. II, 605ff.
295 Vgl. Anm. 286.
296 Vgl. Waldschmidt 1948, 263f.; Caland 1896, 142ff.
297 Vgl. Waldschmidt 1948a, 265.
298 Waldschmidt 1948a, 268; vgl. die dort gen. Berichte.
299 Der Text ist Nanjio Nr. 115; Skr.-Bruchstücke in Yuyama 1981 und Bongard-Levin 1986.
300 Waldschmidt 1948a, 269.
301 Zit. nach Ebert 1980, 296 (Schreibung angepaßt).
302 Waldschmidt 1948a, 273.
303 Wenn nun von einer zweiten Konservierung des Leichnams gesprochen wird (MPS 49b, MPP 45b), so ist die ursprüngliche Bedeutung der Maßnahmen offenbar in Vergessenheit geraten, denn sogleich danach wird vom Errichten des Scheiterhaufens gesprochen.
304 Waldschmidt 1948a, 298.
305 Ed. PTS Part II, 603.
306 Zit. nach Waldschmidt 1948, 298f.
307 Vgl. Franke 1913, 252ff.
308 Vgl. Waldschmidt 1948a, 313ff.
309 Vgl. Waldschmidt 1948a, 321ff.
310 Vgl. Mahāvaṃsa 17; Dathavaṃsa 2, 57ff. Diese Erzählungen werden noch durch weitere ergänzt, die davon berichten, wie Reliquien des Buddha nach Ceylon bzw. nach Nordwest-Indien gelangten, wo jeweils ein ausgeprägter Reliquienkult entstand. Sie sind z. B. mitgeteilt bei Fa-hsien (Legge 1965, 30ff.) und Hsüen-tsang (Beal 1976, 63ff.).
311 S. dazu wiederum Schopen 1987.
312 Waldschmidt 1948a, 299.
313 Yuyama 1981, 20f. (Text) und 23ff. (Übers.).
314 Yuyama 1981, 37ff. (Text) und 39ff. (Übers.).
315 F. M. Müller 1884, 304-306; Hurvitz 1976, 240f.; von Borsig 1986, 127-129.
316 Die Erzählung vom geschickten Arzt ist Teil dieses Kapitels: XV im Skr.-Text, XVI in der chin. Übers. des Kumārajīva. F. M. Müller 1884, 298-310; Hurvitz 1976, 237-244; von Borsig 1986, 117-134.
317 Der Text im MPP weist hier einen Überlieferungsfehler auf, wenn von den 500 Tücherpaaren nur zwei, nämlich das äußerste und innerste, nicht verbrennen. Vgl. Waldschmidt 1948a, 305f.
318 Ebd.
319 Nach Yamamoto 1973 (I), 69.
320 von Borsig 1986, 130-133.

Anmerkungen zu Kap. III:

1 Beckh 1980, 135.
2 Ebd.
3 Beckh 1980, 137.
4 Vgl. Blau 1893 (Index zu Otto Böhtlingks Indischen Sprüchen), 5: "Askese, Kasteiungen. Werth der -". S. dazu Böhtlingk 1966.
5 Vgl. Blau 1893, 18: "Erkenntnis".
6 Beckh 1980, 137f.
7 Zit. nach Beckh 1980, 146; vgl. Franke 1913, 185.
8 Franke 1913, 48-85; vgl. Beckh 1980, 146f.
9 Beckh 1980, 149.
10 Zit. nach Beckh 1980, 152.
11 Vgl. Blau 1893, 56: "Reinheit".
12 Beckh 1980, 155.
13 Plastisch wird das fehlende Zügeln der Sinne im Hinblick auf seine verheerenden Folgen vielfach in der indischen Spruchweisheit geschildert. Vgl. Blau 1893, 6ff.: "Begehren, Leidenschaften, Sinnlichkeit".
14 Zit. nach Beckh 1980, 157.
15 Vgl. Beckh 1980, 110f.; Mensching 1926.
16 Zit. nach Beckh 1980, 157.
17 Beckh 1980, 157f.
18 Vgl. Beckh 1980, 161.
19 Zit. nach Beckh 1980, 162.
20 Vgl. Beckh 1980, 162.
21 Beckh 1980, 163.
22 Vgl. Beckh 1980, 166.
23 So nach Dietz 1984, 548.
24 Franke 1913, 74.
25 Waldschmidt 1982, 165 (vgl. zu den Versenkungsstufen Eimer 1976, 24).
26 Ebd.
27 Ebd.
28 Ebd.
29 Ebd.
30 Beckh 1980, 168.
31 Beckh 1980, 169.
32 Beckh 1980, 172.
33 Beckh 1980, 173.
34 Beckh 1980, 174.
35 Ebd.
36 Vgl. Seckel 1957, 182ff.
37 Beckh 1980, 178.
38 Beckh 1980, 179.
39 Vgl. Windisch 1895; Boyd 1975.
40 Beckh 1980, 181.
41 Beckh 1980, 182.
42 Beckh 1980, 183.
43 Ebd.

44 Franke 1913, 54.
45 Zum CPS vgl. Kloppenborg 1973, 4.
46 Beckh 1980, 185.
47 Franke 1913, 78.
48 Ebd.
49 Franke 1913, 77f.
50 Pérez-Remón 1980.
51 Englische Übers. in T. W. Rhys Davids 1965.
52 Franke 1913, 145-160.
53 Franke 1913, 158.
54 Beckh 1980, 187.
55 Beckh folgert hieraus, daß ein Ich letztlich nicht geleugnet wird, sondern die Endgültigkeit irgendeines Ich-Erlebens. Beckh 1980, 187.
56 Franke 1913, 79.
57 Pāyāsi-Sutta 5: "Dieser Mond und diese Sonne ... sind in einer anderen Welt, nicht in dieser; sie sind Götter, nicht Menschen."
58 Vgl. Winternitz 1929, 32ff.; Waldschmidt 1932, 207-225 ("Das Daśabalasūtra") und 347-370 ("Ein zweites Daśabalasūtra").
59 Mensching 1957, 34f.
60 Mensching 1957, 37.
61 Vgl. Mensching 1957, 36.
62 Beckh 1980, 191.
63 Vgl. Beckh 1980, 193ff.; Nyanatiloka 1952 (Buddhistisches Wörterbuch), 220 nennt "die Erinnerung an frühere Daseinsformen, das Himmlische Auge und die Triebversiegung". So auch Eimer 1976, 54.
64 Beckh 1980, 193.
65 Vgl. Hamm 1976, 227.
66 Zit. nach Hamm, ebd.
67 Hamm 1976, 228.
68 Zit. nach Hamm, ebd.
69 Zit. nach Hamm, ebd.
70 Beckh 1980, 194f.
71 Franke 1913, 81.
72 Franke 1913, 82.
73 Franke 1913, 83f.
74 Franke 1913, 83.
75 Franke 1913, 84.
76 Beckh 1980, 200.
77 Beckh 1980, 201.
78 Bareau 1969, 33.
79 Vgl. Birnbaum 1979, 3-23.
80 Geng/Klimkeit 1988 I, 31.
81 Vgl. Mensching 1957, 36ff.
82 Vgl. Waldschmidt 1967 (396-411: "Die Erleuchtung des Buddha"), 396.
83 Vgl. Waldschmidt 1982, 167ff.
84 Hamm 1975, 337ff.
85 Hier unterscheiden wir uns von Beckh, der die ersten Glieder bis zum vierten als etwas ansieht, was sich "noch jenseits der Persönlichkeit abspielt", weil die Persönlichkeit "erst ... mit nāma-rūpa erreicht wird". Beckh 1980, 212.

86 Vgl. dazu Hamm 1975, 335ff.
87 Hamm 1975, 335.
88 Zit. nach Beckh 1980, 211.
89 Hacker 1965, 100ff.
90 Beckh 1980, 210.
91 Tekin 1980 I, 122.
92 Ebd., 121.
93 Ebd.
94 Rockhill 1884, 48.
95 Ed. Cowell/Neill 1886, 3000. Vgl. Schlingloff 1971, 326f.
96 Schlingloff 1971, 327ff.
97 Beckh 1980, 216.
98 Hazai 1975, 99.
99 Zit. nach Beckh 1980, 218f.
100 Zit. nach Mensching 1955, 209 (Übers. Seidenstücker).
101 Schmithausen 1969, 41-43.
102 Zum Nirvāna als positivem Zustand s. Mensching 1955, 205ff.; von Glasenapp o. J., 150f.
103 Franke 1913, 83.
104 Zit. nach Beckh 1980, 228. Vgl. Mensching 1955, 210 (Übers. Seidenstücker).
105 Zit. nach Beckh, ebd.; vgl. Mensching 1955, 209 (Übers. Seidenstücker).
106 Mensching 1955, 336 (Anm. 12).
107 Zit. nach Mensching 1955, 217 (Übers. Oldenberg).
108 Seckel 1976, 10ff.; Schlingloff 1987a, 309ff.
109 Franke 1907, 70.
110 Zit. nach Ebert 1980, 297.
111 Beckh 1980, 232.
112 Geng/Klimkeit 1988 I, 25-27.
113 Geng/Klimkeit 1985, 102.

V. Anhang

1. Buddhistische Schulen

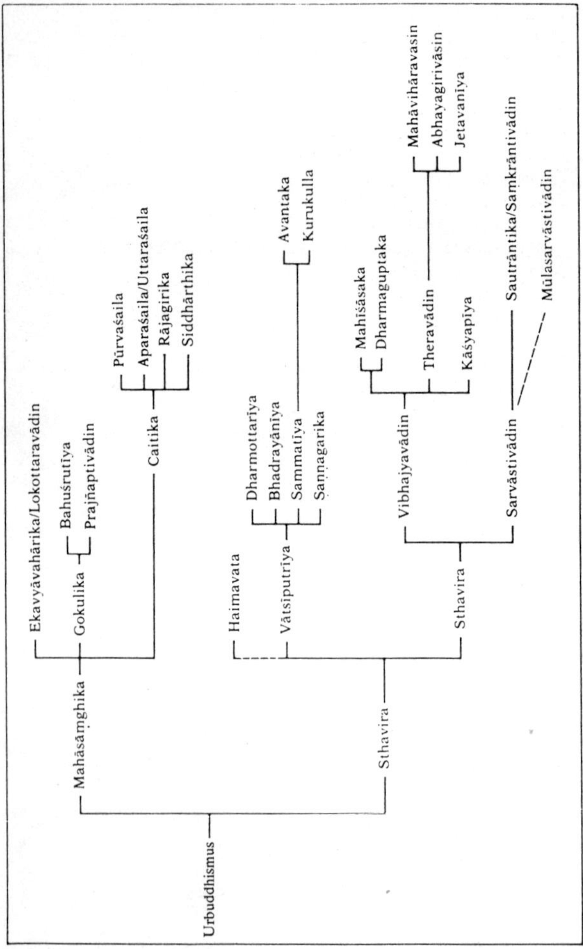

Aus: Encyclopedia of Religion. Edited by: M. Eliade. Figure 1, p. 447, Vol. 2.

2. Buddhistische Begriffsreihen

A. Zweierreihen

2.1 Die zwei Hemmnisse (Hindernisse) (āvaraṇa):

1. Die durch Befleckung (kleśa) hervorgerufenen Hemmnisse,
2. die durch das Erkennbare (jñeya) hervorgerufenen Hemmnisse.

2.2 Die zwei Arten von Befleckung (kleśa, āsrava):

1. Befleckungen (Leidenschaften) oder Leiden, insofern sie von schlechten Neigungen, Unwissenheit usw. herrühren (niṣkleśa),
2. Nöte oder Leiden infolge äußerer Drangsale (saṃkleśa).

2.3 Die zwei Arten Nirvāṇa:

1. Nirvāṇa mit Substratrest (sa-upadhiśeṣa-nirvāṇa),
2. Nirvāṇa ohne Substratrest (an-upadhiśeṣa-nirvāṇa).

B. Dreierreihen

3.1 Die drei unheilvollen Einströmungen (üblen Einflüsse) (āsrava, āśrava), s. auch die 4 āsravas:

1. der Begierde (kāma),
2. des Werdens (bhava),
3. des Nichtwissens (avidyā).

3.2 Die drei Wurzeln des Heilswidrigen (des Lasters) (akuśala-mūla):

1. Leidenschaft, Begierde (rāga),
2. Zorn, Haß (dveṣa),
3. Unwissenheit, Verblendung (moha).

3.3 Die drei Hindernisse (āvaraṇa):

1. Hindernisse der Tat (karma-āvaraṇa),
2. durch Befleckung (kleśa) hervorgerufene Hindernisse (kleśa-āvaraṇa),
3. Hindernisse infolge der Vergeltung der Taten (d. h. Wiedergeburten in den drei schlechten Existenzen) (vipāka-āvaraṇa).

3.4 Die drei "speziellen Konzentrationen der Aufmerksamkeit" (āveṇika smṛtyupasthāna):

Es sind dies drei für den Buddha charakteristische Konzentrationen. Er besitzt gleichen Sinn (samacittatā) gegenüber denen, die die Predigt hören wollen, die sie nicht hören wollen und die sie teils hören, teils nicht hören wollen.

3.5 Die drei Daseinsbereiche (bhava):

1. Daseinsbereich der Sinnenwelt (kāmabhava),
2. feinkörperlicher Daseinsbereich (rūpabhava),
3. unkörperlicher Daseinsbereich (arūpabhava).

3.6 Die drei Gifte (vgl. die 3 akuśala-mūla):

1. Gier (lobha),
2. Zorn, Haß (dveṣa),
3. Unwissenheit (moha).

3.7 Die drei schlechten Existenzformen (durgati) (s. die 6 gati):

Existenz
1. in der Hölle (naraka),
2. als Tier (tiryañc),
3. als Hungergeist (preta).

3.8 Die drei Arten von Wissen (jñāna) (s. auch die 6 abhijñā):

Das Wissen
1. des himmlischen Auges (divyacakṣur-jñāna),
2. der Erinnerung an die früheren Existenzen (pūrvanivāsānusmṛti-jñāna),
3. von der Vernichtung der Unreinheiten (āsravakṣaya-jñāna).

3.9 Die drei Körper (kāya) des Buddha:

1. der Körper der Lehre (dharma-kāya),
2. der Körper des Genusses (sambhoga-kāya),
3. der (magische) Verwandlungskörper (nirmāṇa-kāya).

3.10 Die drei "Wurzeln des Heilvollen (der Tugend)" (kuśalamūla), d.i. Freisein von den "Wurzeln des Heilswidrigen" (s. akuśala-mūla):

1. Freiheit von Begierde (alobha),
2. Freiheit von Haß/Zorn (adveṣa),
3. Freiheit von Unwissenheit (amoha).

3.11 Die dreifache übernatürliche Fähigkeit (prātihārya):

1. die Fähigkeit, die aus Wunderkraft resultiert (ṛddhi-prātihārya),
2. die Fähigkeit, die Gedanken anderer zu lesen (ādeśanā-prātihārya),
3. die Fähigkeit zur rechten Belehrung (anuśāsanī-prātihārya).

3.12 Die drei Fesseln (saṃyojana) (s. auch die 5 und die 10 saṃyojana):

1. Hängen an Regeln und Riten (śīlavrataparāmarśa),
2. falsche Ansicht über die Existenz der Persönlichkeit (svakāyamithyādṛṣṭi),
3. Zweifel (vicikitsā).

3.13 Drei gute Existenzformen (sugati) (s. auch die 6 gati):

Existenz
1. als Gott (deva),
2. als Halbgott (asura),
3. als Mensch (manuṣya).

3.14 Das dreifache Wissen (traividyā):

1. Kenntnis der früheren (eigenen) Geburten (pūrvanivāsānusmṛti-jñāna),
2. Kenntnis der zukünftigen Geburten, oder: Kenntnis von der Auswirkung der Wunderkräfte (ṛddhividdhi-jñāna),
3. das Wissen um die Vernichtung der unheilvollen Einströmungen (āśravakṣaya-jñāna) (vgl. Eimer 1976, 54 und 75).

3.15 Die drei Juwelen (triratna):

1. der Buddha,
2. die Lehre (dharma),
3. die Gemeinde (saṃgha).

3.16 Die drei Stufen zur Erleuchtung (s. auch die 4 dharma-skandha):

1. Sittlichkeit (śīla),
2. Versenkung (samādhi),
3. Erkenntnis, Weisheit (prajñā).

C. Viererreihen

4.1 Die vier "Unermeßlichen" (apramāṇa, auch brahmavihāra):

1. Güte (maitrī),
2. Mitleid (karuṇā),
3. Freude (muditā),
4. Gleichmut (upekṣa).

4.2 Die vier formlosen (abstrakten) Versenkungsstufen (arūpya dhyāna):

der Bereich
1. der Raumunendlichkeit,
2. der Bewußtseinsunendlichkeit,
3. des Nichts,
4. in dem es weder Wahrnehmung noch Nichtwahrnehmung gibt (vgl. Eimer 1976, 59).

4.3 Die vier edlen Wahrheiten (ārya-satya):

1. Leiden (dukha),
2. die Entstehung (des Leidens) (samudaya),
3. die Vernichtung (des Leidens) (nirodha),
4. der Weg, der zur Vernichtung des Leidens führt (= der edle, achtfältige Pfad) (duhkhanirodhagāminī pratipad).

4.4 Die vier unheilvollen Einströmungen (āśrava):

1. der Begierde (kāma),
2. des Werdens (bhava),
3. des Nichtwissens (avidyā),
4. der (falschen) Ansicht (dṛṣṭi).

4.5 Die vier "Bestandteile der Wunderkraft" (ṛddhipāda) des Buddha. Es ist dies die aus Bemühen und Willenskraft entstandene Wunderkraft, die mit

1. "der Sammlung des Eifers" (chanda),
2. "der Sammlung des Geistes" (citta),
3. "der Sammlung der Energie" (vīrya),
4. "der Sammlung der Reflexion" (mimāṃsa) versehen ist (vgl. Dietz 1984, 543f.).

4.6 Die vier "Gruppen der Lehre" (dharma-skandha):

1. Sittlichkeit (śīla),
2. Versenkung (samādhi),
3. Erkenntnis (prajñā),
4. Erlösung (vimokṣa, vimukti).

4.7 Die vier Stadien der Meditation (Stufen der Versenkung) (dhyāna):

1. "die mit Erwägung und Überlegung behaftete, in der Abgeschiedenheit entstehende, Freude und Glück enthaltende erste Versenkung",
2. "die von Erwägung und Überlegung freie, aus der Sammlung entstehende, Freude und Glück enthaltende zweite Versenkung",
3. die in Gleichmut und Achtsamkeit geübte, "von Freude freie dritte Versenkung",
4. "die von Leid und Glück freie, durch Gleichmut und Achtsamkeit völlig reine vierte Versenkung" (vgl. Dietz 1984, 547f.).

4.8 Die vier Hauptelemente (mahābhuta) (s. auch die 6 dhātu):

1. Erde (pṛthvī),
2. Wasser (ap),
3. Feuer (tejas),
4. Wind (vāyu).

4.9 Die vier "Erweckungen der Achtsamkeit" oder "Anwendungsbereiche der Besonnenheit" (d. h. ernste Meditationen) (smṛtyupasthāna):

Erweckung der Achtsamkeit bez.
1. des Körpers (kāya),
2. der Empfindung (vedanā),
3. des Geistes (citta),
4. der Daseinsobjekte (dharma).

4.10 Die vier Arten der Gewißheit/Selbstsicherheit eines Buddha (vaiśāradya):

Gewißheit,
1. daß er völlig erleuchtet ist,
2. daß bei ihm alle Befleckungen (kleśas) geschwunden sind,
3. daß er die Hindernisse richtig erkannt und erklärt hat,
4. daß der Weg, den er verkündet, tatsächlich zum Nirvāṇa führt (Vgl. Schlingloff 1963, 37; Geng/Klimkeit 1988, I, 109).

D. Fünferreihen

5.1 Die fünf transzendenten Erkenntnisse (übernatürliche Fähigkeiten: abhijñā) (s. auch die 6 abhijñā):
1. das himmlische Auge (divyacakṣus),
2. das himmlische Gehör (divyaśrota),
3. das Wissen um die Gedanken anderer (paricitta-jñāna),
4. das Wissen der Erinnerung an frühere Geburten (pūrvanivāsānusmṛti-jñāna),
5. das Wissen von der Ausübung von Wunderkräften (ṛddhividhi-jñāna).

5.2 Die fünf schweren (unverzeihlichen) Sünden (ānantarya):
1. Muttermord (matṛghāta),
2. Erschlagen eines Arhat (arhadghāta),
3. Vatermord (pitṛghāta),
4. Ordensspaltung (saṃghabheda),
5. "das Blut eines Tathāgatha in boshafter Gesinnung vergießen" (vgl. Dietz 1984, 541).

5.3 Die fünf Kräfte (bala):
a) s. die 5 indriya,
b) die Reihe von 5 Kräftekategorien:
   1. die von den Eltern erworbene Kraft (mātapatṛka-bala),
   2. die Aufbaukraft (bhavana-bala),
   3. die Kraft des Verdienstes (puṇya-bala),
   4. die Kraft der Einsicht (prajñā-bala),
   5. die daraus erwachsene Wunderkraft (ṛddhi-bala) (vgl. auch BHSD 398a; Dhs. 48; Eimer 1976, 43).

5.4 Die fünf Existenzformen (gati) (s. auch die 6 gati):

Die Existenz als
1. Gott (deva),
2. Mensch (manuṣya),
3. Tier (tiryañc),
4. Hungergeist (preta),
5. Bewohner der Hölle (naraka).

5.5 Die fünf Fähigkeiten (moralischer Qualitäten) (indriya):
1. Glaube, gläubiges Vertrauen (śraddhā),
2. Energie, Tatkraft (vīrya),
3. Achtsamkeit (smṛti),
4. Sammlung, Versenkung (samādhi),
5. Weisheit, Erkenntnis (prajñā).

5.6 Die fünf Hindernisse (des Heilvollen) (nīvaraṇa):
1. Sinnenlust (kāmacchanda),
2. Bosheit (vyāpāda),
3. Apathie und Schläfrigkeit (styānamiddha),
4. Frivolität und Gewissensunruhe (auddhatyakaukṛtya),
5. Zweifel (vicikitsā).

5.7 Die fünf "glücklichen Zustände" (sampadā):
1. Sittlichkeit, Zucht (śīla),
2. Versenkung, Meditation (samādhi),
3. Erkenntnis, Wissen (prajñā),
4. Erlösung (vimukti),
5. der Erkenntnisblick der Erlösung (vimukti-jñāna-darśaṇa).

5.8 Die fünf Fesseln (saṃyojana):
1. das Hängen an Regeln und Riten (d.h. das leichtgläubige Vertrauen darauf) (śīlavrataparāmarśa),
2. der (falsche) Glaube an die Existenz der Persönlichkeit (svakāyamithyadṛṣṭi),
3. der Zweifel (vicikitsā),
4. sinnliches Begehren (kāma),
5. Böswilligkeit (vyāpāda).

5.9 Die fünf Gruppen von Daseinselementen ("Daseinsgruppen") (skandha), auch die fünf "Gruppen des Anhaftens" (upādānaskandha):
1. die sinnlich wahrnehmbare Gestalt, der Körper (rūpa),
2. die Empfindung, das Gefühl (vedanā),
3. die Wahrnehmung, Unterscheidung (samjñā),
4. die "Gestaltungen", Willensregungen, Geistesformationen (saṃskāra),
5. das Bewußtsein (vijñāna).

5.10 Die fünf Gifte (viṣa):
1. Begierde, Leidenschaft (kāmarāga),
2. Haß (dveṣa),
3. Unwissenheit, Verblendung (moha),
4. Hochmut (ahaṃkāra),
5. Neid (īṛsyā).

E. Sechserreihen

6.1 Die sechs transzendenten Erkenntnisse (übernatürliche Fähigkeiten: abhijñā): s. die 5 abhijñā; hinzu kommt
6. das Wissen um die Vernichtung der unheilvollen Einströmungen (āśravas) (āsravakṣaya-jñāna).

6.2 Die sechs üblen Anlagen (anuśaya):
1. Begierde, Leidenschaft (kāmarāga),
2. Widerwille (pratigha),
3. Stolz (māna),
4. Nichtwissen (avidyā),
5. falsche Ansicht (dṛṣṭi),
6. Zweifel (vicitiksā).

6.3 Die sechs Betrachtungen (anusmṛti) (s. auch die 10 anusmṛti):
Es sind Betrachtungen über
1. den Buddha,
2. die Lehre (dharma),
3. die Gemeinde (saṃgha),
4. die Sittlichkeit (śīla),
5. die Freigiebigkeit (tyāga),
6. die Güte (devatā).

6.4 Die sechs Elemente (dhātu) (s. auch die 4 mahābhūta):
1. Erde (pṛthvī),
2. Wasser (ap),
3. Feuer (tejas),
4. Wind (vāyu),
5. Raum (ākāśa),
6. Bewußtsein (vijñāna) oder Zeit (ṛtu).

6.5 Die sechs Existenzformen (gati):
Existenz als
1. Gott (deva),
2. Halbgott (asura),
3. Mensch (manuṣya),
4. Tier (tiryañc),
5. Hungergeist (preta),
6. Bewohner der Hölle (naraka).

6.6 Die sechs (moralischen) Vollkommenheiten (pāramitā) (s. auch die 10 pāramitā):

1. Freigiebigkeit (dāna),
2. Sittlichkeit (śīla),
3. Geduld (kṣānti),
4. Energie (vīrya),
5. Versenkung (dhyāna),
6. Weisheit (prajñā).

F. Siebenerreihen

7.1 Die sieben üblen Anlagen (anuśaya) s. die 6 anuśaya:
hinzu kommt 7. die Daseinsliebe (bhavarāga) (zwischen 2. und 3.).

7.2 Die sieben zur Erleuchtung führenden Gegebenheiten (bodhipakṣya dharma). Es sind dies 7 Gruppen von Untergruppen; insgesamt ergeben sich dabei 37 Glieder:

1. (4) "Erweckungen der Achtsamkeit" (smṛtyupasthāna),
2. (4) "richtiges Bemühen" (samyakprahāṇa),
3. (4) Bestandteile der Wunderkraft (ṛddhipāda),
4. (5) Fähigkeiten (indriya),
5. (5) Kräfte (bala),
6. (7) Glieder der Erleuchtung (bodhyaṅga),
7. (8) edler achtfältiger Pfad (ārya-aṣṭāṅga-mārga).

7.3 Die sieben "Glieder der Erleuchtung" (bodhyaṅga):

1. Achtsamkeit (smṛti),
2. "Untersuchung der Gegebenheiten" (d. h. Verstehen der dharmas) (dharmapravicaya),
3. Energie (vīrya),
4. Freude (prīti),
5. Beruhigung (praśrabdhi),
6. Sammlung, Versenkung, Meditation (samādhi),
7. Gleichmut (upekṣā).

G. Achterreihen

8.1 Die acht "Stufen des Überwindens" (abhibhāyatana): Wahrnehmung von

1. begrenzten Formen und Kontrolle dieser Wahrnehmung,
2. unendlichen Formen und Kontrolle dieser Wahrnehmung,
3. keinen Formen mehr in sich und begrenzten Formen in der Außenwelt,
4. keinen Formen in sich und unbegrenzten Formen in der Außenwelt,

5. keinen Formen in sich und blauschwarzen Formen in der Außenwelt,
6. gelben Formen,
7. ... roten Formen,
8. ... weißen Formen (nach Eimer 1976, 64).

8.2 Die acht (bzw. 9) Stufen der Versenkung (dhyāna) (s. die 4 dhyāna):

a) die vier Versenkungen der feinkörperlichen Sphäre (rūpa-dhyāna):
   - die 1. Versenkung,
   - die 2. Versenkung,
   - die 3. Versenkung,
   - die 4. Versenkung,

b) die vier Bereiche der formlosen (abstrakten) Versenkungsstufen (Bewußtseinszustände des Formlosen) (arūpya-dhyāna), nämlich der Bereich
   5. der Raumunendlichkeit,
   6. der Bewußtseinsunendlichkeit,
   7. des Nichts,
   8. in dem es weder Wahrnehmung noch Nichtwahrnehmung gibt (vgl. Eimer 1976, 147).

Manche Texte wie MPS (42c) und MPP (89c) kennen noch eine 5. und höchste Stufe der abstrakten Versenkung, also eine 9. Meditationsstufe, nämlich die der Region des Auslöschens von Bewußtsein und Empfindung.

8.3 Der edle achtfache Pfad (ārya-aṣṭaṅga-mārga):
1. rechte Ansicht (samyagdṛṣṭi),
2. rechter Entschluß (samyaksaṃkalpa),
3. rechte Rede (samyagvāc),
4. rechtes Verhalten (samyakkarmānta),
5. rechtes Leben (samyagājīva),
6. rechte Anstrengung (samyagvyāyāma),
7. rechte Bewußtheit (samyaksmṛti),
8. rechte Sammlung (samyaksamādhi).

8.4 Die acht "Grundlagen der Unterweisung" (śikṣapāda): Aufgeben von
1. Töten der Lebewesen (prāṇātipāta-virati),
2. Diebstahl (adattādāna-virati),
3. unkeuschem Wandel (abrahmacaryā-virati),
4. Lüge (mṛṣāvāda-virati),
5. berauschenden Getränken (madhyapāna-virati),
6. Wohlgerüchen, Kränzen, Salben und Schminke, Tanz, Gesang und Instrumentalmusik (gandha-mālya-veli-panavarṇaka-dhārana-virati),
7. einer hohen und großen Lagerstatt (uccaśayanamahāśayana-virati),
8. Mahlzeiten zur Unzeit (vikālabhojana-virati).

H. Zehnerreihen

10.1 Die zehn "heilswidrigen Handlungsweisen" (akuśala-karmapatha):
1. Töten von Lebewesen (prāṇātighāta),
2. Diebstahl (adattādāna),
3. Unkeuschheit (kāmamithyācāra),
4. Lügen (mṛṣāvāda),
5. grobe Rede (pāruṣya),
6. sinnlose Rede (saṃbhinnapralāpa),
7. Verleumdung (paiśunya),
8. Habgier (abhidyā),
9. Bosheit (vyāpāda),
10. falsche Ansicht (mithyādṛṣṭi).

Die 10 "heilwidrigen Handlungsweisen" (Sünden) zerfallen also in 3 des Körpers (1.-3.), 4 der Rede (4.-7.) und 3 des Geistes (8.-10.).

10.2 Die zehn Betrachtungen (anusmṛti) s. die 6 anusmṛti;
hinzu kommen Betrachtungen über
7. den Tod (maraṇa),
8. den Körper (kāya),
9. das Ein- und Ausatmen (ānāpāna),
10. den Frieden (upasama) (vgl. BHSD 36b).

10.3 Die zehn Kräfte eines Buddha (daśabala): Kraft des Erkennens
1. dessen, was möglich und unmöglich ist,
2. der Reifung des karma,
3. der verschiedenartigen Neigungen (der Wesen),
4. der verschiedenartigen Elemente,
5. der höheren und niederen Fähigkeiten (der Wesen),
6. des Weges, der überall hinführt,
7. der Befleckung, der Läuterung bei und des Sicherhebens aus allen Versenkungen, Befreiungen, Sammlungen und meditativen Erreichenszuständen,
8. der Erinnerung an frühere Existenzformen,
9. des Vergehens und Entstehens,
10. der Vernichtung der (üblen) Einflüsse (āsrava) (vgl. Dietz 1984, 549f.).

10.4 Die zehn "Stätten" (Stufen) (daśabhūmi):
Es sind dies 10 Stufen der Vollkommenheit, nämlich
1. die freudige (pramuditā),
2. die reine (vimalā),
3. die leuchtende (prabhākarī),
4. die strahlende (arusmati),
5. die schwer erringbare (sudurjayā),
6. die zugewandte (abhimukhī),
7. die weiterreichende (dūraṅgamā),
8. die unbewegliche (acalā),
9. die mit frommer Einsicht versehene (sūdhumatī),
10. die mit der "Wolke der Lehre" versehene (dharmameghā).

10.5 Die zehn üblen Handlungsweisen (karmapatha) s. die 10 akuśala-karmapatha.

10.6 Die zehn heilvollen Handlungsweisen (kuśala-karmapatha):
Sie bestehen im Aufgeben der 10 heilswidrigen Handlungsweisen (akuśala-karmapatha).

10.7 Die zehn (moralischen) Vollkommenheiten (pāramitā) s. die 6 pāramitā; hinzu kommen
7. Geschicklichkeit in den Mitteln (der Lehrverkündigung) (upāya),
8. Vorsatz bzw. Verzicht (praṇidhāna),
9. Kraft (bala),
10. Wissen (jñāna).

10.8 Die zehn magischen Kräfte (Fähigkeiten) (ṛddhi):
1. die Fähigkeit, sich zu vervielfältigen,
2. die Macht der Verwandlung, d. h. die Fähigkeit, eine andere Gestalt anzunehmen,
3. die Macht des "geistigen Erzeugens", d. h. die Fähigkeit, aus dem Körper einen anderen geistgezeugten hervorgehen zu lassen,
4. die Macht durchdringender Erkenntnis, d. h. die Fähigkeit, kraft innewohnender Erkenntnis in Gefahren unversehrt zu bleiben,
5. die Macht durchdringender Sammlung,
6. die "edle Macht", d. h. die Fähigkeit, seine Vorstellungen so zu beherrschen, daß man bei allem gleichgültig bleibt,
7. die durch karma verursachte Fähigkeit, die z. B. das Durchschweben der Luft ermöglicht usw.,
8. die "Macht des Verdienstvollen", d. h. die Fähigkeit, die aus früheren Verdiensten erwächst,
9. die Macht der Zauberei,
10. die Macht, die aus rechtem Streben erwächst.

10.9 Die 10 Fesseln (saṃyojana) s. die 5 saṃyojana; hinzu kommen

6. Verlangen nach körperlicher Wiedergeburt (rūparāga),
7. Verlangen nach unkörperlicher Wiedergeburt (arūparāga),
8. Stolz (auddhatya),
9. Erregung (māna),
10. Unwissenheit (avidyā) (vgl. BHSD 538b).

10.10 Die zehn "Grundlagen der Unterweisung" (d. h. Sittenregeln: sikṣapāda) s. die 10 akuśala-karmapātha.

I. Zwölferreihen

12.1 Die zwölf Sinnesbereiche (āyatana):

1. Auge (cakṣus),
2. Form (rūpa),
3. Ohr (śrota),
4. Ton (śabda),
5. Nase (ghrāṇa),
6. Geruch (gandha),
7. Zunge (jihvā),
8. Geschmack (rasa),
9. Körper (kāya),
10. Tastobjekt (spraṣṭavya),
11. Geist (manas),
12. Denkobjekt (dharma).

12.2 Die zwölffache Ursachenkette (pratītyasamutpāda):

1. Nichtwissen (avidyā),
2. karmische Kräfte, Gestaltungen (samskāra),
3. Bewußtsein (vijñāna),
4. Name und Form (nāma-rūpa),
5. die "sechs Bereiche" (d. h. Sinne: ṣaḍāyatana),
6. Berührung (sparśa),
7. Empfindung (vedanā),
8. Gier (tṛṣṇā),
9. Ergreifen (upādāna),
10. Werden (bhava),
11. Geburt (jāti),
12. Altern und Sterben (jarāmaraṇa).

J. Achtzehnerreihen

18.1 Die achtzehn "unabhängigen Bedingungen" (āveṇika-dharma):
Es sind dies 18 Qualitäten eines Vollendeten, also eines Buddha, z. B. "der Körper des Vollendeten strauchelt nicht", "der Vollendete redet nichts Unnötiges", "die Erinnerung des Vollendeten ist niemals irrig" usw. (Mvy 135ff.). Diese Qualitäten sind nur dem Buddha eigen. Aber auch einem Bodhisattva werden 18 āveṇika-dharmas zugeschrieben, die etwas anderer Natur sind (Mvy 786ff.) (s. hierzu Nobel 1958, 59).

18.2 Die 18 Elemente (dhātu):
1. Auge (cakṣus),
2. Form (rūpa),
3. Sehbewußtsein (cakṣurvijñāna),
4. Ohr (śrotra),
5. Ton (śabda),
6. Hörbewußtsein (śrotravojñāna),
7. Nase (ghrāṇa),
8. Geruch (gandha),
9. Riechbewußtsein (ghrāṇavijñāna),
10. Zunge (jihvā),
11. Geschmack (rasa),
12. Schmeckbewußtsein (jihvāvijñāna),
13. Körper (kāya),
14. Tastobjekt (spraṣṭavya),
15. Körperbewußtsein (kāyavijñāna),
16. Geist (manas),
17. Denkobjekt (dharma),
18. Geistesbewußtsein (manovijñāna).

18.3 18 für den Buddha kennzeichnende Eigenschaften:
Das sind die 10 Kräfte (daśa balāni, s. bala), die 3 "speziellen Konzentrationen der Aufmerksamkeit" (s. 3 āveṇika smṛtyupasthāna), die 4 Formen der Gewißheit (vaiśāradya) und das große Mitleid (mahākāruṇa) (s. Schlingloff 1963, 36-38).

K. Zweiunddreißiger-Reihen

32.1 Die 32 Kennzeichen (Hauptmerkmale: lakṣaṇa) eines Buddha:

1. Seine Füße sind wohl gefügt,
2. seine Hände und Füße sind mit Rädern geschmückt,
3. seine Finger und Zehen sind lang,
4. er hat lange Hacken,
5. seine Hände und Füße sind weich und zart,
6. sein Fußspann ist vorspringend (Mppś. Nr. 7) bzw. seine Fußsohle ist gewölbt (Mvy 260 (25)),
7. seine Unterschenkel sind wie die einer Antilope,
8. in aufrechter Haltung stehend kann er seine beiden Knie berühren,
9. sein Schamglied ist verborgen,
10. sein Körper hat die Rundlichkeit eines Feigenbaumes,
11. seine Körperhaare sind aufgerichtet,
12. aus jeder Pore wachsen Haare einzeln empor,
13. sein Körper ist goldfarben,
14. seine Haut ist feinporig,
15. sein Körper hat "sieben gewölbte Stellen" (die beiden Hände, die beiden Füße, die beiden Schultern und der Nacken),
16. die Ausbuchtung zwischen seinen Schultern ist bedeckt,
17. sein Oberkörper ist wie der eines Löwen,
18. er hat einen großen und aufrechten Körper,
19. er hat vollendet abgerundete Schultern,
20. er hat 40 Zähne,
21. seine Zähne stehen nicht auseinander,
22. er hat gleichmäßige Zähne,
23. er hat weiße Zähne,
24. sein Kiefer ist wie der Unterkiefer eines Löwen,
25. er besitzt "den besten Wohlgeschmack",
26. seine Zunge ist lang,
27. er hat eine Stimme wie die (des Gottes) Brahmā,
28. er hat dunkelblaue Augen,
29. er hat Wimpern wie ein Rind,
30. sein Kopf weist eine Proturberanz (uṣṇīṣa) auf,
31. er hat Hautspann zwischen den Fingern und Zehen,
32. er trägt einen Haarwirbel (urṇā) zwischen den Augenbrauen (vgl. hierzu Geng/Klimkeit 1988, I, 304ff.).

L. Siebenunddreißiger-Reihen

37.1 Die 37 zur Erleuchtung führenden Gegebenheiten (bodhipakṣya dharma) (s. dazu 7.3).

VI. Abkürzungs- und Literaturverzeichnis

Abkürzungen

AAWG	Abhandlungen der Akademie der Wissenschaften in Göttingen, Philol.-hist. Klasse
AbdS	Acchariyabhutadhamma-Sutta (Majjh.-Nik. Nr. 123)
Abhk.	Abhidharmakośa
ADAW	Abhandlungen der Deutschen Akademie der Wissenschaften zu Berlin, Klasse für Sprachen, Literatur und Kunst
AHAW	Abhandlungen der Heidelberger Akademie der Wissenschaften, Phil.-hist. Klasse
Aṅg.-Nik.	Aṅguttara-Nikāya
ANS	Abhiniṣkramaṇa-Sūtra
AoF	Altorientalische Forschungen
APAW	Abhandlungen der (Königlichen) Preussischen Akademie der Wissenschaften zu Berlin, Phil.-hist. Klasse
ASGW	Abhandlungen der (Königlichen) Sächsischen Gesellschaft der Wissenschaften, Phil.-hist. Classe
BEFEO	Bulletin de l'École Française d'Extrême-Orient
BHSD	Buddhist Hybrid Sanskrit Dictionary (ed. F. Edgerton) [1953], repr. Delhi 1977
BV	Buddhavaṃsa
chin.	chinesisch
CPS	Catuṣpariṣat-Sūtra
Dhp.	Dhammapada
Dhs.	Dharmasaṃgraha (ed. F. M. Müller und H. Wenzel, Oxford 1885)

Dīgh.-Nik.	Dīgha-Nikāya
Dīrgh.	Dīrghāgama
Divy.	Divyāvadāna
Jāt.	Jātaka (Kommentar)
JRAS	Journal of the Royal Asiatic Society
Kom.	Kommentar
LV	Lalitavistara
LV mong.	Mongolische Version des LV (ed. und übers. N. Poppe)
Majjh.-Nik.	Majjhima-Nikāya
MAP	Mahāpadāna-Sutta
MAV	Mahāvadāna-Sūtra
MPP	Mahāparinibbana-Sutta
MPS	Mahāparinirvāṇa-Sūtra
MV	Mahāvastu
Mvy.	Mahāvyutpatti (ed. Literaturabteilung der Kyoto-Universität, Tokyo 1973)
Nanjio	B. Nanjio, A Catalogue of the Chinese Translation of the Buddhist Tripitaka. San Francisco 1975
NAWG	Nachrichten der Akademie der Wissenschaften in Göttingen, Philol.-hist. Klasse
NK	Nidānakathā
ÖAW	Österreichische Akademie der Wissenschaften, Phil.-hist. Klasse
P.	Pāli
PTS	Pāli Text Society
RHR	Revue de l'Histoire des Religions
Saṃy.-Nik.	Saṃyutta-Nikāya

Skr.	Sanskrit
Sn.	Sutta-Nipāta
SphS.	Sāmaññaphala-Sutta (Dīgh.-Nik. Nr. 2)
Therag.	Theragāthā
Therīg.	Therīgāthā
tib.	tibetisch
UAJb	Ural-Altaische Jahrbücher
Vin. Dharm.	Vinaya der Dharmaguptas
Vin. Mūl.	Vinaya der Mūlasarvāstivādins
Vism.	Visuddhimagga
WZKS	Wiener Zeitschrift für die Kunde Südasiens
ZMR	Zeitschrift für Missionswissenschaft und Religionswissenschaft
ZRGG	Zeitschrift für Religions- und Geistesgeschichte

Bibliographie der abgekürzten Werke

Abegg, E., 1928: Der Messiasglaube in Indien und Iran. Berlin-Leipzig.

Abegg, E., 1946: Der Buddha Maitreya. St. Gallen.

Asmussen, J. P., 1966: "Der Manichäismus als Vermittler literarischen Gutes", in: Temenos 2 (1966), 5-21.

Bang, W., 1931: "Manichäische Erzähler", in: Le Muséon 44 (1931), 1-36.

Bareau, A., 1955: Les sectes bouddhiques du Petit Véhicule. Paris.

Bareau, A., 1962a: Le Bouddha. Paris.

Bareau, A., 1962b: "La légende de la jeunesse du Buddha dans les Vinayapitaka anciens", in: Oriens Extremus 9 (1962), 6-33.

Bareau, A., 1964: "Der indische Buddhismus", in: A. Bareau/W. Schubring/Ch. von Fürer-Haimendorf, Die Religionen Indiens III. Stuttgart, 1-215.

Bareau, A., 1972: "La jeunesse du Buddha dans les Sutrapitaka et dans les Vinayapitaka anciens", in: BEFEO 61 (1974), 199-274.

Bareau, A., 1974: "La légende de la jeunesse du Buddha dans les Vinayapiṭaka anciens", in: BEFEO 61 (1974), 199-274.

Bareau, A., 1987: "Buddhism, schools of: Hīnayāna Buddhism", in: The Encyclopedia of Religion, ed. M. Eliade et al., Vol. 2., New York, 444a-457a.

Bauer, W., 1974 : China und die Hoffnung auf Glück. München.

Beal, S., 1863: (Transl.), "Text and Commentary of the Memorial of Sakya Buddha Tathagata, By Wong Puh", in: JRAS 1863, 135-220.

Beal, S., 1969: Travels of Fah-hian and Sung-yun, Buddhist Pilgrims from China to India (1869). Repr. of 2nd ed. (1964) New York.

Beal, S., 1973: The Life of Hiuen-tsiang (1911). 2nd ed. Delhi.

Beal, S., 1976: Si-yu-ki. Buddhist Records of the Western World. (1884). Repr. San Francisco.

Beal, S., 1985: (Transl.) The Romantic Legend of Sâkyạ Buddha. (1875). Repr. Delhi.

Bechert, H., 1980: (Hrsg.), Die Sprache der ältesten buddhistischen Überlieferung. Göttingen (AAWG, 3. Folge, Nr. 117).

Bechert, H., 1982: "The Date of the Buddha Reconsidered", in: Indologica Taurinensia 10 (1982), 29-36.

Bechert, H., 1985: (Hrsg.), Die Schulzugehörigkeit von Werken der Hīnayāna-Literatur. 1. Teil. Göttingen (AAWG, 3. Folge, Nr. 149).

Bechert, H., 1986: "Die Lebenszeit des Buddha - das älteste feststehende Datum der indischen Geschichte?", in: NAWG, Jg. 1986, Nr. 4, 129-184.

Bechert, H., 1987: (Hrsg.), Die Schulzugehörigkeit von Werken der Hīnayāna-Literatur. 2. Teil. Göttingen (AAWG, 3. Folge, Nr. 157).

Beckh, H., 1960: Der Heimgang des Vollendeten. (Parinibbanasutta). 2. Aufl. Stuttgart.

Beckh, H., 1980: Buddha und seine Lehre. (1958). 5. Aufl. Stuttgart.

Bigandet, P., 1880: The Life or Legend of Gaudama the Buddha of the Burmese. Vol. 1. 3rd ed. London.

Birnbaum, R., 1979: The Healing Buddha. Boulder, Colorado.

Blau, A., 1893: Index zu Otto Böhtlingks Indischen Sprüchen. Leipzig (Neudr. Nendeln 1966).

Böhtlingk, O., 1966: Indische Sprüche I-III (1870-73) (Neudruck Osnabrück).

Bongard-Levin, G. M., 1986: New Sanskrit Fragments of the Mahāyāna Mahāparinirvāṇasūtra. Tokyo.
Borsig, M. von, 1986: Juwel des Lebens. Buddhas erleuchtetes Erbarmen. Aus dem Lotos-Sūtra. Freiburg (Texte zum Nachdenken 1309).
Boyd, J. W., 1975: Satan and Māra. Christian and Buddhist Symbols of Evil. Leiden.
Boys, G., 1983: The Lalitavistara-Sūtra. 2 vols. Berkeley.
Brewster, E. H., 1956: The Life of Gotama the Buddha. 2nd ed. London.
Brough, J., 1962: The Gāndhārī Dharmapada. London.
Brunner, H., 1955: "Zum Zeitbegriff der Ägypter", in: Studium Generale 8 (1955), 584-590.
Brunner, H., 1957: "Zum Raumbegriff der Ägypter", in: Studium Generale 10 (1957), 612-620.
Caland, W., 1896: Die altindischen Todten- und Bestattungsbräuche. Amsterdam.
Capeller, C., 1922: Buddhas Wandel. Açvaghoshas Buddhacarita. Jena.
Cassirer, E., 1958: Philosophie der symbolischen Formen. 2. Bd., Darmstadt.
Conze, E., 1957: Im Zeichen Buddhas. Buddhistische Texte. Frankfurt-Hamburg.
Conze, E., 1962: Der Buddhismus. Wesen und Entwicklung. 3. Aufl. Stuttgart (Urban-Bücher Bd. 5).
Cowell, E. B. and R. A. Neill, 1886 (edd.), The Divyāvadāna. A collection of Buddhist Legends. Cambridge.
Dahlke, P., 1960: (Übers.), Buddha. Die Lehre des Erhabenen. (1920), Neudr. München.
Dietz, S., 1984: Die Buddhistische Briefliteratur Indiens. Nach dem tibetischen Tanjur hrsg., übers. u. erl. v. S. Dietz, Wiesbaden.
Dutoit, J., 1906: (Übers.), Das Leben des Buddha. München-Neubiberg.
Dutoit, J., 1921: (Übers.), Jātakam. Das Buch der Erzählungen aus früheren Existenzen Buddhas. 7. Bd. [Nidānakathā]. München-Neubiberg.
Ebert, J., 1980: "Parinirvāṇa: Das Problem seiner Darstellung in der buddhistischen Kunst", in: G. Stephenson (Hrsg.): Leben und Tod in den Religionen. Symbol und Wirklichkeit. Darmstadt, 285-300.
Ebert, J., 1985: Parinirvāṇa. Untersuchungen zur ikonographischen Entwicklung von den indischen Anfängen bis nach China. Stuttgart.
Eimer, H., 1976: Skizzen des Erlösungsweges in buddhistischen Begriffsreihen. Bonn.
Emmerick, R. E., 1968: The Book of Zambasta. A Khotanese Poem on Buddhism. London.
Fausbøll, V., 1877: (Ed.), The Jataka together with its Commentary. Being tales of the anterior births of Gautama Buddha. Vol. I. London.
Foucaux, P. E., 1884-92: Lalitavistara. 2 Bde. Paris. Englische Übers.: G. Boys 1983.
Franke, O., 1907: Eine chinesische Tempelinschrift aus Idikutšahri bei Turfan (Turkistan)". Berlin (APAW 1907, I.).
Franke, R. O., 1913: (Übers.), Dīghanikāya. Göttingen-Leipzig.
Frauwallner, E., 1953: Geschichte der indischen Philosophie, 1. Bd. Salzburg.
Frauwallner, E., 1958: Die Philosophie des Buddhismus (1956). 2. Aufl. Berlin (Ost).

Garbe, R., 1914: Indien und das Christentum. Tübingen.
Geiger, W., 1968: Pali, Literatur und Sprache. Straßburg.
Geng, Shimin/H.-J. Klimkeit, 1985: "Das 16. Kapitel der Hami-Version der Maitrisimit", in: Journal of Turkish Studies 9 (1985), 71-132.
Geng, Shimin/H.-J. Klimkeit, 1988: Das Zusammentreffen mit Maitreya. Die ersten fünf Kapitel der Hami-Version der Maitrisimit. 2 Teile. Wiesbaden.
Geng, Shimin/H.-J. Klimkeit/J. P. Laut, 1987: "'Der Herabstieg des Bodhisattva Maitreya vom Tuṣita-Götterland zur Erde'. Das 10. Kapitel der Hami-Handschrift der *Maitrisimit*", in: AoF 14 (1987), 350-376.
Geng, Shimin/H.-J. Klimkeit/J. P. Laut, 1988: "'Das Erscheinen des Bodhisattva'. Das 11. Kapitel der Hami-Handschrift der *Maitrisimit*", in: AoF 15/2 (1988), 315-366.
Geng, Shimin/H.-J. Klimkeit/J.P. Laut, 1989: "'Der Gang zum Bodhi-Baum'. Das 14. Kapitel der Hami-Handschrift der *Maitrisimit*", in: AoF 16 (1989) [im Druck].
Glasenapp, H. von, o. J.: Die Weisheit des Buddha. Baden-Baden. (Urspr. ebd. 1946).
Glasenapp, H. von, 1966: Der Buddhismus - eine atheistische Religion. München.
Gnoli, R., 1977-78: (Ed.), The Gilgit Manuscript of the Saṅghabhedavastu, 2 parts. Roma.
Grünwedel, A., 1920: Alt-Kutscha. Berlin.
Hacker, P., 1965: "Dharma im Hinduismus", in: ZMR 49 (1965), 93-106.
Hahn, M., 1977: "Das Saptamaithunasaṃyuktasūtra. Ein Sūtra der Ekottarikāgama", in: Beiträge zur Indienforschung [Festschrift E. Waldschmidt]. Berlin, 205-224.
Hamm, F.-R., 1975: "Die buddhistische Formel vom Entstehen in Abhängigkeit (Pratītyasamutpāda)", in: Saeculum 26 (1975), 331-340.
Hamm, F.-R., 1976: "Die Idee des 'Leeren' in der buddhistischen Lehre und Mystik", in: Saeculum 27 (1976), 223-234.
Hara, M., 1980: "A note on the Buddha's birth story", in: Indianisme et Bouddhisme. Mélanges offerts à Msgr. Étienne Lamotte. Louvain 1980, 143-157.
Hardy, R. S., 1880: (Transl.), Manual of Buddhism in its Modern Development. 2nd ed. London, Edinburgh.
Hazai, G., 1975: "Fragmente eines uigurischen Blockdruck-Faltbuches", in: AoF 3 (1975), 91-108.
Henning, W. B., 1949: "The Name of the 'Tokharian' Language", in: Asia Major 1949, 158-162.
Hoffmann, H., 1987: (Hrsg.), Bruchstücke des Aṭānāṭikasūtra aus dem zentralasiatischen Sanskritkanon der Buddhisten. (1939). Neudruck Stuttgart.
Horner, I. B., 1976: (Transl.), The Collection of the Middle Length Sayings (Majjhima-Nikāya). Vol. I. (1954). Neudruck London.
Horsch, P., 1964: "Buddhas erste Meditation", in: Asiatische Studien 17 (1964), 100-154.
Hurvitz, L., 1976: Scripture of the Lotus Blossom of the Fine Dharma. Translated from the Chinese of Kumārajīva. New York.
Janert, K. L., 1977: "Kālsī-Elefant und Empfängnisvision der Buddhamutter Māyā", in: NAWG, Jg. 1977, Nr. 3, 65-76.

Johnston, E. H., 1935: Asvaghosa, Buddhacarita. Complete Sanskrit Text with English Translation. Calcutta 1935.
Johnston, E. H., 1937: (Transl.), "The Buddha's Mission and Last Journey: Buddhacarita, XV to XXVIII", in: Acta Orientalia (1937), 26-292.
Jones, J. J., 1949-56: (Transl.), The Mahāvastu. 3 vols. London (Repr. London 1973, 1976, 1978).
Klaes, N., 1975: Conscience and Consciousness. Ethical Problems of Mahabharata. Bangalore.
Klimkeit, H.-J., 1977: "Manichäische und buddhistische Beichtformeln aus Turfan", in: ZRGG 29 (1977), 193-228.
Klimkeit, H.-J., 1983: "Der Stifter im Lande der Seidenstraßen. Bemerkungen zur buddhistischen Laienfrömmigkeit", in: ZRGG 35 (1983), 289-308.
Klimkeit, H.-J., 1985: "Buddha als Vater", in: H. Waldenfels/T. Immoos (Hrsg.): Fernöstliche Weisheit und christlicher Glaube [Festschrift H. Dumoulin]. Mainz, 235-259.
Klimkeit, H.-J., 1986a: "Die Welt als Wirklichkeit und Gleichnis im Buddhismus Zentralasiens", in: Eranos-Jahrbuch 53 (1984), 83-126.
Klimkeit, H.-J., 1986b: Die Begegnung von Christentum, Gnosis und Buddhismus an der Seidenstraße. Opladen.
Klimkeit, H.-J., 1988: Die Seidenstraße. Köln.
Kloppenborg, R., 1973: The Sūtra on the Foundation of the Buddhist Order (Catuṣpariṣatsūtra). Leiden.
Lamotte, É., 1948: "La légende du Buddha", in: RHR 134 (1948), 37-71.
Lamotte, É., 1958: Histoire du Bouddhisme indien des origines à l'ere Śaka. Louvain.
Lamotte, É., 1988: History of Indian Buddhism. Louvain.
Lang, D. M., 1957: The Wisdom of Balahvar. London - New York.
Laut, J. P., 1983: "Ein Bruchstück einer alttürkischen Buddhabiographie", in: UAJb, N. F. 3 (1983), 88-101.
La Vallée Poussin, L. de, 1908: "Ages of the World(Buddhist)", in: Encyclopaedia of Religion and Ethics, ed. J. Hastings, Vol. I. Edinburgh 1908, 187-190.
Lefmann, S., 1902/08: (Hrsg.), Lalitavistara. Leben und Lehre des Cakya-Buddha. 2 Teile. Halle/S.
Lefmann, S., 1874: (Übers.), Lalita Vistara. Erzählung von dem Leben und der Lehre des Çâkya Simha. Berlin.
Legge, J., 1965: (Transl.), A Record of the Buddhistic Kingdoms [Reisebericht des Fa-hsien] (1886), Repr. New York.
Leumann, E., 1919: Maitreya-samiti, das Zukunftsideal der Buddhisten. 2 Teile, Straßburg.
Lüders, H., 1963: Bhārhut Inscriptions, rev. by E. Waldschmidt and M. A. Mehendale. Ootecamund.
Lüders, H., 1966: Bhārut und die buddhistische Literatur. (Leipzig 1941). Repr. Nendeln.
Mahavyutpatti (= Mvy.): (Ed.), Ryozakuro Sakaki. 2 Bde. Kyoto 1925.
Mensching, G., 1926: Das heilige Schweigen. Gießen.
Mensching, G., 1955: (Hrsg.), Buddhistische Geisteswelt. Darmstadt. Nachdruck 1975.
Mensching, G., 1957: Das Wunder im Glauben und Aberglauben der Völker. Leiden.

Mensching, G., 1959: Die Religion. Erscheinungsformen, Strukturtypen und Lebensgesetze. Stuttgart.

Mitra, Rájendralála, 1881: (Transl.), Lalita-Vistara, or Memoirs of the Early Life of S'ákya Siñha. Calcutta.

Müller, F. W. K., 1911: Uigurica II. Berlin (APAW, Jg. 1910, Nr. 3, 3-110).

Müller, F. M., 1884: The Saddharma-Pundarika, or The Lotus of True Law. London. Repr. Delhi 1965.

Mylius, K., 1983: (Hrsg.), Die vier edlen Wahrheiten. Texte des ursprünglichen Buddhismus. Leipzig.

Nakamura, H.,1987: im Art. "Buddhism, Schools of: Mahāyāna Buddhism", in: The Encyclopedia of Religion, ed. M. Eliade et. al., Vol. 2. New York, 457a-472b.

Neumann, K. E., 1922: (Übers.), Die Reden Gotama Buddhos. Aus der Mittleren Sammlung Majjhimanikayo des Pali-Kanons. 3 Bde. 3. Aufl. München.

Neumann, K. E., 1957: (Übers.), Die Reden Gotama Buddhos. Aus der Längeren Sammlung Dighanikayo des Pali-Kanons. Zürich-Wien.

Nobel, J., 1955: Udrāyaṇa, König von Roruka. Eine buddhistische Erzählung. I. Wiesbaden.

Nyanatiloka, 1952: Buddhistisches Wörterbuch. Konstanz.

Obermiller, E., 1931/32: (Transl.), History of Buddhism (Chosh-byung) by Buston. 2 parts. Heidelberg.

Oldenberg, H., 1961: Buddha. Sein Leben. Seine Lehre. Seine Gemeinde. 13. Aufl., hrsg. H. von Glasenapp. Stuttgart. Nachdruck o. J.

Panglung, J. L., 1981: Die Erzählstoffe des Mūlasarvāstivāda-Vinaya analysiert auf Grund der tibetischen Übersetzung. Tokyo.

Pérez-Ramón, J., 1980: Self and Non-Self in Early Buddhism. The Hague, Paris, New York.

Poppe, N., 1967: The Twelve Deeds of Buddha. A Mongolian Version of the Lalitavistara. Wiesbaden.

Rhys Davids, T. W., 1880: Buddhist Birth Stories. [Nidāna-Kathā], London.

Rhys Davids, T. W., 1969: The Questions of King Milinda. Pt. 1 (1890). Repr. Delhi.

Rhys Davids, T. W., 1977: Dialogues of the Buddha [Dighanikaya]. 3 vols. 4th ed. London.

Rockhill, W. W., 1885: (Transl.), The Life of the Buddha and the Early History of His Order. London (1885). Repr. Boston.

Schiefner, A., 1849: Eine tibetische Lebensbeschreibung Çâkjamuni's, des Begründers des Buddhathums. St. Petersburg.

Schlingloff, D., 1962/63: Die Religion des Buddhismus. 2 Bde. Berlin.

Schlingloff, D., 1971: "Das Lebensrad in Ajanta", in: Asiatische Studien 25 (1971), 323-334.

Schlingloff, D., 1981a: "Erzählung und Bild. Die Darstellungsformen von Handlungsabläufen in der europäischen und indischen Kunst", in: Beiträge zur allgemeinen und vergleichenden Archäologie, 3. Bd. München, 87-169.

Schlingloff, D., 1981b: "Die älteste Malerei des Buddhalebens", in: Studien zum Jainismus und Buddhismus, Gedenkschrift für Ludwig Alsdorf. Wiesbaden, 181-198.

Schlingloff, D., 1983: "Ein Zyklus des Buddhalebens in Ajanta", in: WZKS 27 (1983), 113-148.

Schlingloff, D., 1987a: "Die Bedeutung der Symbole in der altbuddhistischen Kunst", in: Hinduismus und Buddhismus [Festschrift U. Schneider], Hrsg. H. Falk. Freiburg 1987, 309-328.

Schlingloff, D., 1987b: "Die Meditation unter dem Jambu-Baum", in: WZKS 31 (1987), 111-130.

Schmidt, R., 1972: Buddha's Leben. Asvaghosa's Buddhacaritam. Ein altindisches Heldengedicht. (1923). Neudr. Osnabrück.

Schmidt-Glintzer, H., 1982: Die Identität der buddhistischen Schulen und die Kompilation buddhistischer Universalgeschichten in China. Wiesbaden.

Schmithausen, L., 1969: Der Nirvāṇa-Abschnitt in der Viniścayasaṃgrahāṇī der Yogācārabhūmiḥ. Wien (ÖAW, Sitzungsberichte, 264. Bd., 2. Abh.).

Schopen, G., 1985: "Two Problems in the History of Indian Buddhism: The Layman/Monk Distinction and the Doctrines of the Transference of Merit", in: Studien zur Indologie und Iranistik 10 (1985), 9-47.

Schopen, G., 1987: "Burial '*Ad Sanctos*' and the Physical Presence of the Buddha in Early Indian Buddhism", in: Religion 17 (1987), 193-225.

Schopen, G., 1988/89: "On Monks, Nuns and 'Vulgar' Practices: The Introduction of the Image Cult into Indian Buddhism", in: Artibus Asiae 49, 1/2 1988/89), 153-168.

Schumann, H. W., 1963: Buddhismus. Philosophie zur Erlösung. Bern.

Schumann, H. W., 1982: Der historische Buddha. Köln.

Schumann, H. W., 1985: Buddhismus. Stifter, Schulen und Systeme. Olten-Freiburg i. Br.

Seckel, D., 1957: Buddhistische Kunst Ostasiens. Stuttgart.

Seckel, D., 1976: Jenseits des Bildes. Anikonische Symbolik in der buddhistischen Kunst. Heidelberg (AHAW, Jg. 1976, 2. Abh.).

Senart, É., 1890-97: Le Mahavastu. Texte Sanskrit. Vol. I-III. Paris.

Soper, A. C., 1959: "A T'ang Parinirvāṇa Stele", in: Artibus Asiae 22 (1959), 159-169.

Tekin, Ş., 1980: Maitrisimit nom bitig. Die uigurische Übersetzung eines Werkes der buddhistischen Vaibhāṣika-Schule. 2 Teile, Berlin.

Thomas, E. J., 1975: The Life of Buddha as Legend and History. Repr. of 3rd ed. London.

Vogel, C., 1970: The Teachings of the Six Heretics. Wiesbaden (Abhandlungen für die Kunde des Morgenlandes 39,4).

Vogel, C./Wille, K., 1984: Some Hitherto Unidentified Fragments of the Pravrajyāvastu Portion of the Vinayavastu Manuscript Found Near Gilgit. Göttingen (NAWG, Jg. 1984, Nr. 7).

Waldschmidt, E., 1926: Bruchstücke des Bhikṣuṇī-Prātimokṣa der Sarvāstivādins. Leipzig (Neudruck Wiesbaden 1979). (Kleinere Sanskrit-Texte aus den Turfanfunden, Heft III).

Waldschmidt, E., 1932: Bruchstücke buddhistischer Sūtras aus dem zentralasiatischen Sanskritkanon I. Leipzig (Kleine Sanskrit-Texte Heft IV).

Waldschmidt, E., 1939: "Beiträge zur Textgeschichte des Mahāparinirvāṇasūtra", in: NAWG 1939, 55-94. Nachdruck in: Waldschmidt, Von Ceylon bis Turfan. Göttingen 1967, 80-119.

Waldschmidt, E., 1944/1948a: Die Überlieferung vom Lebensende des Buddha. 2 Teile. Göttingen (AAWG, 3. Folge, Nr. 29/30).

Waldschmidt, E., 1948b: "Wunderkräfte des Buddha", in: NAWG 1948, Nr. 1. Nachdruck in: Waldschmidt, Von Ceylon bis Turfan, Göttingen 1967, 120-163.

Waldschmidt, E., 1952/1957/1962: Das Catuṣpariṣatsūtra. Eine kanonische Lehrschrift über die Begründung der buddhistischen Gemeinde. 3 Teile. Berlin.

Waldschmidt, E., 1956: Das Mahāvadānasūtra. Teil 2. Berlin (ADAW, Jg. 1954, Nr. 3).

Waldschmidt, E., 1963: "Reste von Devadatta-Episoden aus dem Vinaya der Sarvāstivādin", in: ZDMG 113 (1963), 552-558. Neudr. in Waldschmidt 1989, 201-209.

Waldschmidt, E., 1967: Von Ceylon bis Turfan. [Sammlung von Aufsätzen]. Göttingen.

Waldschmidt, E., 1980: "Central Asian Sutra Fragments and their Relation to the Chinese Agamas", in: Bechert 1980, 136-174.

Waldschmidt, E., 1982: Die Legende vom Leben des Buddha. Graz.

Waldschmidt, E., 1989: Ausgewählte kleine Schriften. Hrsg. v. H. Bechert und P. Kieffer-Pülz.

Wieger, L., 1951: Boudhisme chinois: Les vies chinoises du Buddha. (1913) Paris.

Windisch, E., 1895: Māra und Buddha. Leipzig. (ASGW, Bd. XV, Nr. IV).

Windisch, E., 1908: Buddha's Geburt und die Lehre von der Seelenwanderung. Leipzig. (ASGW, Bd. 26, Nr. 2).

Winternitz, M., 1929: (Übers.), Der ältere Buddhismus nach Texten des Tipiṭaka. Tübingen (Religionsgeschichtliches Lesebuch 11).

Winternitz, M., 1930: (Übers.), Der Mahāyāna-Buddhismus. Tübingen (Religionsgeschichtliches Lesebuch 15).

Winternitz, M., 1968: Geschichte der indischen Literatur II: Die buddhistische Literatur und die heiligen Texte der Jainas (1920). Neudr. Stuttgart.

Yamamoto, K., 1973-75: (Transl.), The Mahāyāna Mahāparinirvāṇa-Sūtra. 3 Vols. Oyama u. a. (Japan).

Yuyama, A., 1979: Systematische Übersicht über die buddhistische Sanskrit-Literatur. 1. Teil. Vinaya-Texte. Wiesbaden.

Yuyama, A., 1981: Sanskrit Fragments of the Mahāyāna Mahāparinirvāṇasūtra. 1. Koyasan Manuscript. Tokyo.

Einführende und weiterführende Literatur

Bary, W. T. de (ed.): The Buddhist Tradition in India, China and Japan. New York 1972.

Beckh, H.: Buddha und seine Lehre. (1958) Stuttgart ^{5}1980.

Conze, E.: Im Zeichen Buddhas. Buddhistische Texte. Frankfurt-Hamburg 1957.

Conze, E.: Der Buddhismus. Wesen und Entwicklung. Stuttgart ^{8}1986.

Conze, E.: Eine kurze Geschichte des Buddhismus. Frankfurt/M. 1984, 1986.

Conze, E.: Buddhistisches Denken. Frankfurt/M. 1988.

Dahlke, P.: Buddha. Die Lehre des Erhabenen. München ^{2}1960. Neudruck 1966.

Drummond, R. H.: Gautama the Buddha. Grand Rapids, Mich. 1974.

Dutt, N.: Buddhist Sects in India. Calcutta ^{2}1960. Repr. Delhi 1978.

Ebert, J.: Parinirvāṇa. Untersuchungen zur ikonographischen Entwicklung von den indischen Anfängen bis nach China. Stuttgart 1985.

Edwards, M.: In the Blowing out of a Flame. The World of the Buddha and the World of Man. London 1976.

Frauwallner, E.: Die Philosophie des Buddhismus. Berlin (Ost) ^{3}1969.

Foucher, A.: La vie du Buddha d'après les textes et les monuments de l'Inde. Paris 1949. Repr. 1987. Gekürzte engl. Übersetzung: The Life of the Buddha. Middletown, Conn. 1963.

Gard, R. A. (ed.): Der Buddhismus. Genf 1972.

Glasenapp, H. von: Die Weisheit des Buddha. Baden-Baden 1946. Nachdruck Wiesbaden 1970.

Glasenapp, H. von: Buddhismus und Gottesidee. Wiesbaden 1954. (Akad. d. Wiss. u. d. Lit., Mainz, Jg. 1954, Nr. 8).

Glasenapp, H. von: Der Pfad zur Erleuchtung. Grundtexte der buddhistischen Heilslehre in deutscher Übersetzung. Düsseldorf-Köln 1956. Neudr. 1985.

Govinda, Lama Angarika: Die psychologische Haltung der frühbuddhistischen Philosophie. Wien ^{2}1980.

Grünwedel, A./E. Waldschmidt: Buddhistische Kunst in Indien. 1. Teil. Berlin 1932.

Gunsser, L.-L.: Reden des Buddha aus dem Pali-Kanon. Stuttgart 1957.

Hanayama, Shinsho: Bibliography on Buddhism. Tokyo 1961.

Hecker, H.: Der Pali-Kanon. Ein Wegweiser durch Aufbau und deutsche Übersetzungen der heiligen Schriften des Buddhismus. Hamburg 1965.

Hecker, H.: Das Leben des Buddha. Der innere und äußere Lebensgang des Erwachten. Hamburg 1973.

Heiler, F.: Die buddhistische Versenkung (1918). München 1922.

Humphreys, C.: Buddhism. London ^{2}1962. Repr. 1971.

Klimkeit, H.-J.: "Buddha als Vater", in: H. Waldenfels/T. Immoos (Hrsg.), Fernöstliche Weisheit und christlicher Glaube [Festschrift H. Dumoulin]. Mainz 1985, 235-259.

Klimkeit, H.-J.: Die Begegnung von Christentum, Gnosis und Buddhismus an der Seidenstraße. Opladen 1986.

Ladner, M.: Die Lehre des Buddha. Zürich 1975.

Lamotte, É.: "La légende du Buddha", in: RHR 134 (1948), 37-71.

Lamotte, É.: History of Indian Buddhism. Louvain 1988.

Lehmann, J.: Buddha. Leben, Lehre, Wirkung. Frankfurt ^{2}1986. Neudr. München 1988.

Ling, T.: The Buddha. Buddhist Civilization in India and Ceylon. Hammondsworth 1976.

Malalasekara, G. P. (ed.): Encyclopaedia of Buddhism. Colombo 1961ff. (bisher 4 Bde.).

Mensching, G.: Buddhistische Geisteswelt. Darmstadt 1955. Nachdruck Wiesbaden 1975.

Mylius, K. (Hrsg.): Die vier edlen Wahrheiten. Texte des ursprünglichen Buddhismus. Leipzig 1983.

Naudou, J.: Buddha. Köln 1975.

Nyanatiloka: Buddhistisches Wörterbuch. Konstanz [1952], 1983.

Oldenberg, H.: Buddha. Sein Leben. Seine Lehre. Seine Gemeinde. Hrsg. H. von Glasenapp, Stuttgart 1959. Nachdruck Stuttgart o. J., Essen 1983.

Pye, M.: The Buddha. London 1979. Nachdr. 1981.

Rahula, W.: Was der Buddha lehrt. Bern 1982.

Regamey, C.: Der Buddhismus Indiens. Aschaffenburg 1964.

Rhys Davids, T. W.: Buddhist India. Calcutta 1957. Repr. Delhi 1987.

Rosenkranz, G.: Der Weg des Buddha. Werden und Wesen des Buddhismus als Weltreligion. Basel 1960.

Schlingloff, D.: Die Religion des Buddhismus. 2 Bde. Berlin 1962-63.

Schmidt, K.: Buddhas Reden. Die Sammlung der mittleren Texte des buddhistischen Pali-Kanons. [Majjhimanikaya]. (1961). Berlin 1978.

Schmidt, K.: Sprüche und Lieder. [Anthologie von Texten]. Konstanz 1954.

Schneider, U.: Einführung in den Buddhismus. Darmstadt 1987.

Schumann, H. W.: Buddhismus. Philosophie zur Erlösung. Bern 1963.

Schumann, H. W.: Der historische Buddha. Köln 1982, Neudr. 1988.

Schumann, H. W.: Buddhismus. Stifter, Schulen und Systeme. Olten-Freiburg i. Br. ^{5}1988.

Seckel, D.: Jenseits des Bildes. Anikonische Symbolik in der buddhistischen Kunst. Heidelberg 1976 (AHAW, Jg. 1976, 2. Abh.).

Thomas, E.: The Life of Buddha as Legend and History. Repr. of 3rd ed. London 1949. ^{6}1960. Repr. 1975.

Waldschmidt, E.: Die Legende vom Leben des Buddha. Graz 1982.

Warren, H. C.: Buddhism in Translation. New York ^{9}1977. Repr. Delhi 1987.